国家社科基金
GUOJIA SHEKE JIJIN HOUQI ZIZHU XIANGMU
后期资助项目

近代早期英国
叛逆法的历史考察

A Historical Inspection of the Law of Treason
in Early Modern England

鞠长猛　著

社会科学文献出版社
SOCIAL SCIENCES ACADEMIC PRESS (CHINA)

国家社科基金后期资助项目
出版说明

后期资助项目是国家社科基金设立的一类重要项目，旨在鼓励广大社科研究者潜心治学，支持基础研究多出优秀成果。它是经过严格评审，从接近完成的科研成果中遴选立项的。为扩大后期资助项目的影响，更好地推动学术发展，促进成果转化，全国哲学社会科学工作办公室按照"统一设计、统一标识、统一版式、形成系列"的总体要求，组织出版国家社科基金后期资助项目成果。

全国哲学社会科学工作办公室

目　　录

绪　论

在近代早期的英国，犯罪按照其危害程度可分为三种：轻罪（misdemeanors）、重罪（felony）和叛逆罪（treason）。轻罪是指犯罪情节较轻、对社会危害较小的犯罪，如扰乱治安罪和侵犯人身罪等；重罪是指普通法或成文法中规定的严重犯罪，如谋杀罪、强奸罪和盗窃罪等；叛逆罪则是指臣民严重侵害王权和危害王国安全的犯罪，直接涉及国王的人身安全和王国统治的安全。

与轻罪和重罪不同，叛逆罪表现出强烈的政治色彩。由于叛逆罪行为直接危害国王人身安全、王位继承、政治秩序、臣民忠诚度等问题，触及王权的"核心利益"，因而在中世纪和近代早期，国王特别重视通过立法打击叛逆罪。为了应对不同类型叛逆罪的危害，英国自1352年以来先后颁布了102部叛逆法，为王权提供了强有力的安全保障。运用历史发展的眼光考察不同历史时期的叛逆罪及与之相关的叛逆法，可以透视英国王权政治的发展特点，为探析英国政治史和法制史提供一个新的视角。

第一节　研究对象与研究思路

一　研究对象

本书的研究对象为英国的叛逆法，内容包括叛逆法的颁布原因、具体内容、司法实践、历史意义及其现代价值等。通过系统研究，厘清英国社会发展与叛逆法变动之间的内在联系，探析社会变革与法律进步之间的双向互动关系；分析叛逆法在不同历史时期的立法目的、具体内容及其实际效能，勾勒出近代早期英国叛逆法的历史发展脉络；评析英国叛逆法及其司法实践在维护社会稳定、促进刑事司法改革、推动法治化进程中的重要价值。

本书研究的主要时段是近代早期（15～18 世纪），即从 1485 年都铎王朝建立到 1714 年斯图亚特王朝终结。近代早期是英国从中世纪向近现代社会转型的重要历史时期。在此期间，英国先后经历了绝对主义君主制时期、内战时期、斯图亚特王朝复辟和君主立宪制时期，英国政治也从"至尊王权"逐步走向近代法治化道路。为了追本溯源，本书第一章对中世纪叛逆法进行了梳理。为了探究叛逆法的发展方向，第五章对近代以来叛逆法的发展和完善进行了总结。

二　研究思路

本书以唯物史观为指导，在借鉴国内外学者研究成果的基础上，运用历史学、法学、政治学等学科的理论与方法进行研究论证。首先，以历史学方法梳理近代早期英国叛逆法演进的分期、规律和阶段化特点，概括出叛逆法的历史发展脉络。其次，以法学方法解读叛逆法条文和叛逆罪案件，并将其放到具体的历史背景中进行考察，探寻叛逆法发展演变的过程。最后，以政治学方法分析资料，洞悉叛逆法对政治发展产生的影响，借以阐释英国法律史和政治史的发展脉络，探析社会治理与法治化道路的实践问题。

除绪论和余论外，全书正文分为五章，按照时间顺序分析从中世纪到近代早期英国叛逆法的发展进程，具体内容如下。

第一章主要分析中世纪的叛逆法。英国叛逆法形成于盎格鲁-撒克逊时期，最早在《阿尔弗雷德法典》中便有关于叛逆罪的记载。随着中世纪封君封臣制的发展以及基督教王权理论的逐步丰富，叛逆观念也不断明晰，应对叛逆行为的法律法规随之逐步增多。不过，早期叛逆法仍然存在于习惯法之中。其中，关于"对国王失信"的规定主要来源于日耳曼习惯法，关于"恶意对国王发动战争"的内容主要来源于封建法，而关于"侵犯王权神圣地位"的认知主要来源于基督教王权理论。由于习惯法缺乏统一标准，因此国王往往通过参考以往案例规范叛逆罪审判，整理自经典案例的《国家审判集》由此形成。在中世纪政治中，"以下犯上"的叛逆事件时有发生，1215 年《大宪章》颁布过程中即存在诸多"叛逆因素"，其是探讨中世纪叛逆法的重要例证。叛逆法直到 1352 年才实现成文化。爱德华三世在内忧外患的形势下颁布了《1352 年叛逆法》，在总结习惯法的基础上形成成文法，成为后世颁布叛逆法的"模板"。

第二章主要分析都铎王朝和斯图亚特王朝初期的叛逆法。都铎王朝时期，在宗教改革的驱使下，社会矛盾迅速激化，侵害王权的现象不断增多，英国颁布叛逆法的数量也在短时间内爆发式增长。都铎王朝的叛逆法主要用来保护"至尊王权"，即国王对政教两界的绝对控制权、王位继承的绝对安全。为了保护"至尊王权"，先有亨利八世以"言语叛逆罪"处决托马斯·莫尔，后有伊丽莎白一世以"危害王位继承"处决玛丽·斯图亚特。在利用叛逆法摆脱罗马教皇的影响之后，英国逐步走出中世纪"政教二元"传统，向民族国家迈进。斯图亚特王朝初期，英国普通法实现复兴，议会权威不断提高，引发英国政局的持续动荡。首先，法官群体在司法领域中消解"至尊王权"观念，接着法学家提出"有限王权"和"王在议会"原则，逐步动摇王权的统治基础，鼓励议会与王权开展权力争夺。随后议会派以"代表民意"自居，提出了"共和国"（commonwealth）概念，并在"火药阴谋"案中将企图炸毁议会的犯罪行为定义为"叛逆共和国"，由此英国出现了国王和共和国两个叛逆罪客体。在上述三个群体的推动下，"叛逆共和国"观念逐步清晰，为未来推翻、审判和处决查理一世创造了法理依据。

第三章主要分析"无王时代"的叛逆法。该时期是叛逆法和王权发生变异的时期。议会派发动革命，推翻了查理一世的统治，随后以"民意"和"百姓福祉"为由，审判并处决查理一世。叛逆法的性质完全被颠覆，由保护王权转变为消灭王权。由此，中世纪以来形成的叛逆观念、都铎王朝时期出现的"至尊王权"观念基本失效，共和国和议会的权威达到顶点，带来叛逆观念的质变。虽然随着奥利弗·克伦威尔专政出现了"叛逆护国公"罪名，但叛逆法的性质仍然有别于中世纪时期。也正是英国革命对法制传统的颠覆，导致"无政府主义"加剧，英国社会秩序愈加混乱，引发民众对王权时代的怀念。

第四章主要分析君主立宪政体下"叛逆国家法"的初步形成。复辟后的斯图亚特王朝政局多次动荡，叛逆法和叛逆观念也随之不断调整。为了迎合社会变革的需要和稳定政局，英国政界将有益于社会稳定的元素融入叛逆法中，使叛逆法得以重塑。在"光荣革命"之后，英国建立起君主立宪政体，叛逆法不再单纯保护王权，转而维护国家利益、国教信仰、领土安全。至此，叛逆法开始向"叛国法"转变。

第五章主要分析近代以来叛逆法的发展完善及其历史启示。英国继承法律传统，同时吸收革命成果，将"叛逆国家"观念植入《权利法案》、《王位继承法》和《宣誓法》中，约束和限制国王权力，保障公民的权利与自由，引导英国社会治理理念走向近代化。这种理念一直延续至今，形成了英国独特的法律传统。随着法治文明化程度不断提高，英国政府在17世纪末期启动叛逆诉讼制度改革，将法院制度、陪审制度、对抗式审判制度、刑罚制度等引入叛逆罪审判中，增强审判的公正性。此后，这些制度被运用到普通刑事案件的司法审判中，推动了英国整个刑事司法制度的快速发展。

第二节　国内外研究状况述评

19世纪末，以斯塔布斯为代表的牛津学派奠定了"宪政主义"史学的研究传统，他们将叛逆法当作衡量王权强弱和宪政发展水平的"标尺"，使叛逆法研究很快成为学术热点。直到今天，国内外学者对叛逆罪的研究热情依然不减。有的学者侧重于解析叛逆法条文，有的学者致力于分析各种叛逆行为，有的学者倾向于对叛逆罪和叛逆法进行长时段的历史考察，从中找到其发展变化的规律。不过，由于叛逆罪是一种范围非常模糊的犯罪行为，叛逆法的适用范围和法律解释也较为复杂，因此目前仍有大量的问题有待研究。

一　国外研究状况

（一）19世纪末："宪政主义"史观下的叛逆法研究

现代意义上的叛逆罪和叛逆法研究肇始于19世纪末的"宪政主义"

史学派，其代表人物是威廉·斯塔布斯。斯塔布斯的代表作是三卷本
《英格兰宪政史》。该书试图用民主的价值取向处理英国整个中世纪的宪
政问题，因而对叛逆罪和叛逆法极力贬低。在斯塔布斯看来，"臣民如何
制约违反法律的国王是宪政的中心问题"①，教俗贵族是国王的天然反对
派，他们出于某些正义原因而反抗国王。斯塔布斯注意到叛逆法具有保护
国王和镇压叛乱的作用，因此他对叛逆法持否定的态度，甚至毫不客气地
指出："在我们的历史中，叛逆罪立法是一个不光彩的片段，这些立法没
有或者几乎没有达到预期的目的。"他认为，叛逆法"不但没有迫使臣民
效忠于国王，反而促使臣民日渐关注'抽象国王'这个法律概念"②。正
是由于"抽象国王"这个概念，英国才逐步将"国王"与"国家"区
分开来，为推翻甚至处死暴君提供了政治理论上的依据。与对待叛逆法
的态度不同，斯塔布斯高度赞扬一些叛逆者。他在评价贝克特时毫不吝
惜溢美之词，赞美他"在商业上很有才干，是一个多才多艺的人，非常
具有大智慧，心胸宽广得可以用'宏伟'来形容，他谙熟英国的法律，
才艺不输给任何一个文官或者骑士"，"致力于维护教会的权益，维护他
作为国王顾问的宪政地位"③。在阐述《大宪章》的颁布过程时，斯塔
布斯对英国男爵的行为大加赞赏，他指出，"英国男爵为了限制约翰王，
而向法国国王腓力二世求援，这种行为倘若发生在两个世纪之后，一定
是叛逆罪，但在当时他们却是正当的。约翰是一个暴君，暴君应该得到
的下场只有死亡"④。在评论 1327 年爱德华二世被罢黜时，他也极力为叛
逆者辩护，认为"爱德华二世忽视了他的责任，放弃了所有的国务，丝毫
听不进别人对他的抱怨，他的恶毒又被王后伊莎贝拉及其盟友放大了"⑤。

---

① G. Lapsley, *Crown, Community, and Parliament in the Later Middle Ages: Studies in English Constitutional History*, Oxford: Blackwell, 1951, p. 23.

② William Stubbs, *The Constitutional History of England, in Its Origin and Development*, Vol III, Oxford: Clarendon Press, 1875, p. 538.

③ William Stubbs, *The Constitutional History of England, in Its Origin and Development*, Vol I, Oxford: Clarendon Press, 1875, pp. 498-499.

④ William Stubbs, *The Constitutional History of England, in Its Origin and Development*, Vol II, Oxford: Clarendon Press, 1875, p. 10.

⑤ William Stubbs, *The Constitutional History of England, in Its Origin and Development*, Vol II, Oxford: Clarendon Press, 1875, p. 381.

进而，他认为爱德华二世被罢黜是推翻专制君主的一场"宪政革命"。同样，在评价 1399 年理查二世被罢黜时，他也持相同的观点，认为"理查二世被推翻是一系列宪政运动的结果"①。

在"宪政主义"思想的指导下，斯塔布斯运用动态的眼光来审视叛逆法的发展。他认为盎格鲁-撒克逊时期的"日耳曼民主传统"是英国宪政的历史源头，近代政治制度和思想观念也主要脱胎于中古社会。斯塔布斯在叛逆罪史料整理方面做出了开拓性的贡献，他大胆地运用原始材料分析盎格鲁-撒克逊时期的叛逆法，在那个原始资料非常匮乏的时代，斯塔布斯的努力无疑是一次伟大的尝试。通过分析，斯塔布斯发现，受到原始民主制观念和习俗的影响，盎格鲁-撒克逊法律中并没有规定叛逆罪，法律处罚"弑君罪"与处罚一般谋杀罪并没有本质的区别。② 斯塔布斯认为英国真正的叛逆法出现在阿尔弗雷德时期，也是在同一时期"国王与臣民的关系被定义为君臣的关系"③。从此，国王才开始用法律来镇压叛乱，保护自己的安全。因此，王权早于叛逆法出现，叛逆法因王权的私利而产生。

总体上看，斯塔布斯以及以他为代表的"宪政主义"史学派"不是将宪政史看作一个基本的法律概念，而是将之与一种意识联系起来"④。他们并没有专门地研究叛逆法的起源、发展和历史价值，而是把它看作专制君主的工具加以贬低。在研究叛逆罪和叛逆法时，他们往往以"王在法下"和"主权分割"等近代思想为基调，认为贵族或者平民反抗国王不是叛逆行为，而是在捍卫自由权利；叛逆法滥杀无辜，阻碍宪政进程。他们把叛逆法贬低得一无是处，这无疑带有浓重的主观臆断色彩。因此，现代学者肯定斯塔布斯及"宪政主义"史学派在史料整理方面取得的学

---

① William Stubbs, *The Constitutional History of England, in Its Origin and Development*, Vol III, Oxford: Clarendon Press, 1875, p. 6.

② William Stubbs, *The Constitutional History of England, in Its Origin and Development*, Vol I, Oxford: Clarendon Press, 1875, p. 161.

③ William Stubbs, *The Constitutional History of England, in Its Origin and Development*, Vol I, Oxford: Clarendon Press, 1875, p. 194.

④ 〔英〕詹姆斯·坎贝尔：《英国宪政的盎格鲁—撒克逊起源》，孟广林、鞠长猛译，《历史研究》2010 年第 3 期。

术成就，同时也对其学理模式提出批评。英国约克大学教授 M. 阿莫诺认为"斯塔布斯对中古英国宪政史的诠释有不少是过时了"①。杜伦大学普里斯维奇教授则表示"不再相信斯塔布斯所构建的这一宪政主义的'历史神话'"②。不过，鉴于西方国家乐于歌颂其政治价值观，斯塔布斯对后世的影响依然较大，即使在一百多年后的今天，他的理论仍然受到追捧，引导一代代的史学家去证实和考证。③

（二）19 世纪末 20 世纪初：梅特兰、史蒂芬等法律史学家的研究

弗雷德里克·威廉·梅特兰被誉为"英国最伟大的法律史学家"④。他本是一名法学家，却最终把历史研究当成终身的工作，担当起沟通法学与历史学的重任，成为"法律史学派"的代表人物。梅特兰对斯塔布斯的"宪政主义"史学非常崇拜，他不但在自己的著作中频频引用斯塔布斯的观点，在斯塔布斯死后，还悲痛地说，"我们曾经有一位国王，而现在却没有了"⑤。不过，与斯塔布斯相比，梅特兰没有"先入为主"地视叛逆法为专制王权的工具，而是把它作为一种法律现象加以研究。他正视叛逆法的复杂性，曾经感叹："叛逆法的每一个单词都被一代代的国王权衡、解释和注释。所以，我们要通过叛逆法搞清楚叛逆罪是非常困难的，因为我们缺乏一种完整的法律传统来引导我们进行研究。"⑥

梅特兰留给后人的论著颇多，其中《爱德华一世之前的英国法律史》（以下简称《英国法律史》）和《英格兰宪政史》对叛逆罪和叛逆法有较多的论述。《英国法律史》初版于 1895 年，重点论述亨利二世至爱德

---

① 孟广林、〔英〕M. 阿莫诺：《中世纪英国宪政史研究的新理路》，《中国人民大学学报》2007 年第 2 期。

② 孟广林：《中世纪英国宪政史研究的回顾——访问 M. 普里斯维奇教授》，《史学理论研究》2006 年第 4 期。

③ 〔英〕詹姆斯·坎贝尔：《英国宪政的盎格鲁—撒克逊起源》，孟广林、鞠长猛译，《历史研究》2010 年第 3 期。

④ 〔美〕J. W. 汤普森：《历史著作史》下卷第四分册，孙秉莹、谢德风译，李活校，商务印书馆，1996，第 538 页。

⑤ 〔英〕乔治·皮博迪·古奇：《十九世纪历史学与历史学家》下册，耿淡如译，商务印书馆，1989，第 557 页。

⑥ Frederick Pollock and Frederic William Maitland, *The History of English Law before the Time of Edward I*, Vol. II, Cambridge: Cambridge University Press, 1923, p. 502.

华一世时期的法律。这一时期正是英国法律形成的时期，许多重要的法律原则和法律机构都起源于此时。在"犯罪与侵权"一章中，梅特兰对叛逆法进行了详细论述。他指出叛逆罪立法的规律是国王不断增加新的叛逆罪名，而教俗贵族极力抵制各类叛逆罪名。这一规律是由叛逆罪处罚的三个特点造成的，即处罚措施极为残酷、处罚不适用"教士特典"、罚没物品直接归国王所有。① 梅特兰非常重视叛逆法在英国法律史上的特殊地位。他认为，叛逆法具有不同于其他法律的特点，"有它自己独特的发展历史"②，并且比其他刑法更早进入成文法时期。梅特兰通过纵向研究叛逆罪的类型发现，"叛逆罪是一种范围非常模糊的罪名，有多种犯罪类型"③。叛逆罪立法的发展受到英国习惯法、罗马法和封建化进程等多种因素的影响，国王针对"背叛""侵害王权罪"等叛逆罪先后进行过立法活动。对于叛逆法的执行效果，梅特兰认为，叛逆法的落实程度与王权的强弱有直接关系。他认为《1352年叛逆法》中的"对国王发动战争"这一项规定只能出现在封建观念最强的时候，否则臣民对国王发动战争可以是完全合法的行为。④

梅特兰的另一部作品《英格兰宪政史》初版于1908年，这是梅特兰1887~1888年在剑桥大学法律系授课时的讲义。该书把英国公法的发展划分为五个阶段，即1307年以前、1307~1509年、1509~1625年、1625~1702年和1702年以后。梅特兰重点论述了1307~1509年叛逆罪和叛逆法的特点。他认为，叛逆法与政治环境有着密切的关系。当国王从部落首领变成"所有人的主人"时，叛逆罪才从普通犯罪中脱离出来，成为"不折不扣的不可抵赎的犯罪"⑤。特别是在"王权神授"的神权政治传统兴

---

① Frederick Pollock and Frederic William Maitland, *The History of English Law before the Time of Edward I*, Vol. II, Cambridge：Cambridge University Press, 1923, p. 500.

② Frederick Pollock and Frederic William Maitland, *The History of English Law before the Time of Edward I*, Vol. II, Cambridge：Cambridge University Press, 1923, p. 502.

③ Frederick Pollock and Frederic William Maitland, *The History of English Law before the Time of Edward I*, Vol. II, Cambridge：Cambridge University Press, 1923, p. 503.

④ Frederick Pollock and Frederic William Maitland, *The History of English Law before the Time of Edward I*, Vol. II, Cambridge：Cambridge University Press, 1923, p. 503.

⑤ F. W. Maitland, *The Constitutional History of England：A Course of Lectures Delivered*, Cambridge：Cambridge University Press, 1963, p. 59.

起之后，"背叛领主的罪行就是犹大犯下的罪行"①。梅特兰还特别关注理查二世、亨利八世等动荡时代的叛逆法，认为"每到政局动荡的年代，新的叛逆罪就会被创制出来，而到了政局缓和的时候，又会被取消"②。梅特兰注意到叛逆法的另一个特点——"用语极富弹性"，因而形成大量的"推定叛逆罪"（constructive treasons）。③ 梅特兰把叛逆罪看作英国公法中的一个重要方面进行论述，他不像斯塔布斯等"宪政主义"史学家一样对叛逆法极力贬斥，而是把中世纪以及近代早期对叛逆法的修订看作英国宪政道路上的必经阶段，侧重于客观公正地论述其发展过程和主要特点。他的观点和态度对斯塔布斯的诠释方式产生了巨大冲击，引导后世史学家更加客观地研究叛逆罪和叛逆法。

与梅特兰同时代的詹姆斯·菲茨詹姆斯·史蒂芬，是著名的刑法史学家，他的代表作是三卷本《英格兰刑法史》。史蒂芬是一名司法官员，他在长期的司法实践中逐步认识到：要全面系统地认识英国刑法，必须把刑法和刑事诉讼法看作一个整体进行研究，同时还要以历史的视角考察"英国刑法如何从 13 世纪简单、粗陋的状态，逐步发展成世界上最完美、最综合的法律；13 世纪粗陋的司法机构如何成长为司法体系和司法程序完备的机构"④。史蒂芬的研究思路无疑受到"宪政主义"史观的影响，他认为"每一个宪政问题都对刑事诉讼程序以及各种罪名的定义产生重要影响，涉及叛逆法的历史也不例外"⑤。他肯定地指出，"在宪政史学思路之下，英国法律的某些领域已经进行了令人钦佩的研究"⑥。但他也认为，"宪政主义"史学也存在不足之处，尤其是"忽略了许多与我们日常

① F. W. Maitland, *The Constitutional History of England: A Course of Lectures Delivered*, Cambridge: Cambridge University Press, 1963, p. 148.

② F. W. Maitland, *The Constitutional History of England: A Course of Lectures Delivered*, Cambridge: Cambridge University Press, 1963, p. 227.

③ F. W. Maitland, *The Constitutional History of England: A Course of Lectures Delivered*, Cambridge: Cambridge University Press, 1963, p. 228.

④ James Fitzjames Stephen, *A History of the Criminal Law of England*, Vol. I, London: Macmillan and Co., 1883, preface, viii.

⑤ James Fitzjames Stephen, *A History of the Criminal Law of England*, Vol. I, London: Macmillan and Co., 1883, preface, ix.

⑥ James Fitzjames Stephen, *A History of the Criminal Law of England*, Vol. I, London: Macmillan and Co., 1883, preface, viii-ix.

生活息息相关的领域，刑法就是其中之一"①。在研究方法上，史蒂芬并没有刻意遵循"宪政原则"。他认为，若要研究罪名或者法律，首先要了解相关历史脉络，然后要分析其在当代社会的状态，最后批判地研究其各个组成部分和发展进程。② 他在研究叛逆罪和叛逆法时便遵循这一研究方法。在英国叛逆罪起源和发展方面，史蒂芬认为叛逆罪是英国本土的产物，但或多或少受到罗马法中"大逆罪"（perduellio）的影响。史蒂芬非常注意从司法发展的角度研究叛逆法的发展，他在全面考察英国的法院、议会、枢密院等审判机构以及审判程序之后，认识到地方审判叛逆罪的权力被逐步收归中央法庭。尤其是到了都铎王朝时期，随着各种特权法庭的出现，国王干预审判的权力急剧扩张，其不仅可以通过特权法庭审判叛逆罪，还可以"不经议会弹劾，直接以剥夺法案判处重臣叛逆罪"③。而"光荣革命"之后，叛逆罪审判得到了实质性改观，叛逆罪嫌疑人在司法援助、人身安全和证据效力等方面都得到了司法保障，史蒂芬认为"这是对待臣民非常慷慨的行为"④。在叛乱问题上，史蒂芬通过认真对比各时期的叛逆罪审判，提出了不同于斯塔布斯的观点，他认为叛乱只在理查二世时期才构成叛逆罪，在其他历史时期并不构成叛逆罪。史蒂芬不认为国王制定叛逆法的目的是维护专制统治，他倾向于认为国王是为了维护和平秩序而颁布叛逆法。⑤ 由此看来，史蒂芬对叛逆法的态度更加客观。

　　史蒂芬把叛逆罪放到刑事犯罪的大背景中进行研究。他依据犯罪客体的变迁，对叛逆罪进行了时期划分，大体可分为中世纪时期、"反对宗教原则"时期、"反对政治共同体"时期、"反对护国公"时期和叛逆法复辟时期。通过对比不同时期的叛逆罪和叛逆法，史蒂芬分析了 16~18 世

① James Fitzjames Stephen, *A History of the Criminal Law of England*, Vol. I, London: Macmillan and Co., 1883, preface, ix.

② James Fitzjames Stephen, *A History of the Criminal Law of England*, Vol. I, London: Macmillan and Co., 1883, p. 1.

③ James Fitzjames Stephen, *A History of the Criminal Law of England*, Vol. I, London: Macmillan and Co., 1883, p. 176.

④ James Fitzjames Stephen, *A History of the Criminal Law of England*, Vol. I, London: Macmillan and Co., 1883, p. 226.

⑤ James Fitzjames Stephen, *A History of the Criminal Law of England*, Vol. I, London: Macmillan and Co., 1883, p. 202.

纪英国王权的发展状况。他认为，"18 世纪国王面临的动荡局面与都铎王朝时期一样，但他们对叛逆者的处罚却截然不同。这不是因为国王的个人品质不同，而是 18 世纪的国王不再像都铎王朝那样受到民众欢迎。其中的细微变化很难感觉到，但是，从整体上看，变化却非常明显，这就是国家的进步"①。从发展的角度探讨叛逆法，正是史蒂芬的研究思路。

史蒂芬吸收了"宪政主义"史学思想，又融入自己多年积累的司法经验，全面地分析了叛逆问题的各个方面，为后来的研究者提供了新的研究方向和研究思路。虽然《英格兰刑法史》存在缺乏归纳概括等缺点，但这丝毫不影响其学术价值。可以肯定，史蒂芬的《英格兰刑法史》是 20 世纪70 年代之前研究叛逆罪和叛逆法最全面的著作，他的研究在叛逆罪和叛逆法研究史上起到承前启后的作用，开启了专题研究叛逆罪和叛逆法的新时代。

（三）20 世纪初至 20 世纪 50 年代：专题研究开始出现

20 世纪初，史学家开始专题研究叛逆罪和叛逆法。他们不再单纯把叛逆法看成国王维护统治的工具，而把它看成一个涉及法官、法庭、法律依据、审判程序和司法补救措施的部门法。在研究中，他们重视使用《国家审判集》和《王国法令集》等原始资料，重点探讨某些特殊的叛逆罪名、特殊时期的叛逆法以及某些重要的叛逆罪案件。他们的研究逐步摆脱了"宪政主义"史学传统的束缚，关注点从以往的"宪政原则"转向司法官员、司法程序和司法机构等，开拓了叛逆罪和叛逆法研究的空间。经过这一时期的研究，史学家不但在史料上实现了突破，还提出了众多客观公正的新观点，推动叛逆罪和叛逆法研究走上了专题研究的道路。

1916~1917 年，伊索贝尔·索恩利先后发表两篇精细化研究叛逆罪和叛逆法的论文。1916 年，她在英国《皇家历史学会学报》上发表《亨利八世的叛逆罪立法》一文。文章只选取 3 年时间（1531~1534 年）进行专题研究，充分体现出精细化研究的特点，与"宪政主义"史学家和法律史学家长时段研究的模式形成鲜明对比。作者以《1534 年叛逆法》的五个草稿为研究对象，分析叛逆法的立法过程，并从中探讨议会下院在立

---

① James Fitzjames Stephen, *A History of the Criminal Law of England*, Vol. II, London：Macmillan and Co., 1883, p. 328.

法过程中发挥的作用。她认为，议会下院有能力改变国王的立法意图，把自身的意愿加入法律之中。由此，她断定都铎王朝的叛逆法不是国王个人意志的体现，而是由国王和议会共同颁布的，因此，她否认叛逆罪是国王专制的工具。① 1917 年，索恩利又在《英国历史评论》上发表论文《15世纪的"言语叛逆罪"》，这是较早专题研究言语叛逆行为的论文。在索恩利之前，马修·黑尔等法学家以及一些宪政史学家已经提到过"言语叛逆罪"这一概念，他们普遍认为该罪起源于亨利八世时期。② 索恩利并不认同该观点，她认为，亨利四世时期已经出现"言语叛逆罪"，但并未成文化。直到亨利八世时期，该罪才得到了成文法的确认。对于"言语叛逆罪"的合法性，索恩利认为国王在制定"言语叛逆罪"时并没有扭曲解释《1352 年叛逆法》，而是参考了"对国王发动战争"这一规定。因此，她肯定了"言语叛逆罪"的合法性，认为"言语行为可以构成叛逆罪，这一规定符合英国普通法，'言语叛逆罪'一直都合法地存在着，而且能够弥补成文法的某些不足之处"③。

20 世纪 20 年代，宪政史学家坦纳出版了《都铎宪政文献（1485 ~ 1603）及其历史评论》④（以下简称《都铎宪政文献》）一书，对叛逆罪和叛逆法的资料进行了系统整理和评论。在坦纳之前，已经有不少学者开始收集和整理重要历史文献，较有代表性的著作有斯塔布斯的《英国宪政史文献及其他评论：从早期到爱德华一世时期》⑤，普罗瑟罗的《伊丽莎白一世和詹姆斯一世时期的宪政文献及评论精选》⑥，以及加德纳的

---

① Isobel D. Thornley, "The Treason Legislation of Henry VIII," *Transactions of the Royal Historical Society*, 3rd Ser., Vol. 11 (1917), pp. 123–124.

② Matthew Hale, *Pleas of the Crown*, Vol. I, London, 1778, p. 111; Henry Hallam, *The Constitutional History of England: From the Accession of Henry VII to the Death of George II*, Vol. I, London, 1850, p. 28.

③ Isobel D. Thornley, "Treason by Words in the Fifteenth Century," *The English Historical Review*, Vol. 32, No. 128 (Oct., 1917), p. 558.

④ J. R. Tanner, *Tudor Constitutional Documents*, A. D. 1485–1603 with an Historical Commentary, Cambridge: Cambridge University Press, 1922.

⑤ William Stubbs, *Select Charters and Other Illustrations of English Constitutional History from the Earliest Times to the Reign of Edward the First*, Oxford: Clarendon Press, 1870.

⑥ George Walter Prothero, *Select Statutes and Other Constitutional Documents Illustrative of the Reigns of Elizabeth and James I*, Oxford: Clarendon Press, 1913.

《清教革命时期的宪政文献（1625～1660 年）》①。他们进行宪政文献整理的目的不外乎两个：其一，收集有价值的文献，方便进行学术研究；其二，为教师教学提供方便，为学生学习提供参考。② 与上述三位学者的作品相比，《都铎宪政文献》在资料的丰富性上更胜一筹。关于叛逆罪和叛逆法，坦纳用一章的篇幅进行阐述，资料涉及叛逆法司法解释、叛逆法令、叛逆罪审判程序、剥夺法案、议会上院贵族审判法院和叛逆罪处罚等。他不仅简洁地描述了叛逆罪和叛逆法的具体特征，还注意探究相关特征产生的原因。坦纳认为，普通法中的叛逆法非常模糊而且经常被滥用，引起议会下院议员的反抗。他们不断请愿，最终促使议会颁布《1352 年叛逆法》。坦纳认同梅特兰的观点，认为《1352 年叛逆法》是"叛逆罪的主要定罪依据"③。他进一步解释了其原因，指出，1352 年前后英国的政治环境稳定、王位稳固，国王制定的叛逆法是为了长期保护国王的安全，而非出于打击政敌等短期目的，因此该法得以长期适用。④ 坦纳认为都铎王朝时期是叛逆罪立法的高峰时期，"王位至尊"和王位继承促使国王不断颁布新的叛逆法。他承认制定叛逆法是非常有必要的，"当教皇用开除教籍和逐出法外处罚国王时，国王就必须用叛逆法这个武器来保护自己"。但他并不认同国王的立法方式，甚至对亨利八世的叛逆罪立法进行了激烈批判，认为亨利八世的立法与《1352 年叛逆法》之间没有任何逻辑联系，"除了严酷之外，没有其他特点"⑤。坦纳还非常重视研究叛逆罪审判程序，他注意到，法庭处处限制被告的权利，不但禁止被告获得法律援助，阻止被告获得起诉书和陪审员名单，还在证人问题上处处刁难被告。坦纳认为，这种现象是由法官和国王的两个错误认识造成的：其一，

---

① Samuel Rawson Gardiner, *The Constitutional Documents of the Puritan Revolution, 1625-1660*, Oxford: Clarendon Press, 1906.

② William Stubbs, *Select Charters and other Illustrations of English Constitutional History from the Earliest Times to the Reign of Edward the First*, preface, v.

③ J. R. Tanner, *Tudor Constitutional Documents, A. D. 1485-1603 with an Historical Commentary*, Cambridge: Cambridge University Press, 1951, p. 376.

④ J. R. Tanner, *Tudor Constitutional Documents, A. D. 1485-1603 with an Historical Commentary*, Cambridge: Cambridge University Press, 1951, p. 375.

⑤ J. R. Tanner, *Tudor Constitutional Documents, A. D. 1485-1603 with an Historical Commentary*, Cambridge: Cambridge University Press, 1951, p. 379.

他们认为法官可以为被告提供法律援助，无须额外聘请律师；其二，他们认为被告只有用最朴实的语言讲述，才能具有说服力，辩护律师只会干扰被告诉说实情。同时，坦纳也看到了国王在叛逆罪审判中的创新之处，比如取消教士豁免权、智力障碍者也可获罪、国王有权派遣巡回法庭和确立"双证人制度"等。《都铎宪政文献》不仅是一部资料汇编，也是一部学术作品，坦纳对资料的分类和点评受到后世学者的高度评价。英国学者哈罗德·拉斯基曾褒奖道："坦纳的评论是富有学术见地而且客观公正的，只有进行过类似研究的人，才知道他的研究是多么的复杂。"①

以索恩利和坦纳的研究为起点，叛逆罪和叛逆法研究出现了一个小高潮，一直持续到 20 世纪 50 年代。其中，代表性人物有塞缪尔·列斯里克和 S. C. 比格斯等。列斯里克是一位专门研究叛逆罪和叛逆法的学者，先后发表过三篇颇有学术价值的论文。1927 年他在《英国历史评论》上发表《议会对早期叛逆罪的界定研究》一文。列斯里克认为以往的史学家过分夸大《1352 年叛逆法》的宪政意义。他主张研究早期叛逆法时，应该立足于 14 世纪的历史现实。② 列斯里克研究发现，《1352 年叛逆法》中某些被标榜为具有宪政意义的内容，实际是后人的误读。③ 他发现，《1352 年叛逆法》中规定的"议会有权判定某些疑难案件是否为叛逆罪"既没有改变议会职能，也没有创新立法理论，只是依据惯例对议会立法和司法权的确认，"与其说是制定法律（law-making），不如说是发现法律（law-finding）"④。他还发现，14 世纪的叛逆法主要是由国王和议会上院制定的，议会下院基本没有发挥作用。到了 15 世纪中期之后，议会下院的作用才逐步显现。⑤ 列斯里克认为，14 世纪各种叛逆罪的立法和审判，

---

① Harold J. Laski, "Review Tudor Constitutional Documents," *Harvard Law Review*, Vol. 36, No. 6（Apr. , 1923）, p. 767.

② Samuel Rezneck, "The Early History of the Parliamentary Declaration of Treason," *The English History Review*, Vol. 42, No. 168（Oct. , 1927）, pp. 497-498.

③ Samuel Rezneck, "The Early History of the Parliamentary Declaration of Treason," *The English History Review*, Vol. 42, No. 168（Oct. , 1927）, pp. 500-501.

④ Samuel Rezneck, "The Early History of the Parliamentary Declaration of Treason," *The English History Review*, Vol. 42, No. 168（Oct. , 1927）, p. 510.

⑤ Samuel Rezneck, "The Early History of the Parliamentary Declaration of Treason," *The English History Review*, Vol. 42, No. 168（Oct. , 1927）, pp. 503-507.

容易诱导人们产生叛逆法以及议会司法权至上的错觉，实际上，这些法律远没有达到这种程度。1928 年列斯里克在《美国历史评论》上发表《15世纪的推定"言语叛逆罪"》一文。列斯里克认为 15 世纪的"言语叛逆罪"实质上是违背《1352 年叛逆法》的，但他不像"宪政主义"史学家那样批判"言语叛逆罪"对宪政的阻碍作用，而是探究其产生的原因、法律内涵和社会影响。前文已经提到，索恩利认为"言语叛逆罪"在亨利四世时期已经存在。列斯里克显然不认同这一观点，他把"言语叛逆罪"的历史追溯到 1194 年，认为"言语叛逆罪"不是普通法的扩张，而是国王和法官笃定言语行为可以危害国王的安全，因而创制该罪名。[①]1930 年，他又在《现代历史杂志》上发表论文《1695 年叛逆罪审判法：改革英国司法程序的开创性措施》。列斯里克并不否认《1695 年叛逆罪审判法》的历史价值，肯定它在叛逆法史上的价值仅次于《1352 年叛逆法》，开启了英国叛逆法发展的新时代，促使叛逆法从刑法中独立出来，也削弱了叛逆法在英国政治中发挥的作用。[②] 不过，列斯里克并不满足于探讨该法的历史价值，而是将该法放到 17 世纪末的历史背景中，具体分析其颁布的背景、过程和执行效果。列斯里克认为，《1695 年叛逆罪审判法》只是英国革命的副产品，是《权利法案》和《宽容法案》的补充性法律。该法之所以出台，主要得益于当时微妙的法律思想和长期的议会斗争。而且，列斯里克通过分析具体案例认为，《1695 年叛逆罪审判法》虽然在一定程度上限制了政治审判的弊端，但并未完全改变叛逆罪审判不公正的状况。然而他也意识到，该法促进了叛逆罪审判性质的改变，"从此，犯人因为自己的罪过而受到审判，而非因为单纯侵犯政治利益而受到残酷处罚"[③]。

英联邦一些国家也开始研究叛逆罪和叛逆法，并收获了可喜的成果。1947 年，多伦多大学法学院的比格斯在《多伦多大学法律杂志》上发表

---

① Samuel Rezneck, "Constructive Treason by Words in the Fifteenth Century," *The American Historical Review*, Vol. 33, No. 3 (Apr. , 1928), p. 546.

② Samuel Rezneck, "The Statute of 1696: A Pioneer Measure in the Reform of Judicial Procedure in England," *The Journal of Modern History*, Vol. 2, No. 1 (Mar. , 1930), p. 5.

③ Samuel Rezneck, "The Statute of 1696: A Pioneer Measure in the Reform of Judicial Procedure in England, " *The Journal of Modern History*, Vol. 2, No. 1 (Mar. , 1930), p. 26.

《叛逆罪和威廉·乔伊斯审判》一文，该文具有非常高的学术水准。比格斯在分析 1945 年威廉·乔伊斯叛逆案时，对英国叛逆法进行了系统论述，试图找到该案的法律依据。作为法学家，比格斯从法学和政治学的角度对叛逆罪和叛逆法进行了新颖的解读。他用"社会契约"思想解释叛逆法长期存在的原因，认为臣民效忠于国王是维护社会秩序的基础，他们也会因为效忠于国王而得到保护，因此臣民和国王是互利互惠的关系。起初这种关系具有封建色彩，但其基本内涵到今天都没有变化。① 比格斯通过辨别叛逆罪客体在不同历史时期的变化，基本勾勒出叛逆罪立法的几个发展阶段。他认为早期的叛逆罪行为在本质上并非侵犯国王，而是危害王国内部的安全和统治秩序。直到 12、13 世纪，叛逆罪才分为"叛逆重罪"和"叛逆轻罪"，前者是破坏国王与臣民之间效忠关系的犯罪，后者实际上只是犯罪情节严重的谋杀罪。② 比格斯认为，叛逆法在中世纪政治生活中具有重要地位，"王权永远是不安全的，也容不下任何反对者。国王把叛逆法当成武器，主要是为了消除两方面的威胁：教会和贵族"③。到了近代，叛逆法主要用于保护社会体系、维护公共秩序。虽然国王仍然是叛逆法的保护对象，但是受到保护的已经不是国王的自然身体，而是其政治属性。④ 与英国学者相比，比格斯可能在史料运用方面稍显逊色，他没有大量运用判例集和档案集，而是吸收借鉴现成的研究成果。不过，比格斯的研究时段非常长，他用简练的文字勾勒出叛逆罪和叛逆法近千年的发展变化规律，对叛逆法变革的把握非常准确，一定程度上弥补了英国学者只注重短时段研究的缺憾。

　　20 世纪初至 50 年代，西方的叛逆罪和叛逆法研究走向专题化。长期以来，英国学者不重视刑法研究，剑桥大学教授密尔松曾指出，"学者研

---

① S. C. Biggs, "Treason and the Trial of William Joyce," *The University of Toronto Law Journal*, Vol. 7, No. 1 (1947), p. 163.

② S. C. Biggs, "Treason and the Trial of William Joyce," *The University of Toronto Law Journal*, Vol. 7, No. 1 (1947), p. 166.

③ S. C. Biggs, "Treason and the Trial of William Joyce," *The University of Toronto Law Journal*, Vol. 7, No. 1 (1947), p. 167.

④ S. C. Biggs, "Treason and the Trial of William Joyce," *The University of Toronto Law Journal*, Vol. 7, No. 1 (1947), p. 171.

究刑法的主要目的是把其作为一种评定其它法律分支发展的参照物"，
"刑事法律事务被看成社会上一种肮脏的工作"。① 随着史蒂芬的《英格
兰刑法史》出版，刑法逐步成为一个热点问题，其不再是一种参照物，
而成为学者的直接研究对象，相关研究也走上了专题化道路。随后，索恩
利、坦纳、列斯里克和比格斯等学者进一步选取刑法中最严重的叛逆法进
行研究。他们普遍坚持以事实为依据进行研究，在选取和运用史料方面不
再受"宪政原则"等思想的束缚，得出的结论更加客观公正。在上述学
者的视野中，叛逆法不再是王权进行专制统治的工具，而是一种统治方
式。他们也不再一味地贬斥叛逆法，如比格斯用"社会契约"思想解释
叛逆法，认为民众能够从叛逆法中得到和平和安宁。可见，他们越来越多
地注意到叛逆法带来的实际影响，为正确评估叛逆罪和叛逆法提供了有意
义的借鉴。

（四）20 世纪 60~80 年代：埃尔顿和贝拉米的精细化研究

从 20 世纪 60 年代开始，学者对叛逆罪和叛逆法的研究进一步细化，
开始综合利用议会法令、议会日志、法庭卷档等原始资料进行研究。这一
时期，英国研究叛逆罪和叛逆法的代表人物是杰弗里·鲁道夫·埃尔顿。
在英国之外，代表人物是加拿大卡尔顿大学教授约翰·贝拉米。

埃尔顿主要从事都铎法律和宪政史研究。与斯塔布斯和梅特兰不同，
埃尔顿没有长期学习英国法律的经历，因此他曾以"法律史的外行"自
嘲，认为自己是历史学家，而不是法律史学家。不过，他并不完全认同当
时法学家研究法律史的方法，他认为法学家的研究过于概念化，在史料上
又较为单一，往往倾向于用现代观念来解读古代法律，导致法律史研究忽
略了法律赖以存在的社会和政治环境，无法真正地解读历史文本，也无法
真正地解释法律的创新和发展。② 埃尔顿倡导在法律史研究中融入更多的
历史方法。他在法律史研究上的成就颇高，先后出版《都铎王朝统治下
的英国》（1955 年）、《都铎宪政：文献及评论》（1960 年）、《政策和统

---

① 〔英〕S. F. C. 密尔松：《普通法的历史基础》，李显冬等译，中国大百科全书出版社，
1999，第 461 页。

② Clive Holmes, "G. R. Elton as a Legal Historian," *Transactions of the Royal Historical Society*,
Sixth Series, Vol. 7 (1997), p. 269.

治：托马斯·克伦威尔时代的宗教改革》（1972 年，以下简称《政策和统治》）以及《改革和复兴：英格兰（1509～1558 年）》（1973 年）等著作，对都铎王朝时期的法律进行了系统的阐述，成就了英国史研究的"埃尔顿时代"①。

埃尔顿的著作对叛逆罪和叛逆法多有涉及，其中《都铎宪政：文献及评论》和《政策和统治》对其进行了详细的论述。在埃尔顿看来，叛逆法仍然是一种统治工具，但不是斯塔布斯所谓的"强化专制王权的工具"，而是促进英国走向民族化和国家化的工具。"叛逆法的发展一直伴随着都铎王朝遇到的各种统治困境，伴随着国王与罗马教廷一步步走向决裂"②，这一过程就是不断走向民族化和国家化的过程。对于制定叛逆法的人，埃尔顿也给予积极的评价，他认为奥利弗·克伦威尔是英国民族化过程中的"英雄人物"，其对英国民族化和国家化的推动作用甚至超过国王。虽然这一观点在英国史学界引起了长期的争论，③ 但大多数学者都承认克伦威尔在制定叛逆法上发挥了重要作用。埃尔顿的《政策和统治》就重点论述了克伦威尔时期英国的叛逆法。在史料方面，埃尔顿除使用法庭卷宗和书信文档之外，特别重视对叛逆罪成文法的研究。埃尔顿认识到，都铎议会法令是国王处理政府事务的重要手段，上至王位继承和宗教政策，下至物价调节和城市建设，大小事务无不通过法令确定和规范。④因此他的研究经常围绕法令内涵和外延展开，从其变化中找到英国法律和法制的发展规律。

20 世纪中期，英国之外的学者开始关注和研究英国叛逆罪和叛逆法，特别是英联邦国家在该领域取得了较大的成就。到了 20 世纪 70 年代，加拿大出现一位研究叛逆罪和叛逆法的著名学者——约翰·贝拉米。他先后

---

① Arthur J. Slavin, "G. R. Elton: On Reformation and Revolution," *The History Teacher*, Vol. 23, No. 4 (Aug., 1990), p. 405.

② G. R. Elton, *The Tudor Constitution Documents and Commentary*, Cambridge: Cambridge University Press, 1982, p. 60.

③ Arthur J. Slavin, "G. R. Elton: On Reformation and Revolution," *The History Teacher*, Vol. 23, No. 4 (Aug., 1990), p. 408.

④ Clive Holmes, "G. R. Elton as a Legal Historian," *Transactions of the Royal Historical Society*, Sixth Series, Vol. 7 (1997), p. 268.

出版了《中世纪后期的英格兰叛逆法》和《都铎王朝时期英格兰叛逆法》两本著作，在原始材料、研究领域和研究方法上都进行了深入开拓。《中世纪后期的英格兰叛逆法》出版于 1970 年，其中一大创新之处是大量运用原始资料。贝拉米在写作过程中，参考和引用了大量未公开出版的资料，比如《大法官杂集》《大法官、议会和枢密院诉讼集》《大法官、掌玺大臣案例集》《巡回法院卷档》《王室法庭审判集》《财政署和军事法庭案例集》《古代特许状集》等①，这些资料都是以往叛逆法研究者较少使用的。借助这些资料，贝拉米在分析叛逆法时不再像传统史学家那样去考察政治、经济和社会等时代背景，而是运用各种叛逆罪案例解读叛逆法的发展，指出叛逆罪和叛逆法呈现互动发展的特点。他在分析《1352 年叛逆法》的颁布原因时，综合考察了 1347 年击杀国王卫兵案、1348 年击杀国王信使案和 1347 年道路抢劫案等有争议的叛逆案件。通过解读案件，贝拉米发现了传统叛逆罪审判的弊端，为《1352 年叛逆法》的出台提供了合理的解释。通过案例分析，他还发现，1283 年审判威尔士亲王戴维·阿普·格鲁菲德（David ap Gruffydd）案的陪审员构成、审判机构和处罚方式都是国王以"公权力"决定的，与"就地处决""神明裁判""逐出法外""决斗审判"等相比，有本质的区别，因而合理地解释了"国家审判"起源于爱德华一世时期的论点。② 贝拉米注意对比不同法系的叛逆法，从中发现英国叛逆法的渊源和特点。他在分析英国中世纪叛逆罪的概念时，全面地考察和对比了罗马法、日耳曼法和盎格鲁-撒克逊法中有关叛逆行为的规定，最终对英国中世纪的叛逆法渊源给出了明确的界定："英国的叛逆法有两个主要的因素，即日耳曼因素和罗马因素。日耳曼因素表现在背叛君主和违背对君主（breach of trust）的宣誓，而罗马因素则是叛国（maiestas）和危害公共权威。"③ 在分析叛逆法的变动时，贝拉米不再只关注政治方面的法令，将研究范围拓展到经济和纹章等方

---

① J. G. Bellamy, *The Law of Treason in England in the Later Middle Ages*, Cambridge: Cambridge University Press, 1970, p. 239.

② J. G. Bellamy, *The Law of Treason in England in the Later Middle Ages*, Cambridge: Cambridge University Press, 1970, p. 24.

③ J. G. Bellamy, *The Law of Treason in England in the Later Middle Ages*, Cambridge: Cambridge University Press, 1970, p. 1.

面，对英国普通法和成文法中的伪造货币罪和伪造国王印玺罪都进行了较为详细的论述，弥补了学界对这方面研究的不足。在叛逆罪审判问题上，贝拉米非常关注"剥夺法案"，他认为"剥夺法案"萌芽于 14 世纪初，在玫瑰战争时期才最终成形。贝拉米认为"剥夺法案"体现出议会在英国政治运行中的地位，是议会立法和司法权的体现，相对普通法中的"就地处决"而言，"剥夺法案"是一种司法上的进步。① 通过大量的研究，贝拉米认识到，叛逆法不是王权专制的工具，也不是一种简单的统治方式，而是具有宪政意义。贝拉米认为，1215 年之后，国王、贵族和平民之间出现了势力均衡，国王无法将英国变成专制国家，贵族无法将英国变成寡头统治国家，平民也无法实现民主执政。在这种平衡之中，叛逆法的产生有其原因，也是各方博弈的结果。②

继《中世纪后期的英格兰叛逆法》之后，贝拉米在 1979 年出版《都铎王朝时期英格兰叛逆法》一书，进一步阐释都铎王朝时期的叛逆罪和叛逆法。在研究方法上，该书与《中世纪后期的英格兰叛逆法》颇为相似。贝拉米继续运用大量未公开发行的史料，并运用各种案例解析叛逆罪和叛逆法。同时，他注意剖析每种叛逆罪的起源、表现形式和危害，借以说明叛逆罪在都铎王朝时期的变化特点。该书的创新之处在于，贝拉米把叛逆罪看成一个从立法、逮捕、起诉、审判、定罪到处罚的过程进行研究。他在前两章介绍都铎叛逆法的变动情况，第三章介绍叛逆罪的逮捕、拘押和起诉，第四章介绍叛逆罪审判，第五章介绍叛逆罪处决等，全面、综合地解析了都铎叛逆罪和叛逆法。不过，该书与《中世纪后期的英格兰叛逆法》相比，缺乏必要的概括和总结。贝拉米虽然详尽地论述了叛逆罪和叛逆法的表现形式，却没有分析都铎王朝的历史发展脉络以及叛逆法的宪政意义。

埃尔顿和贝拉米等学者在史料和学术视野上开拓了叛逆罪和叛逆法研究，进一步推进了精细化研究，特别是贝拉米的研究，成了"后世了解

---

① J. G. Bellamy, *The Law of Treason in England in the Later Middle Ages*, Cambridge：Cambridge University Press, 1970, pp. 179–181.

② J. G. Bellamy, *The Law of Treason in England in the Later Middle Ages*, Cambridge：Cambridge University Press, 1970, p. 206.

中世纪叛逆法的标准"①。与以往相比，他们更加尊重历史事实，注意探求叛逆法的立法模式，为正确评估叛逆罪和叛逆法提供了有益的启示，也开创了叛逆罪和判逆法研究的新思路。

（五）20世纪90年代以来："新宪政主义"学派的研究

进入20世纪末，学界对叛逆罪和叛逆法的研究热情依然不减，相关研究再次进入一个高潮期。自从贝拉米出版《都铎王朝时期英格兰叛逆法》之后，学者们很难在精细化程度上有新的突破。于是，学者们试图在研究方法和研究对象上进行创新。他们呼吁重新认识国家，在广泛汲取以往学者研究成果的基础上，重新倡导"宪政主义"，逐步形成了"新宪政主义"学派。在研究范围上，他们不再把中世纪和近代早期的叛逆法作为研究重点，转而探讨都铎王朝之后的现代叛逆法。在原始材料上，他们不再引用大量的叛逆法，而侧重于解析具体案例。这一时期，涌现出丽莎·史蒂芬、艾伦·奥尔、约翰·兰博约等研究叛逆问题的学者。

丽莎·史蒂芬是美国堪萨斯大学的学者，她在自己博士学位论文的基础上整理出版《英国国家的形成：叛逆与民族认同（1608～1820年）》一书。史蒂芬充分肯定了贝拉米的研究成果，认为他对17世纪之前叛逆法的研究极为透彻。不过，令她感到惋惜的是，学界长期忽视17世纪之后的叛逆法，对叛逆法中蕴含的国家观念也缺乏认识。史蒂芬认为"叛逆法就像棱镜一样，折射出人们对国家性质的各种解释"②，因此她力图通过叛逆罪和叛逆法这面棱镜，"解释王权、效忠和国家认同之间的动态变化"③。她认为，"光荣革命"之前，英国的叛逆法始终是王权性质的。奥利弗·克伦威尔颁布的叛逆法与以往的叛逆法并没有本质区别。④　因此，英国经历内战之后，王权的效能并没有发生变化。史蒂芬通过分析案

---

① Lisa Steffen, *Defining a British State : Treason and National Identity*, *1608–1820*, New York: Palgrave, 2001, p. 2.

② Lisa Steffen, *Defining a British State : Treason and National Identity*, *1608–1820*, New York: Palgrave, 2001, p. 1.

③ Lisa Steffen, *Defining a British State : Treason and National Identity*, *1608–1820*, New York: Palgrave, 2001, p. 2.

④ Lisa Steffen, *Defining a British State : Treason and National Identity*, *1608–1820*, New York: Palgrave, 2001, p. 43.

例发现，"光荣革命"之后，英国为了防止天主教徒继承王位，在国家认同观念上不断增强，但此时英国国王依然站在政治舞台的中心，叛逆法并没有随之发生变化。她认为，直到 1709 年之后，英国叛逆法才逐步体现出国家性特点。①

史蒂芬的研究方法十分新颖。她选取每个时代的经典案例进行解析，通过案例阐释叛逆法的发展和进步。在研究"光荣革命"之前的叛逆法时，史蒂芬选取的三个案例分别是卡尔文案、斯特拉福德伯爵和劳德大主教案以及查理一世案。史蒂芬认为，通过卡尔文案，英国认识到他们的效忠对象不是王权而是法律；通过斯特拉福德伯爵和劳德大主教案，英国认识到颠覆法律和政府可以构成叛逆罪。这两个案例为审判查理一世奠定了法理基础，使查理一世"图谋颠覆和破坏英格兰法律，带来专制和暴政的政府，反抗议会及其权威，发动战争反对议会和臣民"的罪名得以成立。在研究"光荣革命"之后的叛逆法时，史蒂芬选取了"剥夺约翰·芬维克和詹姆斯·弗兰西斯·爱德华法案"，借以分析《1695 年叛逆罪审判法》颁布后叛逆罪审判的实际情况。通过分析，史蒂芬认为该法并没有改变受审者的地位，英国的叛逆法还是王权性质的。史蒂芬力图通过长时段研究，探求叛逆法的发展规律及其在塑造英国民族认同中的作用，这是一种"以小见大"的研究思路，避免了精细化研究中思路过窄的弊端。

艾伦·奥尔是加拿大卡尔顿大学和金斯顿女王大学的学者，他在 2002 年出版了《叛逆罪与国家：英格兰内战中的法律、政治和思想》一书。他以叛逆法为视角，透析 17 世纪中期英国政治思想和政治实践之间的关系。奥尔首先简要地回顾了叛逆罪在 16~17 世纪的发展进程，他认为英国的天主教改革、清教改革以及在爱尔兰的扩张促使叛逆法的内容不断膨胀。随后，奥尔对王权和国家观念进行了分析，重点考察"国王两体论"对叛逆观念的发展。奥尔认为，根据"国王两体论"思想，国家不是一个完全非人的政治实体。都铎王朝后期和斯图亚特王朝早期的法学家都把国家看作永久性法人团体，虽然他们不想将国家和君主分

① Lisa Steffen, *Defining a British State: Treason and National Identity, 1608-1820*, New York: Palgrave, 2001, p. 69.

开，但这种思想强化了人们对王权"非人化"的理解，反而削弱了叛逆法的效力，为审判查理一世埋下伏笔。① 奥尔非常重视案例分析，他选取四个重要叛逆案件进行解析，分别是斯特拉福德伯爵托马斯·文特沃斯案、坎特伯雷大主教威廉·劳德案、恩尼斯基林第二任男爵康纳·马奎尔案以及查理一世案。他运用案例验证了该书前两章提出的观点。

2003 年，美国学者约翰·兰博约出版《对抗式刑事审判的起源》一书，探讨英美法国家的刑事审判是如何从"争吵式审判"发展到"对抗式审判"的。他认为，"争吵式审判"使叛逆者处于极端劣势之中，不但遭受恶劣的"审前羁押"，还无法得到任何法律援助，因而造成大量的冤假错案，引发民众的激烈抗议。直到《1695 年叛逆罪审判法》颁布之后，叛逆罪被告才在审判前和审判过程中得到律师帮助。兰博约认为，虽然《1695 年叛逆罪审判法》只适用于叛逆罪，但该法的颁布却是英美刑事审判的转折点，催生出"对抗式审判"制度。作为一名法律学者，兰博约关于"争吵式审判"的论述颇为新颖。他认为，"争吵式审判"中的"禁止辩护律师的规则"是由法官的错误认识造成的。都铎王朝之后，刑事审判的复杂性日益增加，然而法官依然沿用陈旧的思维方式，固执地认为被告才是审判的主要信息来源。因此，他们把审判程序分为甄别"事实问题"阶段和甄别"法律问题"阶段，并认为"审前羁押"只针对"事实问题"，而法庭审判只针对"法律问题"。法官们认为，如果辩护律师参与审判，将影响法庭做出准确的判断，不利于"公平"审判。② 兰博约认为，"天主教阴谋"案、"莱伊宅阴谋"案和"七主教"案等大量不公正的叛逆罪审判最终扭转了法官的错误认识。此后叛逆罪的调查、指控、起诉和审理刑事案件都变得更加中立，辩方和控方取得了平等的地位。兰博约认为，这一改革"掀起普通法刑事诉讼程序的一场革命"③。

---

① D. Alan Orr, *Treason and the State: Law, Politics and Ideology in the England Civil War*, Cambridge: Cambridge University Press, 2002, p. 4.

② 〔美〕兰博约：《对抗式刑事审判的起源》，王志强译，复旦大学出版社，2010，第 18~25 页。

③ 〔美〕兰博约：《对抗式刑事审判的起源》，王志强译，复旦大学出版社，2010，第 97 页。

二 国内研究状况

国内关于英国叛逆法和叛逆罪的研究还比较薄弱。迄今为止，尚未有专著出版。外国法制史研究学者发表过多篇相关论文，对"叛国罪"进行了一定的探讨。在史学领域，英国法律史和英国政治史著作对叛逆问题也有所涉及。

（一）论文

目前所见，发表在 1912 年《独立周报》上的《美国宪法所谓叛逆罪》① 一文是国内最早介绍英国叛逆法的文章。文中介绍了《1352 年叛逆法》颁布的原因及主要内容，还分析了"解释叛逆主义"（即"推定叛逆罪"）的概念。文章认为，英国古代没有固定的叛逆法，"解释叛逆主义"盛行，法官有权决定被告是否构成叛逆罪。文章把《1352 年叛逆法》的内容概括为七条，分别是"弑王或后或王后之长子及后嗣；侵犯王之配偶者或王之未嫁长女或王长子及后嗣之妻；对于国王及其领土兴战事；附从国王之仇敌与以辅助及利便；假造玉玺；假造国币又明知为假造之币运入国中冒充英币流用交易；杀害大法官大藏卿或在职中各项审判官"。文章认为《1352 年叛逆法》是参考了孛拉克司登（布雷克顿，Henry de Bracton）的学说之后制定出来的。此外，文章注意到《1352 年叛逆法》的域外影响，认为该法是美国叛逆法的母本。美国独立之后，美国学者和政治家探讨了该法的内容，选取其中的第三条和第四条纳入美国叛逆法。

李波于 1986 年发表《国外政治犯罪初探》一文，他把英国叛逆罪（"不敬罪"和"叛国罪"）当作"政治犯罪"进行研究。李波认为，中世纪叛逆罪的审判机构是皇家特别委员会，该委员会在审判时往往撇开普通法，依据专制国王的意志做出判决。李波还介绍了《1352 年叛逆法》的颁布过程，认为该法是贵族迫使国王签署的法令，它的颁布"在刑事问题上保障个人对于国家权力的独立性"②。同时，李波也介绍了叛逆法的处罚方式，认为叛逆者往往被处以死刑，子女不得享有继承权，血亲受

---

① 《美国宪法所谓叛逆罪》，《独立周报》第 1 卷第 9 期，1912 年。
② 李波：《国外政治犯罪初探》，《国外法学》1986 年第 1 期。

到牵连。

　　刘守芬、刘文达于 1994 年发表《对英美法系中叛国罪的研究》①　一文，对叛逆罪的性质、犯罪行为、犯罪主体和犯罪意图进行了研究。他们认为叛逆罪是国王对抗教会和贵族最重要的武器，在中世纪时期叛逆罪被国王滥用，招致贵族的激烈反对，最终迫使国王颁布《1352 年叛逆法》。刘守芬、刘文达认为，英国的叛逆罪经历了从"叛逆罪"到"叛国罪"的发展过程，到了 17、18 世纪已经不再保护国王，而是保护国家制度。他们注意到叛逆罪与政治之间的关系，认为叛逆罪是"危害犯"而非"实害犯"，叛逆法的内容随着政治制度的变化而改变。

　　赵秀荣于 2004 年发表《托马斯·克伦威尔推行宗教改革的强制措施》②　一文，对托马斯·克伦威尔时期英国的叛逆罪立法、司法及其意义进行了分析。她认为亨利八世"自上而下"地发动宗教改革之后，缺少民众支持，便任用克伦威尔强力推行宗教改革，叛逆法就是最主要的工具。作者对亨利八世的叛逆法进行了梳理，认为克伦威尔在叛逆罪立法中起到主要作用，其中克伦威尔起草的《1534 年叛逆法》体现出一种成熟的政府政策，为政府处治反对改革的言论提供了法律依据。作者还对叛逆罪审判进行了考察，她发现受到审判的教士占较大的比例，进一步证明了危害王权的主要因素是宗教因素。在叛逆罪检举问题上，作者否认英国已经建立起完备的特务体系，她认为叛逆案件主要依靠民众的自愿检举揭发，民众检举或是为了立功受赏，或是为了防止灾祸，或是出于爱国精神。

（二）法学类专著

　　目前所见，欧阳涛等人于 1984 年出版的《英美刑法刑事诉讼法概论》是最早论述英国叛逆罪的法学教材。该书把叛逆罪看作"危害国家安全罪"，同类犯罪还包括"泄露官方机密罪""伪造货币罪""贿赂罪""海盗罪""劫持飞机罪"。作者认为，叛逆罪是封建专制的刑罚，其目的

---

①　刘守芬、刘文达：《对英美法系中叛国罪的研究》，《中外法学》1994 年第 5 期。
②　赵秀荣：《托马斯·克伦威尔推行宗教改革的强制措施》，《首都师范大学学报》（社会科学版）2004 年第 2 期。

是镇压被压迫者的反抗。① 作者对叛逆罪的犯罪主体进行了界定，认为"英国臣民"都是犯罪主体，"英国臣民"具体是指联合王国及其殖民地的臣民，以及受到英王保护的外国人。作者也对叛逆罪的犯罪行为进行了详细界定，认为叛逆罪的犯罪行为包括"在国王的领域内进行反对国王的战争"，"在英王的领域内依附英王的敌人或在其他地方给敌人以帮助和鼓励"，以及"图谋、计划或意图致死、伤害、监禁或软禁英王"②。作者还解释了"隐匿叛逆罪"（Misprision of Treason）和"煽动叛乱、叛逆罪"（Inciting to Mutiny and Disaffection）两个概念，指出这两种罪行在普通法中与叛逆者同罪。

何勤华主编的《英国法律发达史》一书，对叛逆罪的概念进行了解析。作者从词源学上对"叛逆"（treason）一词进行了界定，他认为该词源于法语"trahir"和拉丁语"tradere"，最初是指违背对封建君主的忠诚。作者指出，中世纪叛逆罪的定义曾被无限扩大，直到《1352年叛逆法》颁布后，才把叛逆罪限定在明确的范围内。作者对《1352年叛逆法》给予很高的评价，认为"该法开创了以重大犯罪的成文法定义完全取代与之有关的普通法判例的先河"。此外，作者还认为，叛逆法经历了一个"将臣民对君主本人的效忠义务尽力解释为对君主立宪制的政府制度的效忠"的过程。③ 他认为现代叛逆罪指控只在战时才有效，自1945年之后，叛逆案诉讼程序已经完全并入谋杀案程序之中。

赵秉志主编的《英美刑法学》一书，把叛逆罪归入"危害国家安全罪"中，同类犯罪还包括"恐怖罪"、"煽动罪"和"泄露官方机密罪"。该书主要对叛逆罪进行概念性分析，重点分析了叛逆罪的构成要素，即犯罪行为、犯罪意图和犯罪主体。作者认为叛逆罪的犯罪行为包括"图谋杀害国王、女王或其长子和王储的行为"，"在国王的领土内发动对国王的战争行为"，"在国王的领土内归附国王的敌人，在国王的领土内或其他地方给敌人以帮助和鼓励的行为"，以及"非礼王后、伪造玉玺和货币、杀害法官和大臣等其他叛逆行为"。犯罪行为必须是"为了达到某种

① 欧阳涛等：《英美刑法刑事诉讼法概论》，中国社会科学出版社，1984，第97页。
② 欧阳涛等：《英美刑法刑事诉讼法概论》，中国社会科学出版社，1984，第98~99页。
③ 何勤华主编《英国法律发达史》，法律出版社，1999，第461页。

政治目的，不具有改变政府政策等一般政治目的或公共目的的暴乱或暗杀国王部长的阴谋，不构成叛逆罪的犯罪意图"。犯罪主体是"任何效忠于国王的人"，具体包括三种：第一种，联合王国及其殖民地的公民；第二种，联合王国或爱尔兰王国的臣民，但不是联合王国及其殖民地的公民，只有在联合王国或英联邦非自治的领土上实施叛逆行为时，才是犯罪主体；第三种，自愿到英国领土上的外国人。① 作者还介绍了"包庇叛逆罪"的概念，认为这种罪是效忠于国王的人，明知某人犯有叛逆罪却故意隐瞒不报的行为，被视为叛逆者的同谋犯，也构成叛逆罪。

张旭主编的《英美刑法论要》一书认为，叛逆罪是一种"危害国家主权与管理的犯罪"，同类型的犯罪还包括"伪证罪"、"贿赂罪"和"脱逃罪"。该书主要对叛逆罪的概念进行界定，认为叛逆罪的犯罪行为包括"谋杀国王、女王或王储"，"在王国内对国王发动战争"，"战争状态下，在王国内归附于国王的敌人，在王国内或其他地方为敌人提供帮助或鼓励"，以及"非礼王后、王国未出嫁的长女，伪造玉玺、货币，杀死国王的大臣或者法官"。② 作者注意到，叛逆罪的政治色彩强烈，随着时代变迁而变化。古代叛逆法适用于违反对国王尽效忠义务的行为，现代叛逆法则打击违反对国王和国家制度效忠的行为。作者认为，叛逆者要对英国有效忠义务，并实施了犯罪行为，同时具备主观故意的犯罪心态，才能构成叛逆罪。

（三）历史学、法律史类专著

目前所见，程汉大主编的《英国法制史》是国内最早研究英国法律史的专著。该书力图"立足于历史学，努力寻求历史学与法学的有机结合，把英国法制史置于英国历史长河中进行系统考察和论述"③。全书分为十章，对英国的盎格鲁－撒克逊法、普通法、法律职业阶层、衡平法、宪法、司法制度和司法改革等做了比较全面的阐释。其中，第六章"都铎专制王权与法治"、第七章"议会弹劾权的兴衰"涉及叛逆法和叛逆罪的相关内容。在第六章中，作者把叛逆法看作专制王权镇压民众叛乱的工

① 赵秉志主编《英美刑法学》，中国人民大学出版社，2004，第 527～528 页。
② 张旭主编《英美刑法论要》，清华大学出版社，2006，第 294 页。
③ 程汉大主编《英国法制史》，齐鲁书社，2001，前言，第 7 页。

具。他认为，英国在 16 世纪建立起类似于欧洲大陆的专制制度，同时又保持着自己的法治传统，① 其中专制制度是靠各种特权法庭来支撑的。作者认为，"星室法庭"作为最典型的特权法庭，拥有审判暴乱、煽动、欺诈、教唆、伪造、诽谤等犯罪的权力。该法庭采用纠问制审判方式，在镇压贵族叛乱、剪除国王异己、重建法律秩序和巩固统治中发挥了重要的作用。② 作者提出"都铎悖论"的观点，认为都铎国王一方面凭借强大的王权扭曲法律，体现出明显的专制特点；另一方面又表现出一定的法治倾向，利用法律维持国家权力的运行。③ 作者用叛逆法和叛逆罪证明自己的观点，并列举了大量关于叛逆法和叛逆罪的例子，涉及《公告法》、安妮·博林案、托马斯·莫尔案等。作者认为这些案件既体现出王国的专制和残暴，同时又是在"正当程序"之下定罪量刑的，正好证明了"都铎悖论"的存在。在近代以前，弹劾也是叛逆罪的审判方式。作者在第七章中对弹劾制度进行了论述。作者认为该制度起源于 14 世纪的英国，最初等同于议会的刑事司法权，在弹劾贵族时坚持"同级审判原则"。④ 作者认为，《1352 年叛逆法》就是围绕弹劾案引发的矛盾而颁布的，并认为该法是议会创立弹劾权的主要法律依据，也是议会参与立法权的重要标志。⑤ 作者注意到，弹劾案在玫瑰战争时期一度演变为"剥夺法案"，后来又在斯图亚特王朝时期再次发挥作用。作者认为，无论是弹劾还是"剥夺法案"，都是作为"一种政治斗争工具被国王或大贵族集团频繁使用"⑥，在早期确实造成了大量的冤假错案，然而随着议会势力的增强，反而在打击佞臣方面发挥了作用，有利于确立议会的主权地位，建立英国的宪政和法治制度。

2007 年，程汉大又与李培峰合著《英国司法制度史》一书，选取英国的八种司法制度进行论述，分别是法院制度、法官制度、律师制度、审判制度、检察制度、警察制度、刑罚制度和法律援助制度。其中，第四章

---

① 程汉大主编《英国法制史》，齐鲁书社，2001，第 233 页。
② 程汉大主编《英国法制史》，齐鲁书社，2001，第 250~251 页。
③ 程汉大主编《英国法制史》，齐鲁书社，2001，第 265 页。
④ 程汉大主编《英国法制史》，齐鲁书社，2001，第 284 页。
⑤ 程汉大主编《英国法制史》，齐鲁书社，2001，第 291、299 页。
⑥ 程汉大主编《英国法制史》，齐鲁书社，2001，第 309 页。

"审判制度"涉及叛逆罪审判方面的内容。作者认为，叛逆罪审判经历了从"争吵式审判"到"对抗式审判"的发展过程。17 世纪之前英国的叛逆罪审判采用"争吵式审判"，双方当事人在法庭上面对面地争论，让法官和陪审员了解案情，做出判决。从预审到判决，被告在整个诉讼过程中都没有律师帮助，司法公平无从谈起。① 作者指出，1678～1688 年接连出现的重大冤案，推动叛逆罪审判改革被提上议事日程，最终议会通过《1695 年叛逆罪审判法》，赋予被告聘请律师、获得陪审员名单等权利，初步建立起"对抗式审判"制度。② 作者认为，叛逆罪审判制度的变革，"拉平了控辩双方的诉讼关系"，体现出英国法律"最初只代表大人物，后来逐步变为代表所有人利益的特点"③，完成了英国刑事诉讼程序上的一次革命。

马克垚的《英国封建社会研究》探讨了 6～15 世纪英国封建社会的政治制度和法律组织。他把英国封建社会划分为三个时间段，即 6～11 世纪、11～13 世纪和 14～15 世纪，力图"在横切面上解剖英国封建社会的结构"④。作者对每个阶段的王权、叛逆法和叛逆罪都进行了论述。他力图破除西方学者构建的"宪政主义"神话，还原英国王权真实的图景。作者认为，6～15 世纪，英国王权逐步走向"专制主义"，叛逆者受到的处罚也越来越重。盎格鲁-撒克逊时期国王身份高贵，与一般居民和贵族均有不同。国王为了防止血亲仇杀，创立偿命金制度，规定破坏国王的和平甚至伤害国王都要支付偿命金。⑤ 诺曼征服之后，英国建立起封建王权，国王成为"全国的行政、法律之源"⑥，往往利用叛逆法打击封建主的离心倾向。作者对西方学者提出的"14 世纪王权进入衰落期"提出质疑，他认为此一时期英国远没有建立起"有限君主制"或"议会君主制"，即使没有议会，王权仍然可以运行。爱德华二世和理查二世被废

---

① 程汉大、李培峰：《英国司法制度史》，清华大学出版社，2007，第 314 页。
② 程汉大、李培峰：《英国司法制度史》，清华大学出版社，2007，第 321～322 页。
③ 程汉大、李培峰：《英国司法制度史》，清华大学出版社，2007，第 323 页。
④ 马克垚：《英国封建社会研究》，北京大学出版社，2005，序言，第 1 页。
⑤ 马克垚：《英国封建社会研究》，北京大学出版社，2005，第 6、10 页。
⑥ 马克垚：《英国封建社会研究》，北京大学出版社，2005，第 60 页。

除，"完全是统治阶级内部矛盾斗争的表演"①。同时，作者也认为，叛逆法在保护王权上的作用是有限的，虽然《1352 年叛逆法》明确规定废黜和谋杀国王都是叛逆罪，但仍然发生了两次废黜和谋杀国王的政治事件，因此"法律的规定仍然改变不了政治实际力量的对比。历史并不按法律规定行事，因为法律就是人规定的"②。

　　孟广林的《英国封建王权论稿——从诺曼征服到大宪章》对诺曼征服到大宪章时期英国封建王权的形成发展，王权与世俗贵族、教会、城市的关系，以及王国政治体制等进行了系统而深入的探讨。在第二章"英国封建王权的兴起"中，作者对早期叛逆法进行了系统论述，认为叛逆法和"君权神授"理论都是保护王权的重要手段，"国王的尊严和权威不仅被神化，而且得到王国法律的保护"③。作者指出，叛逆法是随着国王公共权威的加强而出现的。7 世纪时，肯特法典对侵犯国王安全的行为仅处以罚款，而到了 9 世纪末，"国王人身财产安全神圣不可侵犯"原则被记入法典，其中，艾尔弗雷德法典和卡纽特法典中都规定，谋害国王的行为将构成死刑或流放刑。④ 在第三章"封建王权与世俗贵族"中，作者认为叛逆法是国王维护统治的有效方式。作者研究了亨利一世时期的许多叛逆罪案例，发现国王对各种叛逆案件"并未一概严惩，而是区别对待，刚柔并济"，体现出"恩威并重的驭臣之术"。⑤ 这一统治方式帮助国王恢复了"跨海而治"的局面，保证了政治统治秩序和政治制度的稳定。由此，作者认为，叛逆法在统治中发挥了重要作用，"一个成功的国王必须能够很有手腕地对付臣民"⑥。在第四章"封建王权与基督教会"中，作者考察了中世纪法学家视野中的叛逆法和叛逆罪。通过研究索尔兹伯里的约翰的《论政府原理》，作者发现，中世纪法学家在叛逆问题上"陷入难以自拔的理论矛盾"。一方面，他们鼓吹"王权神授"，要求臣民必须尊崇和服从国王，不得轻视和违抗王命。他们把叛逆国王看成十恶不赦之

---

① 马克垚：《英国封建社会研究》，北京大学出版社，2005，第 290 页。
② 马克垚：《英国封建社会研究》，北京大学出版社，2005，第 277 页。
③ 孟广林：《英国封建王权论稿——从诺曼征服到大宪章》，人民出版社，2002，第 55 页。
④ 孟广林：《英国封建王权论稿——从诺曼征服到大宪章》，人民出版社，2002，第 55~56 页。
⑤ 孟广林：《英国封建王权论稿——从诺曼征服到大宪章》，人民出版社，2002，第 112 页。
⑥ 孟广林：《英国封建王权论稿——从诺曼征服到大宪章》，人民出版社，2002，第 114 页。

首罪，认为叛逆罪包括谋杀国王及其行政官员、武装叛乱、临阵脱逃、蓄意资敌、阻挠外国人归顺、纵容越狱，甚至碰撞国王的雕塑等，主张对这些罪行进行严惩。另一方面，他们又宣扬"暴君论"，认为暴君是人民的公敌，诛灭暴君是正义之举。对于这样的矛盾理论，作者给出了新颖的解释。他认为中世纪法学家语境中的"暴君"并非国王本人，而是指滥用权力的人。上至行恶的国王、高级教士，下至小贵族、平民百姓，人人都在"暴君"之列，只要滥用权力就应被诛杀。因此，作者认为中世纪法学家并没有颠覆传统的效忠思想，他们仍然在强调效忠义务的神圣性，"谁都不应诛杀与他以誓约或效忠义务相联系的暴君"①。《英国封建王权论稿——从诺曼征服到大宪章》是目前史学家对叛逆法和叛逆罪剖析最深刻的著作，作者不仅厘清了大宪章之前封建王权的起源、地位、性质和运作，而且为认识中世纪叛逆法提供了历史背景，更反驳了"宪政主义"史学派提出的"有限王权"和"王在法下"等观点。该书启迪本书多从历史事实出发，客观公正地考察叛逆法的作用和地位。

　　总体上看，国内史学家把英国法律与社会经济和政治发展联系起来进行研究，他们能够抓住英国法律发展的主线，对某些重大的变革进行深入的论述，力图找到法制发展的内在规律。与国内的法学家相比，他们的研究更具实证性，分析更加深入，研究思路和选择的视角也更具有启发性，已经基本勾勒出英国法律制度及其发展的轮廓。

　　综观国内外研究现状可见，学者们对近代早期英国叛逆法的研究已经取得了丰硕的成果，同时也存在某些不足之处。国外学者倾向于精细化研究，重视对原始资料的整理和解读，忽视了对叛逆法发展进程的梳理和探讨。国内学者注重分析英国叛逆法在近代早期发展演变的线索，但在原始文献运用方面还存在不足。本书收集英国法令集、刑事审判集以及学者论著方面的文献资料，特别是英国革命前后的叛逆法资料，通过解读典型的刑事案例，动态地考察英国叛逆法的发展演变，进一步探究英国法制社会和法治国家的形成，以期得出具有一定理论和现实意义的启示。

---

①　孟广林：《英国封建王权论稿——从诺曼征服到大宪章》，人民出版社，2002，第114页。

第一章

中世纪叛逆法：理论基础及其成文化

英国法学家梅特兰评价叛逆法和叛逆罪"从来没有一个明确的界限"①。要厘清近代早期叛逆法的发展特点，需要追根溯源，在中世纪政治和法律环境中寻找其法律渊源，分析经典案例，挖掘和探究叛逆法的发展过程，为深入了解近代早期叛逆罪打下坚实的基础。

第一节　中世纪叛逆法的理论基础

英语中"叛逆"（treason）一词源自法语"trahison"或者"trahir"，意思是"背叛、欺骗或者破坏信用"②，主要是指下级违背效忠于上级的义务。在政治和法律史中，"叛逆罪"正式出现之前，"叛逆"观念早已存在。这种观念源自英国习惯法中的"效忠观念"，即"国王担负着保护臣民的责任，作为回报，臣民应该受到国王的约束，对国王尽效忠义务"③。"效忠观念"始终与政治和王国有着密切的联系，它在很大程度

---

① Frederick Pollock and Frederic William Maitland, *The History of English Law before the Time of Edward I*, Vol. II, Cambridge: Cambridge University Press, 1923, p. 503.

② T. Gunningham, *A New and Complete Law Dictionary*, Vol. II, London, 1783, p. 743; Wayne Morrison, ed., *Blackstone's Commentaries on the Laws of England*, Vol. IV, London: Cavendish Publishing Limited, 2001, p. 59; Edward Coke, *The Third Part of the Institutes of the Laws of England*, London, 1797, p. 3.

③ Wayne Morrison, ed., *Blackstone's Commentaries on the Laws of England*, Vol. IV, London: Cavendish Publishing Limited, 2001, p. 59.

上"是以理性和政府的本质为基础的"①。国王作为王国政府的最高统治者，是英国臣民的最高效忠对象。违抗国王的意志最初是严重的"侵权"②，后来逐步发展成"侵害王权罪"（lese-majesty）③，到最后变成"叛逆罪"，从中折射出王权的不断发展壮大。因此，要认识英国叛逆罪的起源，需要首先认识其政治基础，即英国王权的发展过程。本节主要从日耳曼和罗马因素、封建效忠观念和基督教王权理论三个方面进行分析。

一　日耳曼和罗马因素

英格兰位于欧洲大陆西部的大不列颠岛上，在罗马统治之前，其尚处于原始的军事民主制时期。虽然早期不列颠王权已经出现，但没有达到统治整个岛屿的程度。罗马军事统帅恺撒（又译"凯撒"）曾在公元前55年和公元前54年两度进攻不列颠。据《高卢战记》记载，不列颠存在许多部落首领，他们没有太多特权，"群众在他身上的权力和他在群众身上所有的权力是相等的"④。恺撒发现，只有遇到强大的入侵者，不列颠各部落才会推举出首脑指挥战争，而在"和平时期，这种总管全局的领袖是没有的"⑤。公元前54年入侵不列颠时，恺撒的军队遭到不列颠军事首脑卡西维拉努斯（Cassivellaunus）所率军队的抵抗。⑥ 此时，不列颠缺乏一种提高部落首领或首脑权威的精神力量，他们的权威都是建立在现实需要基础上的，其合法性源于他们能够保护民众的安全。在不列颠，"普通平民都要有一个人作依靠，用以抵御比他强有力的人。而这些被人依靠的人也绝不肯听凭自己的人被压迫和欺凌，如果他做不到这一点，在人们中

---

① 〔英〕威廉·布莱克斯通：《英国法释义》第一卷，游云庭、缪苗译，上海人民出版社，2006，第405页。

② Frederick Pollock and Frederic William Maitland, *The History of English Law before the Time of Edward I*, Vol. II, Cambridge: Cambridge University Press, 1923, p. 500.

③ George E. Woodbine, ed., *Bracton on the Laws and Customs of England*, Cambridge: The Belknap Press, 1968, p. 334.

④ 〔古罗马〕尤斯·凯撒：《高卢战记》，段旭蛟译，中国社会出版社，1999，第96页。

⑤ 〔古罗马〕尤斯·凯撒：《高卢战记》，段旭蛟译，中国社会出版社，1999，第124页。

⑥ S. G. Brady, "Caesar and Britain," *The Classical Journal*, Vol. 47, No. 8 (May, 1952), p. 305.

间就不会有威信"①。

在原始军事民主制遗风之下，首领继承没有形成定制，虽然世袭制在一定程度上存在，但杀死首领的事件时有发生。例如恺撒在进攻不列颠期间，卡尔弩德斯邦首领塔司基久斯的"敌人们竟在国内许多人的明目张胆地附和下，把他杀死"②。他被杀死的原因是依附于恺撒，丧失了保护民众免受罗马人侵袭的能力。从这一方面来说，此时的首领只是"第一军事贵族"，在丧失了军事保护职能之后，他们便失去了继续担当首领的合法性，因而也不存在"以下犯上"的叛逆观念。

罗马不列颠时期（公元前55~公元409年），罗马统治者在不列颠建立行省（公元前43年），由总督进行管理。随着不列颠罗马化程度不断提高，不列颠的文明程度有了明显提高，不列颠人作为"文明帝国"的公民，与"野蛮人"有了鲜明的界限。③由于罗马在大不列颠岛上驻军不多，统治基础相对薄弱，因此统治者往往委托当地部落首领进行统治。在罗马帝国的扶持之下，不列颠涌现出许多小王国。据英国史学家约翰·卡农统计，这一时期有据可考的国王多达24位，他们先后建立了卡土维拉尼王国（Catuvellauni）、特里诺文特王国（Trinovantes）、阿特列巴提斯王国（Atrebates）、肯特王国（Kent）、苏塞克斯王国（Sussex）、科利埃尔塔维王国（Corieltavi）和爱西尼王国（Iceni）等。④虽然这些王国处在罗马人的支配之下，其国王却并非完全是傀儡，他们仍享有半自主的王权。6世纪的史学家吉尔德斯甚至认为他们的权力达到了"僭主"的程度。⑤在诸国王中，科济达布努斯获得罗马公民的荣誉，被罗马封为"不列颠之王"（rex magnus Britanniae）。⑥各王国的政治制度有了明显的发展，国王的公共职能开始显现。国王不再仅仅是军事统帅，还通过发行货币履行社

---

① 〔古罗马〕尤斯·凯撒：《高卢战记》，段旭蛟译，中国社会出版社，1999，第118页。

② 〔古罗马〕尤斯·凯撒：《高卢战记》，段旭蛟译，中国社会出版社，1999，第95页。

③ 〔美〕克里斯托弗·A. 斯奈德：《不列颠人：传说和历史》，范勇鹏译，北京大学出版社，2009，第30页。

④ John Cannon & Anne Hargreaves, *The Kings & Queens of Britain*, Oxford: Oxford University Press, 2004, pp. 6-15.

⑤ J. A. Giles, *The Works of Gildas and Nennius Translated from the Latin*, London, 1841, p. 24.

⑥ 〔美〕克里斯托弗·A. 斯奈德：《不列颠人：传说和历史》，范勇鹏译，北京大学出版社，2009，第37页。

会管理职能。他们效仿罗马帝国，将自己的头像铸造在货币之上，以昭示他们在保证货币流通上的权威。考古发掘中发现了卡土维拉尼国王安德多马洛斯（Addedomarus）、安提奥科（Andoco）和科利埃尔塔维国王多门农卡沃洛斯（Dumnocoveros）等罗马不列颠国王的货币，证实了他们的存在。① 不过，从总体上看，不列颠国王仍然是军事性质的部族首领，他们自己也不断叛逆罗马，曾多次组织部族民众发动叛乱，与罗马守军进行战争，其中规模最大的是公元 60 年布迪卡领导的爱西尼人叛乱。②

409 年，罗马军队撤离不列颠之后，欧洲大陆日耳曼部族中的盎格鲁人、撒克逊人和朱特人开始入侵不列颠，英国进入盎格鲁-撒克逊时期。这一时期，"不列颠正经历着一场封建化过程——封建土地所有制的形成和自由农民的农奴化"③。王权也逐步从军事首领过渡到"新兴的盎格鲁-撒克逊封建王权"④，为日后英国封建王权公共权威的确立奠定了基础。

盎格鲁-撒克逊人的兼并战争推动王权逐步走向集权化。在盎格鲁-撒克逊人入侵不列颠之前，他们的个人效忠关系已初步确立，血缘关系逐渐演变为首领和战士之间的关系，并出现了塞恩和郡长等具有封建性质的地方贵族。⑤ 依托强大的军事力量，他们轻易突破不列颠人的防御，杀死很多不列颠国王，占领不列颠中部地区。据《盎格鲁-撒克逊编年史》记载，456 年有 12 个不列颠首领被杀，508 年彻迪克和金里克杀死 1 个不列颠王，577 年卡思温和查乌森在迪勒姆杀死 3 个不列颠王，626 年伊奥温杀死 5 个不列颠王。⑥ 类似小国兼并的行为，在罗马帝国军队撤出之后一再上演，最终促进了不列颠王权的统一。7 世纪初到 870 年，英国处于"七国时代"。从肯特国王埃塞尔伯特（Ethelbert，560~616 年在位）成为

---

① John Cannon & Anne Hargreaves, *The Kings & Queens of Britain*, Oxford：Oxford University Press, 2004, pp. 7–10.

② John Cannon & Anne Hargreaves, *The Kings & Queens of Britain*, Oxford：Oxford University Press, 2004, p. 13.

③ 《盎格鲁-撒克逊编年史》，寿纪瑜译，商务印书馆，2004，中译文序言，第 7 页。

④ 孟广林：《英国封建王权论稿——从诺曼征服到大宪章》，人民出版社，2002，第 50 页。

⑤ 〔英〕屈勒味林：《英国史》上，钱端升译，中国社会科学出版社，2008，第 38 页。

⑥ Dorothy Whithlock, ed., *English Historical Documents*, 500–1042, London：Eyre Methuen, 1979, pp. 154–161.

诸王国公认的国王以来，苏塞克斯、威塞克斯、埃塞克斯、东盎格利亚、麦西亚和诺森伯里亚相继成为"霸主"。① 进入 8 世纪以后，北欧维京人入侵，进一步加快了不列颠王权的集权进程。从 789 年首批维京人来到不列颠开始，维京人接二连三地侵入不列颠进行抢劫，使不列颠陷入"无望的厄运之中"②。据《盎格鲁－撒克逊编年史》记载，维京人所过之处都会"杀死国王，征服全部土地，摧毁凡是他们到达的各所修道院，使曾经十分富庶的基业化为乌有"③。强大敌人的杀戮进一步减少了不列颠国王的数量，也催生出强大的不列颠王权与之对抗。西撒克逊王阿尔弗雷德（Alfred，也译为"阿尔弗烈德"，871～899 年在位）将不列颠民众从维京人入侵的厄运中拯救出来。他以军功起家，被史学家赞誉"像野猪（wild boar）一样勇敢战斗"④，在称王之前是一名拥有王族血统的军事首领。称王之后，在对抗维京人的过程中，他又不断兼并不列颠小国，完善行政体系，逐步确立起强大的不列颠王权。他对王权权威的树立在英国历史上具有"分水岭"的意义，"不但促进了英国政治的统一和联合，建立起英格兰王国，还创造出一种较早成熟的王室行政体系，对中世纪的王权政治产生了深远影响"⑤。通过 4 个多世纪的兼并战争，不列颠最终出现一个具有"一统"地位的国王，"在诺曼征服之前，阿尔弗雷德是真正可以被形容为'伟大国王'的不列颠王"⑥。

基督教也是推动王权公共权威形成的重要因素，其发挥了克服"地方分离主义"的作用。随着 596 年奥古斯丁被格列高利一世（Gregory I，590～604 年在位）派到不列颠传播基督教，不列颠各王国纷纷皈依基督教，不列颠形成统一的宗教信仰，不列颠神权政治传统逐步形成。在基督

---

① 蒋孟引主编《英国史》，中国社会科学出版社，1988，第 45 页。
② 〔英〕肯尼思·O. 摩根主编《牛津英国通史》，王觉非等译，商务印书馆，1993，第 92 页。
③ Dorothy Whithlock, ed., *English Historical Documents, 500-1042*, London: Eyre Methuen, 1979, p. 170.
④ John Cannon & Anne Hargreaves, *The Kings & Queens of Britain*, Oxford: Oxford University Press, 2004, p. 60.
⑤ Richard Abels, *Alfred the Great: War Kingship and Culture in Anglo-Saxon England*, London: Longman, 1998, preface, xvi.
⑥ John Cannon & Anne Hargreaves, *The Kings & Queens of Britain*, Oxford: Oxford University Press, 2004, p. 60.

教传入之前，不列颠各国王有机会成为"霸主"，但很难较长时间地维护"霸主"地位，因此才出现七国相继称王的时代。即使在各王国内，国王也经常被罢黜，甚至被刺杀。《盎格鲁－撒克逊编年史》记载，约克民众在867年"废黜国王奥斯伯特，把一个没有继承权的人埃拉推上王位"①。国王之所以无法巩固自己的地位，一方面是由于他们的权力依赖强大的军事力量，而军事力量又依赖雄厚的财力。在效忠观念还比较薄弱的时代，国王只有在征战中不断取胜，获得足够多的战利品，才能通过慷慨的封赏获得民众的支持。另一方面，国王的权力还受到"御前会议"的限制。虽然盎格鲁－撒克逊时期的王位多是"父死子继"，但王位继承并没有形成定制，"御前会议"有权废黜国王。例如，757年基内伍尔夫和西撒克逊人的议政大臣们剥夺了西吉伯特的王位，原因是"他的所作所为有失公正"②。随着基督教的传入，基督教徒开始充当国王的朝臣或幕僚，用宗教神权思想维护王权。在宗教神权的庇护下，王权不再来源于军功，而是"承蒙上帝的恩典"。特别是"涂圣油加冕"之后，"国王分享上帝圣灵的灵性，由俗人转化成具有上帝品格的新人，拥有了与上帝沟通交流的超自然的神秘力量"③。世俗人士不能罢黜国王，否则就是违背上帝的旨意。另外，教士还带来了成熟的罗马法律，使国王在行使公共权威时，更多地借助法律手段，而非军事和暴力手段。在法律的帮助下，"主持正义和管理王国内部的事务变得越来越重要了，而不仅仅是为了打胜仗"④。总之，借助宗教和法律，国王在很大程度上摆脱了原来以血缘为基础的部落军事首领身份，权威辐射到其他领地，确立起名义上最高的公共政治权威。

　　1066年，诺曼底公爵威廉征服英格兰，成为英国国王威廉一世（William I，1066～1087年在位）。他在英国建立起完备的封建制度，使

---

① Dorothy Whithlock, ed., *English Historical Documents*, *500-1042*, London：Eyre Methuen，1979，p. 180.

② Dorothy Whithlock, ed., *English Historical Documents*, *500-1042*, London：Eyre Methuen，1979，p. 174.

③ 孟广林：《英国封建王权论稿——从诺曼征服到大宪章》，人民出版社，2002，第189页。

④ 〔英〕肯尼思·O. 摩根主编《牛津英国通史》，王觉非等译，商务印书馆，1993，第81页。

英国进入了一个新的历史时期。威廉征服英格兰之前，诺曼底已经建立起强势的统治权威。"在克吕尼运动的影响下，教会在诺曼底公国重新确立起来。一个新贵族集团也已经出现，他们构成了诺曼底的官僚系统。公爵也获得绝对的权威，即使 1035 年公爵权力缺失，公爵之子还是能顺利即位。"① 黑斯廷斯战争获胜之后，威廉"和他的各级官员们都清楚，必须团结一致，否则将在英国人的海洋中被各个击破"②。因此，他在保持诺曼底统治方式的基础上，积极吸收盎格鲁-撒克逊神权政治传统，"1066 年，由约克大主教阿尔德雷德（Aldred）在威斯敏斯特大教堂主持涂圣油和加冕典礼，威廉正式成为英格兰国王"③。为了巩固王位，威廉依靠诺曼底贵族进行统治。他没收盎格鲁-撒克逊贵族的土地，转让给随他一起征服英格兰的诺曼贵族，形成了全国土地归国王所有的观念。"诺曼征服之前，除了国王和教会之外，全国的土地归 2000 户土地贵族所有。到了威廉一世时期，土地贵族的人数减少到原来的百分之十。而且，跻身土地贵族之列的只有一个英国人。"④ 进而，威廉一世通过清查全国的土地，发布《末日审判书》，厘清土地的保有状况，构建起以土地层级分封为经济基础的封建制度。他还要求土地保有者在领取土地时宣誓承担相应的封建义务，加强国王与地方贵族之间的政治、军事和经济联系。通过上述措施，威廉一世创造出一种独特的"我的附庸的附庸还是我的附庸"⑤ 的模式，使英国成为"全欧洲封建化程度最高的国家"⑥。

纵观不列颠人到诺曼征服的历史，英国先后经历了不列颠人、罗马

---

① David C. Douglas, ed., *English Historical Documents*, *1042–1189*, London: Eyre Methuen, 1981, pp. 13–14.

② 〔美〕迈克尔·V. C. 亚历山大：《英国早期历史中的三次危机：诺曼征服、约翰治下及玫瑰战争时期的人物与政治》，林达丰译，北京大学出版社，2008，第 40 页。

③ David C. Douglas, ed., *English Historical Documents*, *1042–1189*, London: Eyre Methuen, 1981, p. 19.

④ 〔美〕迈克尔·V. C. 亚历山大：《英国早期历史中的三次危机：诺曼征服、约翰治下及玫瑰战争时期的人物与政治》，林达丰译，北京大学出版社，2008，第 38~39 页。

⑤ William Stubs, *The Constitutional History of England in Its Origin and Development*, Oxford: Clarendon Press, 1878, p. 532.

⑥ F. W. Maitland, *The Constitutional History of England*, Cambridge: Cambridge University Press, 1920, p. 156.

人、盎格鲁－撒克逊人、维京人（丹麦人）和诺曼人的统治。英国的王权也在征服和混战中不断壮大，公共权威不断增强。最终在威廉征服之后，国王获得最高的封建宗主权，确立起封建王权，完成了王权的封建化过程。

二　封建效忠观念

叛逆罪通常是指侵犯国王人身安全或者王国安全的犯罪行为。从这个层面上说，国王自产生之日起，便面临叛逆行为的威胁。这也迫使国王不断制定叛逆法保护自己的人身安全、维护王国的安全稳定。

在大多数国家的历史中，早期的国王往往存在于神话传说之中，英国也不例外。"虽然这些传说的情节是不断累积起来的，并且经过了反复的加工和润色，但它们却能告诉我们这个国家是如何看待自己的。"① 根据12世纪英国史学家蒙默斯的杰弗里（Geoffrey of Monmouth）的记载，传说中不列颠岛上最早的国王是布鲁特斯（Brutus），他与古希腊和古意大利有着密切的联系。② 布鲁特斯的祖父埃涅阿斯（Aeneas）原是小亚细亚特洛伊人，他在特洛伊战争（约公元前1193～前1183年）后逃到意大利，得到意大利国王的赏识。他的儿子西尔维乌斯（Silvius）娶意大利国王的侄女为妻，生下布鲁特斯，因此布鲁特斯具有意大利王族血统，"展现出国王的高贵和重要地位"③。布鲁特斯出生之前，巫师曾预言他"将会杀死自己的父母，在逃亡过程中走过许多地方，最终到达一片使他获得至高荣誉的土地"④。结果正如巫师所预言的，15岁的布鲁特斯与父亲一起打猎时射杀了父亲，因而遭到放逐，流浪到希腊地区。布鲁特斯在希腊的权力争夺中壮大自己的力量，还娶了国王的女儿为妻。后来，布鲁特斯

---

① John Cannon and Anne Hargreaves, *The Kings & Queens of Britain*, Oxford：Oxford University Press, 2004, p. 3.

② Michael D. Reeve, ed., *Geoffrey of Monmouth the History of the Kings of Britain*, Woodbridge：The Boydell Press, 2007, pp. 26-30.

③ John Cannon and Anne Hargreaves, *The Kings & Queens of Britain*, Oxford：Oxford University Press, 2004, p. 3.

④ Michael D. Reeve, ed., *Geoffrey of Monmouth the History of the Kings of Britain*, Woodbridge：The Boydell Press, 2007, p. 8.

受到上帝的启示，前往高卢旁边的"海洋之岛"，建立"新特洛伊城"（New Troy），成为那里的国王。① 遵照上帝的旨意，布鲁特斯北上高卢，在高卢的土地上进行了多场战争，但因寡不敌众，被迫乘船前往高卢对岸的"阿尔比恩岛"（Albion）。登岛后，布鲁特斯用自己的名字将该岛命名为"不列颠"（Britain），他的军队及随从称为"不列颠人"（Britons）。他在泰晤士河畔建立城市，称这座城市为"新特洛伊城"，即后来的伦敦城。布鲁特斯死后，他的三个儿子分割了"不列颠"，大儿子占据岛屿中部及东南部地区，即英格兰；二儿子占据塞文河地区，即威尔士；三儿子占据北部地区，即苏格兰。布鲁特斯的传说表明，不列颠王权起源于军事征服，军事首领最终成为统治民众的国王。布鲁特斯受到神的启示来到不列颠，这也为英国王权来自神的理论提供了重要依据，"一直到都铎王朝时期的 1544 年，英国人仍然认为这个传说是真实的"②。

该传说影响了英国民众对王权的认识。他们认为正是由于上帝的指引，王权与神权初步建立了联系。在该理论的引导下，国王和臣民之间确立起效忠关系，国王依据上帝的旨意进行统治，臣民的地位十分卑微，他们必须像信仰上帝一样效忠于国王，违背效忠就是"叛逆"行为。中世纪的著作《全体臣民的责任》一书就淋漓尽致地反映出臣民的卑微："不管我们是否愿意，我们必须尽效忠义务。倘若国王的命令合乎法律，也就合乎上帝的旨意，我们必须按照国王的命令行事；倘若我们认为国王违背了上帝的旨意，我们也不能拒绝遵守。我们应该本着'信奉上帝而不信奉我们个人'的精神，耐心地承受，决不能为了保护自己而反抗国王。"③不过，在政治实践中，国王也负有一定的义务，他要保障封臣安全，分封给他们土地，还要保证公平正义的统治，进而才能要求封臣对他们尽义务。威廉一世确立起强势王权之后，对封臣的义务进行了明确规定，包括军事、法律、税收等方面，其内容显然没有上述要求那么片

---

① Michael D. Reeve, ed., *Geoffrey of Monmouth the History of the Kings of Britain*, Woodbridge: The Boydell Press, 2007, p. 20.

② John Cannon & Anne Hargreaves, *The Kings & Queens of Britain*, Oxford: Oxford University Press, 2004, p. 3.

③ Richard Allestree, *The Whole Duty of Man*, London, 1704, pp. 14–16.

面。威廉一世规定：第一，封臣必须率领封地内的武装，每年为国王提供40天左右的免费军役，武装的具体数量由封地大小决定；第二，必要的时候，封臣要承担防御王室堡垒的义务；第三，国王在各地召集"御前会议"或者开庭审判时，封臣应提供完整、准确的地方信息；第四，封臣在自己的封地内执行国王发布的公告；第五，封臣去世之后，继承人应向国王支付继承税等税收；第六，在国王遇到紧急情况时，封臣应缴纳特别税收。① 威廉一世之后，虽然国王的"私权力"逐步弱化，但国王"王国总佃户"的身份却没有改变。这种以军事和封地为基础的效忠关系，一直存在于封建王权时期，成为封建王权理论的一项重要内容。

威廉一世之后，英国国王受到的反抗日渐增多。先是在威廉一世死后，王国一分为二，英格兰由威廉二世（William Ⅱ，1087~1100年在位）统治，诺曼底由威廉·罗伯特（William Robert）统治，导致英国贵族在效忠问题上出现分歧，进而演变成英格兰和诺曼底之间的战争。而后，斯蒂芬（Stephen，1135~1154年在位）违背亨利一世的遗嘱，推翻王位继承人玛蒂尔达（Matilda，1102~1167年）夺得王位，造成英国历史上的"大动乱时期"，使英国"经历了更漫长的战乱，经济凋敝，民不聊生，纲纪荡然无存"②。虽然亨利二世（Henry Ⅱ，1154~1189年在位）通过继承和联姻获得了大片领地，但接下来的两位国王理查一世（Richard Ⅰ，1189~1199年在位）和约翰王（John，1199~1216年在位）很快葬送了欧洲大陆的土地。约翰王因此被称为"失地王"（John Lackland），被迫接受《大宪章》，王权受到贵族的束缚。此后的200余年中，英国王权更加动荡。据统计，"1215~1415年的八位国王中，有五位与他们的臣民交战；有四人被捕或被废黜，两位被杀。另外两位躲过了公开的战争，遭遇激烈的反抗或阴谋"③。

---

① 〔美〕迈克尔·V.C.亚历山大：《英国早期历史中的三次危机：诺曼征服、约翰治下及玫瑰战争时期的人物与政治》，林达丰译，北京大学出版社，2008，第39页。
② 阎照祥：《英国史》，人民出版社，2003，第46页。
③ Claire Valente, *The Theory and Practice of Revolt in Medieval England*, Hampshire: Ashgate Publishing Limited, 2003, p. 1.

　　13 世纪，随着英国宪政体系的逐步完备，英国封建体系逐步走向瓦解，① 原来封君封臣的权利义务关系逐步落实到法律之中。国王又通过特许状的方式"转让地方政府控制权"②，使得"地方分离主义"现象加剧。加之，国王的权威渐趋衰落，国王越来越多地受到政治和法律的束缚。1215 年《大宪章》以及以后的一系列法律文件都向国王宣布："未经人民的同意，国王不能超越法律而行使王权；国王也不能违反原始的社会契约，侵犯臣民的权利。"③ 英国法学家布雷克顿更是提出"国王在任何人之上，但在上帝和法律之下"④，"国王之所以被称为国王，是因为他统治有方；如果是暴君对民众施加暴力，民众就应控制他的权力"⑤。索尔兹伯里的约翰在《论政府原理》一书中，提出了诛暴君论，指出"仁君具有神性，应该值得尊敬；暴君沾染魔性，应该被诛杀"。他还进一步解释道："暴君来源于邪恶，是从恶毒的树根上发芽的，对于这种有害的枝丫，应该用斧子砍掉。"⑥ 这些抵制暴君的思想丰富了封建王权理论，使其形成了相对完备的体系。不过，从总体上看，颂扬"王权神授"的著作仍然是主流。"在 13 世纪的英国，国王至上的观念仍在政治和法律思想中占据主导地位，限制和反抗国王权威的思想确实有所发展，但对当时王权的实际影响是有限的。"⑦ 在现实政治环境中，布雷克顿和约翰提出的观点只能算是一种政治理想。在他们所处的时代，国王具有最高的权威，能够影响议会立法、左右司法审判。因此，面对政治现实，他们被迫做出妥协，提出一些更切合实际的观点，以弥补其学说过于理想化的缺

---

① 马克垚：《英国封建社会研究》，北京大学出版社，2005，第 291~292 页。

② 〔英〕詹姆斯·C. 霍尔特：《大宪章》（第二版），毕竞悦、李红海、苗文龙译，北京大学出版社，2010，第 53 页。

③ Wayne Morrison, *Blackstone's Commentaries on the Laws of England*, vol. I, London: Cavendish Publishing Limited, 2001, p. 230.

④ George E. Woodbine, ed., *Bracton on the Laws and Customs of England*, Cambridge: The Belknap Press, 1968, p. 33.

⑤ George E. Woodbine, ed., *Bracton on the Laws and Customs of England*, Cambridge: The Belknap Press, 1968, p. 305.

⑥ John Dickinson, *The Statesman's Book of John of Salisbury: Being the Fourth, Fifth, and Sixth Books, and Selections from the Seventh and Eighth Books, of the Policraticus*, New York: Alfred A. Knopf, 1927, p. 336.

⑦ 蔺志强：《13 世纪英国的国王观念》，《世界历史》2002 年第 2 期。

点。布雷克顿就在《论英格兰的法律与习惯》一书中指出，"国王是上帝在人间的代理人，没有人可以质疑他的行动、违反他的命令"①。约翰也无奈地指出，"国王并没有一定要执行法律的义务，他超脱于法律之外，不受法律的管辖"②。

三　基督教王权理论

在英国王权形成过程中，基督教神权政治文化传统发挥了重要的推动作用，最终形成了较为完整的基督教王权理论。其中，"王权神授"学说是其核心内容，宣扬"王权来自上帝，具有绝对的权力，国王只对上帝负责，不对任何世俗民众负责。即使是暴君，也是上帝用以惩罚世俗民众罪过的方式"③。该理论在中世纪一直发挥着作用，其基本内涵包括四个方面：其一，国王是由上帝设置的统治者；其二，国王的继承权是无可辩驳的，血统决定了王位继承权；其三，国王仅仅对上帝负责，其权力不受法律的束缚；其四，上帝没有授予民众抵抗或不遵从国王的权利，只有上帝才可以惩罚破坏法律的国王。④ 侵犯这四个方面的内容，都将受到上帝的惩罚。

随着"王权神授"观念的发展，英国逐步形成了一套"王权特殊化"的理论体系，认定王权"至善至美"，凌驾于法律和民众之上。其中，"国王超脱于法律之外"和"国王无过错"两种理论最具代表性。

"国王超脱于法律之外"是建立在"王权神授"基础上的。上帝是全知全能的，而王权来自上帝，其便具有了上帝的某些特征，从来不会犯错，即"国王无过错"（the King himself can do no wrong）。从现实政治需要看，树立一个"超脱于法律之外"的国王形象也是必要的。

①　George E. Woodbine, ed., *Bracton on the Laws and Customs of England*, Cambridge：The Belknap Press, 1968, p. 33.

②　John Dickinson, *The Statesman's Book of John of Salisbury: Being the Fourth, Fifth, and Sixth Books, and Selections from the Seventh and Eighth Books, of the Policraticus*, New York：Alfred A. Knopf, 1927, p. 6.

③　Glenn Burgess, "The Divine Right of Kings Reconsidered," *The English Historical Review*, Vol. 107, No. 425 (Oct., 1992), pp. 837−840.

④　J. Neville Figgis, *The Theory of the Divine Right of Kings*, Cambridge：Cambridge University Press, 1896, pp. 5−6.

　　"国王无过错"得益于国王最高的统治权力，他不依附于任何人。"既然上帝可以单独主宰整个世界，那么，君主一个人就能统治整个国家。"① "国王无过错"有利于国王发挥自己的最高统治职能。格兰维尔就指出："强有力的国王可以保护人民，国王只有掌握武力才能对抗反叛者，才能抵抗威胁国王和王国安全的敌人。国王必须掌握法律以统治广大的臣民。这样，无论是和平时期，还是战争时期，尊贵的国王便能发挥他的统治职能，对抗桀骜不驯者，替弱者匡扶正义。"② 如果失去国王，王国可能面临统治困境。布莱克斯通也指出："如果国王的权力被摧毁，英国的自由意志将被限制，整个王国的宪政体系也会立刻瓦解。"③ 由于国王的地位最高，他拥有最高的司法管辖权，没有任何司法机构可以跟他相提并论，因此，法庭的权威低于国王，无权管辖国王，无权判处国王有罪，更谈不上对国王施加刑罚。任何人对国王的起诉都是无效的。在这种情况下，英国民众只能默认"国王本人不可能为违法行为。这是因为任何实在法体系倘若规定可能产生的违法行为而不规定相应的救济措施的话，都将是该法律的一大缺点"④。在现实政治生活中，如果国王真的犯了错，民众只能通过请愿等方式劝说国王改正错误。如果请愿无效，民众也只能期待上帝惩罚国王，或者惩罚国王的近臣，达到"清君侧"的效果，使国王正确地履行职能。⑤

　　"国王无过错"还得益于国王特殊的身份。英国法中内含"独体法人"观念，认为国王以两种形式存在，一种是作为自然身体的国王，另一种是作为政治身体的国王。虽然两者相互勾连、不可分割，但从理论上说，两者是可以分开看待的，它们共同并入国王的身体之中。国王的自然

① Bernard Guenee, *States and Rulers in Later Medieval Europe*, Oxford: Blackwell Publishers, 1988, p. 67.

② John Beames, *A Translation of Glanville*, Littleton: Fred B. Rothman & Co., 1980, pp. 36-37.

③ Wayne Morrison, *Blackstone's Commentaries on the Laws of England*, Vol. I, London: Cavendish Publishing Limited, 2001, p. 185.

④ 〔英〕威廉·布莱克斯通：《英国法释义》第一卷，游云庭、缪苗译，上海人民出版社，2006，第272页。

⑤ George E. Woodbine, ed., *Bracton on the Laws and Customs of England*, Cambridge: The Belknap Press, 1968, p. 33.

身体可以死亡，但国王的政治身体却永不死亡。① 这一观念是随着王权的强化而逐步渗透到国家政治体制之中的，对国家观念、王权思想等都产生了深远的历史影响。国王已经不再是一个人或者职位，而是一种国家机构，在王国之中充当着"头脑"。约翰就在《论政府原理》一书中进行了阐述，他把国王比作"头脑"，认为只有"头脑"安全而有活力时，才能担当起守护者的职责，才能实现整个有机体的幸福。②

　　总体来看，为了巩固封建王权，英国政治家和法学家先后提出了多种理论，这些理论本质上都是在讨论国王与法律之间的关系。无论是"王在法下"还是"王权专制"，都过于理论化，都只是看到了王权强、弱的边界。实际上，在政治生活中，国王和贵族之间的关系处于两个边界之间。他们并非简单的零和关系，而是可以实现"双赢"。国王支配着一个庞大的王国，需要大量的人力和物力。因此，国王要在贵族的帮助下借助法律进行统治，才能维持整个政治体系正常运行，无论是缺少贵族还是缺乏法律，都无法正常地维护王权统治。同样，贵族领有各自的庄园和领地，他们也试图利用法律和习惯维护正常的利益，不希望国王过多地剥夺他们的利益。只有当双方力量达到平衡，进行密切的政治合作时，他们才能从和平秩序中获得各自的利益。这就不难理解，为什么国王在加冕誓词中刻意强调三个方面的内容："第一，他会利用他的权力维持教会以及全体基督教信徒的和平；第二，他要禁止任何掠夺民众的行为；第三，他要公平、仁慈地执法，把上帝的仁爱和宽容带给民众。"③ 当王权较为孱弱时，国王便面临叛乱、被废黜甚至被杀的危险，社会将陷入动荡局面。玫瑰战争时期正是英国历史上王权较为孱弱的时期，当时"英国是世界各国中强盗最多的国家，很少有人敢一个人白天在乡间行走，夜晚来往城市

---

① Ernst H. Kantorowicz, *The King's Two Bodies*, New Jersey: Princeton University Press, 1997, pp. 364-371; *Case of the Duchy of Lancaster*, Plowden, p. 212, 转引自〔英〕F. W. 梅特兰著，〔英〕大卫·朗西曼、马格纳斯·瑞安编《国家、信托与法人》，樊安译，北京大学出版社，2008，第45页。

② John Dickinson, *The Statesman's Book of John of Salisbury: Being the Fourth, Fifth, and Sixth Books, and Selections from the Seventh and Eighth Books, of the Policraticus*, New York: Alfred A. Knopf, 1927, p. 247.

③ Wayne Morrison, *Blackstone's Commentaries on the Laws of England*, Vol. I, London: Cavendish Publishing Limited, 2001, p. 304.

中的人更少，晚上伦敦城的街道上很少有人出现"①。相反，如果王权在政治体制中过于强大，国王也会失去支持，其统治基础变得脆弱，难以维护统治。比如在斯图亚特王朝初期，通过都铎王朝几任国王的经营，王权已经接近绝对化程度。新入主英格兰的詹姆斯一世和查理一世过度宣扬"王权神授"，最终造成英国 1640~1688 年的革命，查理一世被以"叛逆罪"处死，英国经历了长达 11 年（1649~1660 年）的"无王时代"。

第二节　叛逆习惯法中的经典案例

虽然中世纪时期有了"王权神授"的理论，但仍然无法杜绝扰乱社会秩序和侵害王权的行为。国王在宣扬王权理论的同时也在不断强化各种司法措施，打击破坏秩序者。起初，维护"国王和平"是打击各种扰乱社会秩序行为的出发点。随着王权的加强，国王开始以保护国家公权力为由采取司法手段，创制出"国家审判"，开创了叛逆罪司法审判制度的新局面。

一　"国王和平"及其权威

盎格鲁-撒克逊早期，王权还比较弱小，无法形成强大、统一的公共权威作为"公正的源泉"（fountain of justice）和"和平守护者"（conservator of the peace）。② 不过，各部族却早已形成"和平"观念，即他们要求免受暴力侵犯的权利。盎格鲁-撒克逊部落居民往往以家族利益为最高利益，以家族为单位进行报复行为。为了维护各自的"和平"，各部族经常陷入相互仇杀之中，这就是"血亲复仇"（blood feud），是一种自我救济行为。"血亲复仇"是维护公正的原始方法，是一种以报复为手段的刑罚方式，能够在部落、村庄等小范围内维护公正，却会产生极高的社会成本，无法在大范围内推广。格劳秀斯指出："倘若人与人之间只是通过暴力手段解决他们的争端，那么这样的和平和战争又有什么区别呢？最终都

---

① 〔英〕屈勒味林：《英国史》，钱端升译，中国社会科学出版社，2008，第 310 页。

② Wayne Morrison, *Blackstone's Commentaries on the Laws of England*, Vol. I, London: Cavendish Publishing Limited, 2001, p. 202.

将引起极端的混乱。"① "血亲复仇"造成严重的社会后果，上至国王，下到普通民众，无不面临无休止的暴力和私战。国王也只能勉强依靠武力保护自己的人身安全，无法维护整个王国内的和平秩序。"国王都想坐上威严的王座，这时他们都将希望寄托在刀剑上"，"暴力也进入了法律领域，……这种传统承认个人或小集团自行行使司法的权利"，"暴力还是一种习惯因素。……'每天都有人像野兽那样杀人，他们因酗酒、狂妄或者毫无缘由地彼此攻击'"。② 最终，侵害人和受害人两败俱伤，只不过受害人的名誉得到了一定程度的恢复。③ 在这种局面下，如何促成和解，成为国王的重要任务。

随着国王公共权威的增强，国王在化解仇恨、维护和平上的责任日益凸显，"国王和平"观念随之出现，"国王有权力保护臣民的财产和生命权利"④。"对一个国王来说，最高的称赞莫过于'和平缔造者'这一称号。"⑤ 但"国王和平"的确立却经历了一个漫长的发展过程。这一过程大致分为"赔偿金"阶段、刑罚阶段、有限的"国王和平"阶段以及"国王和平"制度化阶段四个阶段。

第一阶段是"赔偿金"阶段。"赔偿金"是"支付给受害者及其家属的金钱，为犯罪者的行为做补偿"⑥。7 世纪时，肯特国王埃塞尔伯特颁布的《埃塞尔伯特法典》（Laws of Ethelbert）是英国最早的法典，该法体现出国王试图利用赔偿金来建立和平秩序，严厉打击谋杀、偷盗、抢劫以及强奸等犯罪行为的意图。法律规定："若任何人伤害国王要召见的臣民，则必须支付两倍的赔偿金；若国王在臣民家中饮酒，任何人实施恶行（evil deed）的话，将支付两倍的赔偿金；若自由民在国王那里进行偷盗，将归还国王九倍的财物；若任何人在国王的庄园中杀人，将支付 50 先令

---

① Hugo Grotius, *The Rights of War and Peace*, Indiana: Liberty Fund, Inc. , 2005, p.240.

② 〔法〕马克·布洛赫：《封建社会》，张绪山、李增洪、侯树栋译，商务印书馆，2004，第 656~657 页。

③ 〔美〕哈罗德·J. 伯尔曼：《法律与革命——西方法律传统的形成》，贺卫方等译，中国大百科全书出版社，1993，第 71~73 页。

④ Giles Jacob, *A New Dictionary*, Savoy, 1699, p.569.

⑤ 〔法〕马克·布洛赫：《封建社会》，张绪山、李增洪、侯树栋译，商务印书馆，2004，第 658 页。

⑥ Richard Burn, *A New Law Dictionary*, London, 1792, p.430.

的赔偿；若任何人杀死一个自由民，将向国王支付 50 先令；若杀死国王
的锻工和信使，则支付等额的赔偿金；破坏国王的庇护权，罚款 50 先令；
若同国王的女侍同眠，支付 50 先令的赔款（若其为单身奴隶，支付 25 先
令；若其为第三等级的奴隶，则支付 12 先令）；杀死国王的寄膳者
（King's fedesl），则支付 20 先令；私人民宅，第一个进入者支付 6 先令，
第 2 个支付 5 先令，之后进入的人支付 1 先令；发生争执时，若为他人提
供武器且没有造成人员伤亡的，支付 6 先令的赔款；若发生道路抢劫，提
供武器者罚款 6 先令。"① 法典试图依据受害者的社会身份和犯罪的严重
程度，为每种犯罪都规定具体的赔偿金额，罗列出具体的赔偿"价目
表"。通过赔偿金制度，受害部落获得财产之后，能够获得慰藉，犯罪部
落也因为丧失财产而得到应有的惩罚。这样，双方实现了一定程度上的
"公平"，继而放弃了残酷的"血亲复仇"。这一制度为英国摆脱"血亲复
仇"开辟了道路。

　　第二阶段是刑罚阶段，"肉刑和罚金是其重要标志"②。肉刑最早见于
7 世纪末的《伊尼法典》（Laws of Ine），主要针对危害国王安全的行为。
法典规定，"若任何人在国王的室内打斗，将没收全部财产，并由国王决
定其生死"③。9 世纪，阿尔弗雷德颁布的《阿尔弗雷德法典》影响力更
大，是典型的通过刑罚维护"和平"的法典。阿尔弗雷德（Alfred，
849~899 年）在领导不列颠人反击丹麦人入侵时，公共权威得到提升，
被称为"阿尔弗雷德大帝"（Alfred the Great）。他利用强大的公共权威，
开始建立起超越家庭的公权力，在王国范围内维护"和平"。他颁布的法
典中首次提到死刑，规定"若某人试图谋害国王的性命，不论他是直接
实施者，还是事后庇护实施者，都将被处死，并罚没所有的财产"④。在

---

①　Dorothy Whithlock, ed., *English Historical Documents*, *500-1042*, London: Eyre Methuen,
　　1979, p. 391.
②　邓云清、宫艳丽：《"王之和平"与英国司法治理模式的型塑》，《历史研究》2010 年第
　　5 期。
③　Dorothy Whithlock, ed., *English Historical Documents*, *500-1042*, London: Eyre Methuen,
　　1979, p. 398.
④　Dorothy Whithlock, ed., *English Historical Documents*, *500-1042*, London: Eyre Methuen,
　　1979, p. 410.

部落势力仍然大量存在、王权相对弱小的时期，为了消弭可能发生的暴力事件，阿尔弗雷德还创造性地规定，"虽然我们承认，每个人都应认真地履行自己的誓言和承诺。但是，若领主提出非法要求，那么最好的方法就是不去履行诺言"①。国王无法控制大领主，只能通过"规劝"执行人，降低重大案件的发生率。该规定反映出国王在维护"和平"上的无奈，也从侧面证明他规定的刑罚措施所发挥的作用是极为有限的。

在刑罚阶段，国王通过维护"和平"能够获得一部分罚款。通常这些罚款一半归国王，另一半作为补偿交给受害者。② 经济利益刺激国王不断扩大自己维护"和平"的要求。国王开始在更大的范围内维护"和平"，"国王和平"也开始逐渐推广。

第三阶段是有限的"国王和平"阶段。之所以称"有限"，是因为这一时期"和平"在时间、地域上都是有限的。从时间上看，"国王和平"从特定的节日逐步扩展到全时段。起初，"国王和平"只保护某些重大宗教节日。《克努特法典》规定："国王禁止臣民为非作歹，尤其是在特定的宗教节日期间，严禁作奸犯科。"③ 随着王权的强化，"国王和平"逐渐延长到全年。不过，国王死亡之后，"国王和平"就会终止。王位空缺时期，英国往往会陷入各种暴力和仇杀之中。新国王即位后，宣布新的"国王和平"，暴力和仇杀才再次消失。直到爱德华一世即位后的1272年，国王才规定，国王死后，"国王和平"继续延长到新国王即位，④ 为"全天候"的"国王和平"奠定了基础。

从地域上看，"国王和平"起初只限于很小的区域内，后来逐步扩展到全国。盎格鲁-撒克逊时期，国王本人享有的"和平"区域十分有限。国王为了免受暴力侵害，以自己的身体为中心划定了一个"不可侵犯区"，其范围是以64倍投枪距离为半径画出的圆圈。一个投枪距离是一

---

① Dorothy Whithlock, ed., *English Historical Documents*, *500-1042*, London: Eyre Methuen, 1979, p. 407.

② 〔古罗马〕塔西陀:《日耳曼尼亚志》，博正元译，商务印书馆，1959，第12页。

③ Dorothy Whithlock, ed., *English Historical Documents*, *500-1042*, London: Eyre Methuen, 1979, p. 460.

④ Frederick Pollock, "The King's Peace in the Middle Ages," *Harvard Law Review*, Vol. 13, No. 3 (Nov., 1899), pp. 184-185.

个人从家门口投掷标枪所能达到的距离，国王的"不可侵犯之圈"是这个距离的 64 倍。如果在这个范围内实施暴力就是对国王的侵害，将受到国王的审判和惩罚。① 后来"不可侵犯区"的范围逐步增大，到了 11 世纪扩大到 4 英里 3 浪 9 英尺（1 英里约合 1609 米，1 浪约合 201 米，1 英尺约合 0.3 米）。② 不过，相对于整个王国来说，范围仍然是十分有限的。爱德华一世时期，国王长期进行对法和对苏格兰战争，特别重视对交通道路的保护。"国王保护四条罗马大道上的人，这四条道路是沃特灵大道（Watling Street）、依拉名大道（Erming Street）、赫克内尔德大道（Hykenild Street）和埃斯科内尔德大道（Icknield Street）。到了 14 世纪末，整个王国的大道都受到'国王和平'的保护。"③ 进而，以这些道路为脉络，"国王和平"扩展到整个王国。

第四阶段是"国王和平"制度化阶段。国王不再单纯依靠自己的武力维护和平，而是建立相应的政治制度，借助官僚机构维护整个王国的和平。在诺曼征服之后，国王为了维护"国王和平"，不再允许臣民通过支付赔偿金来赎罪。国王利用自己的公权力，借助司法机构对犯罪者进行惩罚。威廉一世建立"呼喊逮捕制"和"连坐保甲制"，要求每个地区对各自的安全负责。如果发生刑事案件，第一个到达现场的人应该大声呼喊，召集所有的人抓捕犯人。如果某一区域内发生"无头案"，当地居民又查不出罪犯，整个百户区要缴纳罚款。④ 这种制度是"从地区扩展到整个王国的过渡性制度"⑤。

随后，国王重点通过强化司法机构来维护"国王和平"。国王首先将破坏"国王和平"的案件收归自己管辖。从亨利一世开始，国王确立起

---

① 〔日〕穗积陈重：《法律进化论》，黄尊三等译，中国政法大学出版社，1997，第 321 页。

② 吴旭阳：《浅析早期英国法上的"国王和平"》，载何勤华主编《多元的法律文化》，法律出版社，2007，第 367 页。

③ David Feldman, "The King's Peace, the Royal Prerogative and Public Order: The Roots and Early Development of Binding over Powers," *The Cambridge Law Journal*, Vol. 47, No. 1 (Mar., 1988), pp. 105-106.

④ David Feldman, "The King's Peace, the Royal Prerogative and Public Order: The Roots and Early Development of Binding over Powers," *The Cambridge Law Journal*, Vol. 47, No. 1 (Mar., 1988), p. 111.

⑤ Frederick Pollock, "The King's Peace in the Middle Ages," *Harvard Law Review*, Vol. 13, No. 3 (Nov., 1899), p. 178.

"王座之诉"，"将许多重大案件的审判权收归自己。到了 12 世纪，该类由国王审判的案件更多，扩展到故意杀人、道路抢劫、破坏国王的特殊保护、伪造货币等其他侵犯国王权威的严重犯罪"①。对于暂时无法收归自己管辖的案件，国王则通过各种方式将其纳入自己的司法管辖之下。其中，令状制度、治安法官制度和巡回审判制度都加强了国王的司法干预能力，帮助国王建立起全国范围内的有效统治。令状制度反映出国王试图控制土地案件审判权的动机。传统上，土地案件由庄园法庭审判。亨利二世时期，国王为了从审判土地案件中获利，开始以被告对原告实施"侵扰"为借口，借助救济"国王和平"的名义，通过发布令状将案件转交给王室法庭审判。"'国王和平'、土地诉讼和国王令状三者开始形成一个有机体。"② 治安法官制度反映出国王以保护"国王和平"的名义，综合控制各地行政、军事和司法的动机。由于治安法官是由国王任命的，因此他们遵循国王的命令。国王也不断赋予他们新的权力，"治安法官成了最早的警察组织，也是最初的民兵组织，他们还履行一定的司法职能"③。巡回审判制度正式形成于亨利二世时期，反映出国王全面控制地方司法权和立法权的动机。亨利二世颁布《克拉伦敦法令》和《北安普顿法令》，规定只有国王派遣到各地的巡回法庭才能审判各种严重破坏"国王和平"的刑事案件，这就"顺利收回了重大刑事案件的管辖权，完全确立起对俗界刑事司法的支配权"④。

综上所述，国王经过长期的探索，找到了维护"国王和平"的方式，并在维护"国王和平"过程中构建起比较完备的司法和行政体系。因此，"国王和平"的演变过程是王权不断加强的过程，也是国王公共权威不断增强的过程。这种统治方式对维护英国的"和平"起到了关键性作用，

① Frederick Pollock, "The King's Peace in the Middle Ages," *Harvard Law Review*, Vol. 13, No. 3 (Nov., 1899), p. 177.

② 邓云清、宫艳丽：《"王之和平"与英国司法治理模式的型塑》，《历史研究》2010 年第 5 期。

③ David Feldman, "The King's Peace, the Royal Prerogative and Public Order: The Roots and Early Development of Binding over Powers," *The Cambridge Law Journal*, Vol. 47, No. 1 (Mar., 1988), p. 116.

④ 邓云清、宫艳丽：《"王之和平"与英国司法治理模式的型塑》，《历史研究》2010 年第 5 期。

英国人普遍认识到"得到国王保护的人比没有得到国王保护的人享有更多的安全保证"①。这种统治方式也在一定程度上决定了英国行政机构的性质。国王往往借助"国王和平"取得许多案件的审判权，进而构建行政制度加强司法审判权，使英国行政呈现"司法化"的特点，限制了王权的进一步膨胀，有利于公平的实现。总之，"国王和平"作为一种维护和平秩序的观念，② 一直存在于英国的政治和司法领域中，它的每一次发展都完善了"和平"的方式。

二 《大宪章》中的"叛逆因素"

1215 年 6 月 19 日，英国国王约翰一世（即"约翰王"）在贵族的武力胁迫下签署了一份封建性政治文件《大宪章》。从政治角度看，该文件限制了国王滥用权力，保障了教俗贵族的财产和人身安全，彰显"王在法下"、"权利平等"和"民主协商"等宪政精神。然而从叛逆法的视角看，无论是贵族武装叛乱促使约翰王就范的行为，还是《大宪章》中某些限制王权的章节，都构成"侵害王权罪"，即中世纪的叛逆罪。只是在当时特定的历史条件下，约翰王无力逮捕、审判和处罚叛乱贵族，才使叛乱贵族未被追究"侵害王权"罪责。将《大宪章》作为"叛逆罪"案例进行分析，可以为叛逆罪研究提供一个新的视角。

1. 贵族的"叛逆"促成《大宪章》签订

约翰王 1199 年即位以后，先后与罗马教廷交恶、与法国交战，但均以失败告终，被迫向教廷缴纳年贡，向法国割让土地。战争失败不仅损害了国王的政治形象，还造成严重的财政亏空和通货膨胀。为了应对财政困境，约翰王违背封建"习俗"向贵族、教会和城市征收苛捐杂税，迫使贵族联合起来发动武装叛乱，打破王权专断局面，恢复以往的封建特权。

自 1213 年坎特伯雷大主教斯蒂芬·兰顿召集教俗贵族重读《特权恩准状》开始，英国贵族实质上便不断实施"侵害王权"的"叛逆"行为。1214 年 11 月，罗伯特·菲茨沃尔特、杰弗里·曼德维尔、萨尔·昆西等

---

① 李秀清:《日耳曼法研究》，商务印书馆，2005，第 122 页。
② H. G. Richardson, "The English Coronation Oath," *Transactions of the Royal Historical Society*, Fourth Series, Vol. 23 (1941), p. 129.

贵族勾结北方贵族"密谋对国王发动战争、攻占国王的城堡，直到国王回心转意为止"①。1215 年 5 月，贵族集团与法国国王腓力二世结盟，进入伦敦，攻占了威斯敏斯特金库等重要设施。同年 6 月，他们又携带武装与国王在兰尼米德对峙，迫使国王在《大宪章》上加盖国玺。1215 年 9 月约翰王废除《大宪章》后，贵族集团再次联合法王腓力二世，劝说腓力的长子路易前往英国加冕称王。此后直到 1216 年 10 月约翰王去世，贵族一直与约翰王进行战争。从上述内容看，贵族集团至少实施了"图谋国王死亡""对国王发动战争""图谋废除国王""违背效忠宣誓"等多项"叛逆行为"。

约翰王和罗马教皇英诺森三世都将贵族集团的行为定义为"叛徒"和"叛乱者"。1215 年 9 月，教皇英诺森三世派特使潘度夫·韦拉西西奥前往英国，以保护教皇的领主权为名镇压叛乱，维护约翰王的权威。特使代表教皇宣布《大宪章》无效。随后，他把参与《大宪章》起草的 9 名男爵和 6 名神职人员定性为"叛乱者"，全部开除教籍。1216 年 9 月，约翰王认为兰顿大主教对他不忠，将其描绘为"一个声名狼藉、厚颜无耻的叛徒"②。此外，《大宪章》的 25 位担保人名单中也有人曾被判叛逆罪。如罗伯特·菲茨沃尔特 1212 年 8 月参与密谋刺杀约翰王，行动失败后被迫逃亡苏格兰，史称"1212 年阴谋"。③

辩证地看，在约翰王不愿承认贵族特权的背景下，英国贵族通过发动叛乱，以一系列"叛逆"行为逼迫约翰王签订了《大宪章》，这的确为英国带来了具有宪政意义的法律文献，对历史发展产生了积极影响。但从叛逆罪的角度看，贵族的行为与其他普通的叛乱在本质上并无差别，甚至比以往的叛乱规模更大、带来的经济损失更加严重。因此，《大宪章》的颁布就是一连串叛逆行为推动的。

---

① 〔英〕马克·莫里斯：《约翰王：背叛、暴政与〈大宪章〉之路》，康睿超、谢桥译，中信出版社，2017，第 266 页。

② 〔英〕马克·莫里斯：《约翰王：背叛、暴政与〈大宪章〉之路》，康睿超、谢桥译，中信出版社，2017，第 295 页。

③ J. H. Round, "King John and Robert Fitzwalter," *The English Historical Review*, Vol. 19, No. 76 (Oct., 1904), pp. 707-708.

2.《大宪章》条文中的"叛逆因素"

《大宪章》中的多数条款都体现出限制王权的特点，具有显著的"叛逆"特点。1215 年签署的《大宪章》共有 63 条，由于其起草过程较为仓促，因此各条款之间没有很好的逻辑顺序。大体来看，《大宪章》的内容可以归纳为五个方面：保护教会的自由权；保护世俗贵族的财产和人身安全；限制国王滥用权力，禁止强征重税和劳役；保护商人和城市的利益；监督国王遵守《大宪章》。其中，监督国王遵守《大宪章》的相关内容的"叛逆"特征最为明显。

"监督国王遵守《大宪章》"主要体现在第 14 条、第 52 条和第 61 条，均与"二十五人男爵委员会"有关。第 14 条规定，国王征收协助金和免役税需召集会议，获得教俗贵族的同意。第 52 条规定，约翰王非法剥夺贵族的土地、城堡和特许权应立即归还，若贵族对相关问题有异议，可以向"二十五人男爵委员会"提请仲裁，由该委员会做出裁决。第 61 条规定，"二十五人男爵委员会"负责监督国王及其官员执行《大宪章》的情况。若国王违反《大宪章》，贵族有权占领国王的城堡、土地，占有国王的财产或任何物品，直到国王纠正错误为止。①

约翰王本人对上述条款非常反感，在兰尼米德对峙时期，国王与贵族在第 61 条上的意见分歧最大，只是在贵族的武力威胁下，约翰王才被迫接受该条款。但他曾公开表示，"二十五人男爵委员会"就是"二十五个太上皇"②，妨碍了王权的正常行使。从条款的性质上看，"监督国王遵守《大宪章》"的相关内容明显带有"侵害王权"的性质，在中世纪时期"侵害王权"可以构成叛逆罪。正因如此，在 1217 年亨利三世重新颁布的《大宪章》中，第 52 条和第 61 条全部被宣布无效。③

3.《大宪章》叛逆性的历史解读

在成文叛逆法颁布之前，叛逆罪的重要衡量标准是对君主"不忠"，

---

① Dorothy Whithlock, ed., *English Historical Documents*, *1189-1327*, London：Eyre Methuen，1979，pp. 320-323.

② 徐震宇：《自由的缔造者：无地王约翰、反叛贵族与〈大宪章〉的诞生》，中国法制出版社，2009，第 20 页。

③ Dorothy Whithlock, ed., *English Historical Documents*, *1189-1327*, London：Eyre Methuen，1979，pp. 335-336.

即违背对君主的宣誓。促成《大宪章》颁布的叛乱贵族与国王兵戎相见是明显的叛逆行为，但他们却没有被治罪，其原因存在于中世纪的封建观念和封建文化之中。

首先，在封建法律观念下，贵族具有一定的"抵抗权"。① 中世纪的封建习惯法往往建立在封君和封臣之间的权利义务关系之上。国王和贵族按照封建惯例行事，当国王侵犯贵族利益时，贵族在理论上可以解除效忠关系，甚至发动战争维护合法权益。《萨克森法鉴》中便规定，在国王违背法律时，个人可以抗拒国王和法官，甚至可以参与发动对他的战争，这不违背效忠义务。② 在约翰王统治初期，贵族对苛捐杂税表示不满，并走上武力反抗国王的道路。他们多次拿出亨利一世的《豁免特许状》告诫国王要尊重双方的契约关系，保护贵族的合法权益。只是在屡次尝试失败后，才进行了武装抵抗，逼迫国王签订《大宪章》承认他们的封建特权。从这个意义上说，《大宪章》集中反映了中世纪英国封建贵族恢复和整固传统封建秩序的渴望与愿景。相比之下，约翰王屡次违反封建传统习俗，向贵族滥征骑士役、盾牌钱、动产税等，对拒绝缴税的贵族罚没财产、逮捕监禁，导致贵族债台高筑，甚至破产。在贵族看来，君主不尊重法律在先，他们便有权进行抵抗。因此，约翰王明显"理亏"，贵族在道义上占优势。

其次，约翰王在军事上处于劣势，无法为叛乱贵族定罪量刑。叛逆罪是国王惩处叛逆臣民的罪名，其背后除了法律本身之外，还需有军队、警察、监狱等暴力机构的支持。因而，国王能否为叛逆者定罪量刑，除了法律因素外，还取决于双方在政治军事实力上的对比。在《大宪章》颁布前后，英国贵族为了反抗"暴政"联合起来，并得到了法国和苏格兰的支持。他们组成的"叛军"无论在规模上还是在装备上都远超过约翰王的雇佣军。因此，即便约翰王试图以法律制裁叛乱贵族，也力不从心，无法对叛逆行为做出惩罚。

最后，叛逆罪的概念仍然较为模糊，法律适用性差。在中世纪早期，

① 孟广林：《英国"宪政王权"论稿：从〈大宪章〉到"玫瑰战争"》，人民出版社，2017，第47页。

② 侯建新：《抵抗权：欧洲封建主义的历史遗产》，《世界历史》2013年第2期，第30页。

王权强大之前，叛逆罪主要是指侵害王权、亵渎君主，但具体哪些行为构成叛逆罪，法律层面上缺乏具体的规定。① 加之叛逆罪涉及大量的政治问题，为了维护公共秩序与国王的私人利益，国王往往更倾向于单独审理类似案件，而不会以叛逆法为工具，给整个贵族群体定罪。在约翰王看来，低调处理《大宪章》问题符合国王的利益。在内外交困的局面下，与反抗的男爵和骑士达成妥协是解决矛盾与冲突的最佳选项，"有利于避免'零和游戏'的陷阱"②。

综上所述，抛开《大宪章》的"宪政"光环，将其放到 13 世纪初期的历史环境之中，《大宪章》就是在一系列叛逆事件后形成的文献。叛乱贵族并没有预感到他们创造了一部影响英国历史乃至世界文明进程的法律经典，他们只是打算以这种方式来维护自己的封建利益。后世学者赋予《大宪章》的各种宪政意义，更多的是"王在法下"的浪漫想象而已。③《大宪章》颁布前后的"叛逆"行为也是中世纪叛逆罪问题在政治生活中实际影响力的真实体现。

三 1283 年"国家审判"案

在各种破坏"国王和平"的犯罪之中，侵犯国王的犯罪具有政治性质，是最为严重的犯罪，被布雷克顿等法学家称为"侵害王权罪"，体现出叛逆罪的早期形态。其具体罪行包括：图谋国王的死亡（compasses the King's death）、背叛国王或国王的军队（betrayal of the lord King of his army）、为背叛国王及国王军队者提供帮助、伪造国王的印玺和钱币等。④ 国王为了保护自己的生命和王位安全，往往严厉打击这种犯罪。在英国早期众多"侵害王权罪"案例中，1283 年爱德华一世审判威尔士亲王戴维·阿普·格鲁菲德案是比较典型的。在审判中，国王强化了国王运用公

---

① S. H. Cuttler, *The Law of Treason and Treason Trials in Later Medieval France*, Cambridge: Cambridge University Press, 2003, p. 4.

② 侯建新:《抵抗权：欧洲封建主义的历史遗产》,《世界历史》2013 年第 2 期，第 32 页。

③ 孟广林:《"王在法下"的浪漫想象：中世纪英国"法治传统"再认识》,《中国社会科学》2014 年第 4 期。

④ Wayne Morrison, *Blackstone's Commentaries on the Laws of England*, Vol. I, London: Cavendish Publishing Limited, 2001, pp. 334–335.

权力召集审判的权威，开创了贵族"同级审判"的传统，也确立了叛逆罪残酷刑罚的习惯。虽然1809年威廉·科贝特和戴维·贾丁出版的《科贝特国家审判集》把1163年坎特伯雷大主教托马斯·贝克特（Thomas Becket）案作为"国家审判"的开端，[1] 但贝克特并没有接受审判，该案也没有对以后的叛逆罪审判制度产生实质性影响。因此加拿大学者约翰·贝拉米将1283年威尔士亲王戴维·阿普·格鲁菲德案作为"国家审判"的开端。[2]

"国家审判"形成的原因主要有三个方面。首先，国王公共权威的提高。随着"国王和平"观念逐步深入人心，国王开始构建政治制度维护国内的和平秩序。由此，英国"封君封臣色彩的机构向更具国家公共管理性质的机构过渡，以国王为首的王国政府的'私权'色彩也日渐消退，'公权'性质则愈加凸显"[3]。国王开始利用具有公共职能的议会作为审判机构，审判重大侵害王权案件。

其次，英国民族意识的增强。诺曼征服之后，英国长期跨海而治。国王作为诺曼底贵族的后裔，大多数时间都在欧洲大陆居住。国王亨利二世甚至一生都不懂英语，[4] 理查一世虽然当了十年的英国国王，但有九年半在法国度过，只在不列颠岛上住了半年。[5] "英国国王根本不把不列颠岛看成自己的家，大多数的教俗贵族都有外国血统，他们都恪守着外国的生活习惯。国王从来不会依据不列颠岛上的需求推行政治方针。"[6] 然而，英国国王不断丧失欧洲大陆的土地，约翰王甚至因为丧失了过多的土地而被臣民蔑称为"失地王"。随着英国在法国不断丧失土地，英国民族意识得到不断提升。"到1216年金雀花王朝建立的时候，英国自身的利益开始

① William Cobbett and David Jardine, *Cobbett's Complete Collection of State Trials*, London, 1809, pp. 1-12.

② J. G. Bellamy, *The Law of Treason in England in the Later Middle Ages*, Cambridge: Cambridge University Press, 1970, pp. 24-25.

③ 余永和：《英国安茹王朝议会研究》，社会科学文献出版社，2011，第48页。

④ 金志霖：《英国国王列传》，东方出版社，1998，第16页。

⑤ John Cannon & Anne Hargreaves, *The Kings & Queens of Britain*, Oxford: Oxford University Press, 2004, p. 195.

⑥ Frank Barlow, *The Feudal Kingdom of England 1042-1216*, London: Longman, 1988, p. 432.

受到国王和贵族的重视"①，英国逐渐把自己看作一个独立的国家。

最后，爱德华一世强烈的扩张欲望和权力欲望。爱德华一世试图借助强大的武力和财力"成为欧洲的和平缔造者和十字军的领袖"。② 但他的欲望却遭到欧洲各国的抵制，因而在外交中处于孤立局面，而后又陷入长期的战争之中。在战争中，他获得了"威尔士征服者"、"苏格兰铁锤"和"全世界的伟大长矛"等一系列称号，展现了他尚武的一面。然而，外交局势和战争消耗都促使他在处理国内叛乱问题时采用严酷的手段，特别是在处理类似下文提及的威尔士亲王威胁王位的案件时，手段更加残酷无情。爱德华一世又是一位热衷于立法的统治者，被称为"英国的查士丁尼"。他在处理一些叛乱问题时，能够用法制规范判决过程。

在上述因素的综合影响下，1283 年戴维·阿普·格鲁菲德"国家审判"案得以诞生。该案并不复杂，但它开创了英国运用公权力审判贵族的先河，并被后世延续下来。其案件情节及审判过程如下：

　　　　1282 年，威尔士亲王卢埃林（Llywelyn）联合他的弟弟戴维，趁爱德华一世忙于苏格兰事务之机，发动大规模叛乱。在此之前，卢埃林和戴维早已臣服于爱德华一世，这次叛乱带有明显的叛逆性质。由于威尔士地势崎岖不平，爱德华一世只能采取壁垒战术镇压叛乱，他沿着进攻路线修筑大量的城堡要塞，逐渐将叛乱者分割包围，直至完全消灭。这样的战术非常有效，卢埃林被杀，戴维被俘获。但战争却消耗了爱德华一世大量的金钱。据英国学者统计，爱德华一世直接或间接花费的财产高达 12 万英镑，③ 相当于其平均年收入 67442 英镑④的近两倍。

由于爱德华一世损失惨重，他决定重罚卢埃林和戴维。卢埃林在战争

---

① Frank Barlow, *The Feudal Kingdom of England 1042-1216*, London: Longman, 1988, p. 432.

② Michael Prestwich, *Edward I*, New Haven: Yale University Press, 1997, p. 355.

③ Michael Prestwich, *Edward I*, New Haven: Yale University Press, 1997, p. 200.

④ 施诚:《中世纪英国财政史研究》, 商务印书馆, 2010, 第 281 页。

中被杀，他的头颅被送到爱德华一世面前。此时爱德华一世正坐镇罗德兰（Rhuddlan）督战，他一改中世纪尊重战败者的传统，立即派人把头颅送到伦敦，用一根长矛插起，挂在伦敦塔上示众。① 爱德华一世对卢埃林的处罚，也预示着他将更严厉地处罚戴维。

　　爱德华一世并没有按照中世纪传统直接处死戴维，或者宽恕他，而是通过审判判定戴维为叛逆罪。② 1283 年，他向英国各地发出令状，召集有关人士在索尔兹伯里商讨如何处罚戴维。前来参加商讨的人包括各郡和自治市的贵族和代表共 100 多人，贵族负责审判，各郡和自治市的代表充当见证人，名义上是防止戴维遭受错判。从召集的人来看，叛逆罪审判只是爱德华一世的其中一个目的，他还试图通过召开议会和审判戴维向民众普及关于叛乱的法律知识，震慑潜在的叛乱者。同时，爱德华一世也有庆祝战胜威尔士的意图，随后他颁布了兼并威尔士法令。③ 因此，这次审判具有强烈的政治色彩。

　　1283 年 9 月 29 日米迦勒节（Michaelmas），审判正式开始。经过审判，戴维被毫无悬念地判为叛逆罪。接下来，戴维以叛逆罪的罪名被处死，其刑罚方式非常特别，"当时的编年史学家在著作中都认为，他们从来没有听说过爱德华惩处戴维的方式"④。邓斯特布尔在《年鉴》中记载了整个过程：首先，由于实施了叛逆罪，他被马拖拽到刑场，这是叛逆罪处决的典型特征；其次，由于杀死了几名英国贵族，他被活活地吊起来执行绞刑；再次，由于在复活节进行谋杀，破坏了"上帝和平"和"国王和平"，他的内脏被挖出，并被烧掉；最后，由于在王国不同的地区密谋国王死亡，他的尸体被分割成许多块，送到各地去震慑其他叛乱者。⑤ 每一种刑罚方式，都是对戴维某种罪行的惩罚。

---

① Michael Prestwich, *Edward I*, New Haven: Yale University Press, 1997, p. 202.

② J. G. Bellamy, *The Law of Treason in England in the Later Middle Ages*, Cambridge: Cambridge University Press, 1970, pp. 23-24.

③ *The Statutes of the Realm*, Vol. II, Buffalo: William S. Hein & Co., INC., 1993, p. 55.

④ J. G. Bellamy, *The Law of Treason in England in the Later Middle Ages*, Cambridge: Cambridge University Press, 1970, p. 26.

⑤ 转引自 J. G. Bellamy, *The Law of Treason in England in the Later Middle Ages*, Cambridge: Cambridge University Press, 1970, p. 26。

戴维受到的处罚有诸多独特之处。首先，从审判的机构看，爱德华一世没有在封建法庭中审判戴维，而是召集议会商讨和判决戴维为叛逆罪，其公共色彩较封建法庭更加明显。其次，从判决过程看，爱德华一世不再将戴维的罪行看成"破坏封建义务"或者"私战"，而是看成杀死贵族、破坏"上帝和平"和"国王和平"、谋杀国王等侵犯公共权威的行为。最后，从判决结果看，国王不再解除他与叛乱者之间的封君封臣关系并将其放逐，而是直接判处戴维死刑。这样的处罚方式与传统的处罚方式截然不同，创设了新的叛逆罪审判和处罚方式。

总之，爱德华一世时期，在英格兰对威尔士、法国和苏格兰的战争中，英国民族意识已经产生。国王不再以封君封臣之间的权利义务关系来看待叛乱行为，而是创设新的处罚方式，体现出国王的公共权威，达到杀一儆百、巩固统治的作用。戴维案不但使议会成为审判贵族的主要法庭，也使绞杀、剖腹和分尸等刑罚程序固定下来，成为处决叛逆者的主要方式。可以说，戴维案是"国家审判"真正意义上的开始，也是叛逆罪司法审判的开始。

第三节　叛逆法的成文化：《1352年叛逆法》

中世纪时期，英国颁布的第一部成文叛逆法是《1352年叛逆法》。该法的颁布与实施结束了英国叛逆罪审判依据普通法的传统，使叛逆罪审判有了法律依据。该法总结了英国普通法和习惯法中的内容，实现了叛逆法从习惯法向成文法的过渡，但其颁布过程不是一蹴而就的，而是经历了较长时间的法律积累。

一　《1352年叛逆法》的主要渊源

在英国《王国法令集》（*The Statutes of the Realm*）中，《1352年叛逆法》是一部篇幅较短的法令，全篇共650个单词，只是简单交代了法令的立法原因、叛逆罪的犯罪构成要件和叛逆法的立法方式。但英国法律学家梅特兰却感慨该法的复杂性，认为"这部法令的每一个单词都被一代代的国王权衡、解释和注释。所以，我们要通过叛逆法搞清楚叛逆罪是非常困难的，因为我们缺乏一条完整的法律传统来引导我们进行研究"①。
《1352 年叛逆法》之所以如此复杂，主要是因为它有复杂的法律渊源。
"它是建立在日耳曼法律传统基础上的，同时也吸收了罗马法及其他欧洲
国家法律中的因素。"② 从总体上看，该法的法律渊源来自罗马法、日耳
曼法律传统、英国习惯法和法学著作。

首先，《1352 年叛逆法》中关于危害国王和公共权威的内容，或多或
少地受到罗马公法的影响。在罗马公法中，存在大量关于叛逆的规定，其
中"一种是'大逆不道'（perduellio），另一种是叛国（maiestas）。这两
种犯罪都是背弃君主和王室的行为，对它们的处罚方式略有不同，前者往
往被处以死刑，后者则被处以流放刑"③。根据罗马公法的规定，"大逆不
道"具体可以分为五种罪行，即穿着皇帝专用的紫色衣服，破坏皇帝颁
布的成文法，与王室成员通奸，利用占卜或预言等方式干预国家或王室事
务，伪造帝国货币上的皇帝头像。"叛国罪"也分五种罪行，即临阵脱逃
或资助敌人，破坏国家的宪法，地方官员治理不善，危害市民的世俗或宗
教权利，伤害帝国的地方官员。④ 这些法律究竟在多大程度上影响了英国
叛逆法的形成，已无法直接进行判断。不过，毋庸置疑的是，随着 12 世
纪罗马法复兴，欧洲各国都在大规模继受罗马法，英国的法律也在吸收罗
马法因素的基础上初步实现了系统化和理论化。"英格兰法律人并不是简
单复制罗马模板，而是从中采纳建议，以便以自己的方式发展它们。"⑤
由此可见，罗马公法对《1352 年叛逆法》的影响主要体现在体例上和立
法思想上，它引导英国人颁布法律惩治危害国王和公共权威的行为。可以
说，没有罗马公法的影响，英国的叛逆法将继续维持判例和习惯法的水

---

① Frederick Pollock and Frederic William Maitland, *The History of English Law before the Time of Edward I*, Vol. II, Cambridge: Cambridge University Press, 1923, p. 502.

② J. G. Bellamy, *The Law of Treason in England in the Later Middle Ages*, Cambridge: Cambridge University Press, 1970, p. 14.

③ C. W. Chilton, "The Roman Law of Treason under the Early Principate," *The Journal of Roman Studies*, Vol. 45, Parts 1 and 2 (1955), p. 73.

④ J. G. Bellamy, *The Law of Treason in England in the Later Middle Ages*, Cambridge: Cambridge University Press, 1970, p. 2.

⑤ 〔英〕保罗·维恩格拉多夫：《中世纪欧洲的罗马法》，钟云龙译，中国政法大学出版社，2010，第 88 页。

平，不会制定出《1352 年叛逆法》这样成熟的成文叛逆法。

其次，《1352 年叛逆法》中规定的背叛君主和违背宣誓的"犯罪意图"，主要受到日耳曼法律传统的影响。自盎格鲁-撒克逊时代起，日耳曼法律传统就一直在欧洲大陆延续。罗马帝国灭亡之后，日耳曼人受到强大罗马文明的感召，积极吸收罗马法精神，舍弃某些不合理的日耳曼法律传统。不过，由于他们建立的国家极其简单，即便他们主动向罗马文明靠拢，积极效仿罗马帝国的统治方式，却还是保留了大量的日耳曼因素。这些因素也体现在早期叛逆法中，特别是在破坏封建法律观念方面。日耳曼习惯法规定，如果属下"不守信"（infidelity），破坏了对领主的效忠，或者破坏了对领主的宣誓，就可以构成叛逆行为。① 不过，在日耳曼习惯法中，效忠不是绝对的和无条件的，而是本着自愿的原则，建立在双边契约达成的效忠关系之上。如果封臣对封君不满，可以通过叛乱寻求公平，实际上也就放弃了对封君的效忠。"封臣认为自己的权利受到侵害，继而通过战争进行维护，并不被认为是叛逆罪。"② 因此，这种效忠观念较为松散，它随着诺曼征服一起传到了英国，促使英国建立起封君封臣制，成为一个封建制国家。受这种观念的影响，在诺曼征服后的很长一段时间内，"对国王发动战争"不一定会被判为叛逆罪。如果国王要治罪，必须具体分析反叛者的"犯罪意图"，只有"恶意"行为才被认定为叛逆行为。受到这种法律传统的影响，议会在讨论《1352 年叛逆法》草案时，特别重视对"犯罪意图"的甄别，只有某种犯罪行为出于"恶意"，并对国王构成实质性侵害，才可以被认定为叛逆行为。

再次，《1352 年叛逆法》规定的许多叛逆罪名直接来源于盎格鲁-撒克逊法。盎格鲁-撒克逊法是英国本土的法典，其对谋杀国王、侵害王室女性、伪造货币、放弃效忠、破坏法庭秩序等都有规定。但在当时，这些犯罪往往被处以数额不等的罚款，并不构成死刑。最早的死刑规定出现在9 世纪的《阿尔弗雷德法典》中："图谋杀死国王者，将被处死并罚没所

---

① S. H. Cuttler, *The Law of Treason and Treason Trials in Later Medieval France*, Cambridge：Cambridge University Press, p. 5.

② S. H. Cuttler, *The Law of Treason and Treason Trials in Later Medieval France*, Cambridge：Cambridge University Press, p. 5.

有财产；任何人在国王的大厅中打斗或举起武器，其生死由国王判定。"①
随着国王公权力的加强，死刑罪的种类也在增加。10 世纪末，《埃塞尔雷
德法典》将伪造货币和放弃效忠判定为死刑，规定"铸币师被起诉铸造
假币，将要接受三次审判，若证明有罪，将被处以死刑"②。"在国王坐镇
军队时，任何人擅自离开军队，将被处死并罚没全部财产。"③ 11 世纪
初，《克努特法典》将扰乱法庭秩序判为死刑，规定"任何人在国王的法
庭上打斗，将被处死，除非国王赦免他的罪过"④。诺曼征服之后，英国
的盎格鲁-撒克逊法律传统并没有中断。"诺曼征服者推行诺曼人和英国
人'分而治之'的原则，保留英格兰与诺曼底各自的制度，并未试图取
代盎格鲁-撒克逊的传统和习俗。"⑤ 上述叛逆方面的法律都延续下来，成
为英国的习惯法，为国王进行叛逆罪立法提供了重要参考。《1352 年叛逆
法》中规定的五种犯罪行为，即谋杀国王、发动战争、玷污王后、伪造
货币和印玺、谋杀法官，都可以在盎格鲁-撒克逊法中找到。由此可见，
盎格鲁-撒克逊法是《1352 年叛逆法》的直接来源。

最后，英国法学家对叛逆法成文化的贡献也不容忽视，正是通过他们
的努力，罗马法、日耳曼法律传统和盎格鲁-撒克逊法才得以融合。在诸
多法学家中，亨利二世时期的格兰维尔和亨利三世时期的布雷克顿的贡献
较大。他们都担任过最高司法官员，在司法实践中不断归纳总结，继而著
书立说，推动英国法律走向系统化和理论化。格兰维尔在 12 世纪写成
《论英格兰王国的法律与习惯》（*Treatise on the Laws and Customs of the
Realm of England*)，对叛逆罪的概念进行了高度的归纳。在犯罪行为上，

---

① Dorothy Whithlock, ed., *English Historical Documents*, *500－1042*, London: Eyre Methuen, 1979, p. 410.

② Dorothy Whithlock, ed., *English Historical Documents*, *500－1042*, London: Eyre Methuen, 1979, p. 441.

③ Dorothy Whithlock, ed., *English Historical Documents*, *500－1042*, London: Eyre Methuen, 1979, p. 445.

④ Dorothy Whithlock, ed., *English Historical Documents*, *500－1042*, London: Eyre Methuen, 1979, p. 463.

⑤ 邓云清、宫艳丽：《"王之和平"与英国司法治理模式的型塑》，《历史研究》2010 年第 5 期。

他认为侵害君主罪是"图谋国王死亡，或在王国、军队中发动叛乱的行为"①。在司法审判上，他认为侵害君主罪是公诉案件，"即使没有原告起诉，公共权威（public voice）也应该起诉叛逆者"。继而，他又指出处罚叛逆者的方法，"首先，叛逆者应被安全地控制起来，他可以宣誓不逃跑，等待接受审判，或者干脆被监禁到开庭。然后，司法官员通过审问和调查等多种方式，获得案件的真实情况，将之呈递给法官。法官考察案情做出有罪或无罪的判决。叛逆者必须为自己的罪行付出代价，如果他得到国王的宽恕，则可以免罪"②。虽然这些论述还不够精确，但不再罗列大段的法律条目，而是言简意赅地指出犯罪行为、审判方式和处罚方式等，超越了盎格鲁-撒克逊法律文本的模式。有学者推断，格兰维尔在总结这些内容时，借鉴了罗马法手册《诉讼程序》（*Ordines Judiciarii*）的编排形式，因为两者存在诸多相似之处。③ 无疑，这样的编写方式是英国叛逆法成文化的初步尝试，其不但被后世法学家继承，还成了以后叛逆法的标准格式。

另一位法学家布雷克顿在《论英格兰的法律与习惯》（*On the Laws and Customs of England*）中对叛逆法进行了更加深入的论述。布雷克顿擅长以罗马法理论驾驭庞杂的英国法判例，他借鉴了格兰维尔的大量观点，对其进行了必要补充，不但更加详细地分析了"侵害王权罪"，还进一步解析了伪造货币、损毁和剪切货币、包庇罪，以及伪造国王的印玺、特许状和法令等罪名，更加详细地论述了叛逆罪的审判、处罚方式等。"布雷克顿试图借助当时的以及古代的罗马法知识，对英国的叛逆罪进行合理的解释。"④ 格兰维尔和布雷克顿都是较早系统梳理英国叛逆法的司法官员，他们为了方便在司法中适用叛逆法，把罗马法因素引入日耳曼法和盎格鲁-撒克逊法中，弥补了英国叛逆法缺乏系统性的缺点，促进了英国叛逆法的体系化。他们的著作使叛逆法有了更多的确定性，直接影响到

---

① John Beames, *A Translation of Glanville*, Littleton: Fred B. Rothman & Co., 1980, p. 344.

② John Beames, *A Translation of Glanville*, Littleton: Fred B. Rothman & Co., 1980, p. 346.

③ J. G. Bellamy, *The Law of Treason in England in the Later Middle Ages*, Cambridge: Cambridge University Press, 1970, p. 4.

④ J. G. Bellamy, *The Law of Treason in England in the Later Middle Ages*, Cambridge: Cambridge University Press, 1970, p. 8.

《1352 年叛逆法》的制定者，成为该法的重要渊源之一。

总体上看，《1352 年叛逆法》是多种法律的组合体，它们在相互融合中促使叛逆法实现成文化。可以说，"罗马法和盎格鲁－萨克逊习惯法是普通法的源头活水"①。这些法律经过英国法学家的整理和传播，逐步系统化、体系化，为叛逆法的成文化奠定了坚实的基础。

二　《1352 年叛逆法》的内容及意义

《1352 年叛逆法》颁布于爱德华三世时期。对于其颁布的原因，法令本身有一个简要的交代："鉴于以往我们对何种行为可以构成叛逆罪存在较多的分歧，国王在议会上院和下院的请求下，制定出这部法律，对叛逆罪进行解释。"② 至于更深层的原因，西方学者进行过一定的探讨，但他们的观点一直存在争议。有的学者认为爱德华三世的政治目的大于法律目的，有的则认为法律目的大于政治目的。英国学者威尔金森注重考察爱德华三世的政治动机，他在《英格兰中世纪宪政史（1216～1399 年）》一书中认为，国王颁布《1352 年叛逆法》可以防止贵族之间陷入相互仇杀，能够协调君臣之间的效忠关系，从而达到维护统治的目的。③ 英国学者克拉克也认为，《1352 年叛逆法》能够防止国王对叛乱事件做出错误的判决，避免贵族重蹈爱德华二世时期走向败落的覆辙。④ 与上述两位学者不同，美国学者梅克科萨克重视考察爱德华三世的法律动机，她认为国王颁布《1352 年叛逆法》的动机是区分叛逆重罪和叛逆轻罪。梅克科萨克注意到，臣民触犯叛逆轻罪，其土地会被国王扣留一年零一天，而后返还给叛逆者原有的领主，而若触犯叛逆重罪，土地直接罚没给国王，致使领主蒙受经济损失。爱德华三世通过颁布《1352 年叛逆法》，突出了叛逆重罪的严重性，有利于更加合理地罚没叛逆者的土地，防止封建领主的土地被

---

① 于洪：《论英国普通法形成的核心因素》，《历史教学》2010 年第 6 期。
② *The Statutes of the Realm*, Vol. I, Buffalo: William S. Hein & Co., INC., 1993, pp. 319－320.
③ B. Wilkinson, *Constitutional History of Medieval England 1216-1399*, Vol. II, London, 1952, p. 132.
④ M. V. Clarke, *Fourteenth Century Studies*, Oxford, 1937, p. 132.

无端没收。① 英国学者索恩利赞同她的观点，并进一步补充道，《1352 年叛逆法》还区分了叛逆罪和其他重罪，有利于防止某些重罪受到叛逆罪的处罚。②

上述两种解释都具有合理性，其分别从政治和法律两个方面解释了《1352 年叛逆法》颁布的原因。不过应认识到，国王在颁布法律时，政治动机和法律动机不会截然分开。国王要处理政治问题，必须借助法律手段；国王确立良好的法律秩序，也将有利于政治稳定。因此，单纯分析政治动机或法律动机，都是不够完整的。要全面地理解《1352 年叛逆法》，就必须从当时的政治环境、法律环境乃至经济状况出发，进行综合的分析。

从政治环境上看，当时的局势能够促使国王颁布一部相对公正的叛逆法。《1352 年叛逆法》颁布时，正值英法百年战争第一阶段（1337～1360年）的休战期，英国牢牢地控制着加来港，还一度攻到鲁昂和巴黎附近，在战争中处于有利的地位。从 1348 年开始，黑死病开始在欧洲蔓延，1350 年瘟疫横扫整个欧洲，法国、英格兰、威尔士和苏格兰无一幸免。"英国损失了三分之一的人口，疫情使战局停顿下来。""法国趁机进行军事改革，但 1350 年 8 月改革进行到一半时，腓力六世死亡，法国也无法组织对英国的反攻。"③ 战争陷入僵局，面对黑死病的侵袭，爱德华三世撤回国内，着力整饬国内事务。其中，整顿国内的法制、加强"国王和平"是一项重要内容。在法制方面，英国在叛逆法和叛逆罪问题上一直比较混乱，主要表现在两个方面：其一，叛逆重罪和叛逆轻罪的区分不明确；其二，"侵害王权"、"发动战争"和叛逆罪等几个罪名相互混淆，引发国王和贵族之间的矛盾。因此，爱德华三世整饬叛逆罪的目的是稳定国内秩序。带着这样的目的，他颁布的叛逆法也以公正合理为基本准则。

从法律概念上看，叛逆重罪和叛逆轻罪之间的区别是非常明显的。叛

---

① May MacKisack, *Fourteenth Century Studies*, Oxford, 1959, p. 257.

② Isobel D. Thornley, *The Act of Treasons of 1352*, History, vi, 1921, pp. 106 - 108，转引自 J. G. Bellamy, *The Law of Treason in England in the Later Middle Ages*, Cambridge：Cambridge University Press, 1970, pp. 59-60。

③ C. T. Allmand, *The Hundred Years' War: England and France at War, 1300-1450*, Cambridge：Cambridge University Press, 1989, p. 16.

逆重罪是指危害国王的叛逆行为，犯罪客体是国王；而叛逆轻罪是指危害
上级的犯罪行为，犯罪客体不是国王，其行为具体包括妻子杀死丈夫、仆
从杀死领主、教士杀死其上级教士等。然而在司法实践中，某些案件的
"轻""重"区别却较为模糊，特别是涉及王室时。例如，1345 年，四个
王室仆从谋杀国王宠信的枢密大臣兼大使。按照法律概念，他们并不构成
叛逆重罪，但国王认为他们的罪行已经侵犯到国王的权威，因此授意法官
判定他们为叛逆重罪。① 可见，叛逆重罪和叛逆轻罪关于保护国王人身安
全的规定较为清晰，但关于王权这个抽象概念的保护还不甚明确。爱德华
三世若要颁布成文叛逆法，必须在这方面进行明确规定。

　　另外，在普通法下，叛逆罪的具体罪名很不明确，需要国王进行规
范。爱德华三世之前，法官在审判中注意甄别叛逆者的"犯罪意图"，却
不注重区分各种"犯罪行为"。当他们认为某人的行为属于恶意谋害国王
时，可以不顾"犯罪行为"，直接判定其为叛逆罪。这种过于重视"犯罪
意图"的审判方式，可能导致同一犯罪行为受到不同的处罚。以拦路抢
劫为例，法官通常以是否打着旗帜来判定抢劫者是否具有叛逆意图。若抢
劫者打着旗帜进行抢劫，便有"对国王发动战争"的意图，可以构成叛
逆罪。这样，抢劫者不但会因叛逆罪被处死，其土地还会被全部罚没给国
王，抢劫者的领主也会蒙受经济损失。如果抢劫者没有打旗帜，就不具备
叛逆意图，只能构成重罪，虽然抢劫者仍被处以死刑，但其土地由国王扣
留一年零一天后，还会返还给原来的领主。② 可见，这种审判方式有利于
国王没收土地，因此他们不愿意明确叛逆罪的犯罪行为。相反，英国大小
领主却经常因此而蒙受损失，因而积极呼吁颁布成文叛逆法。据记载，封
建领主曾多次请愿，但国王迟迟没有进行变革。③

　　紧迫的经济状况最终成为逼迫爱德华三世颁布《1352 年叛逆法》
的重要因素。英国作为百年战争的发动者，长期在远离本土的欧洲大

①　J. G. Bellamy, *The Law of Treason in England in the Later Middle Ages*, Cambridge：Cambridge
　　University Press, 1970, p. 227.

②　J. G. Bellamy, *The Law of Treason in England in the Later Middle Ages*, Cambridge：Cambridge
　　University Press, 1970, p. 66.

③　J. G. Bellamy, *The Law of Treason in England in the Later Middle Ages*, Cambridge：Cambridge
　　University Press, 1970, p. 80.

陆作战，需要耗费大量的人力和物力。仅凭爱德华三世自己的收入，无法维持战争支出。1342 年，财政枯竭的爱德华三世被迫停止战争，返回国内争取议会拨款。1346 年，国王获得议会拨款之后，才重新登陆诺曼底，并一举取得克雷西战役的胜利。可以说，失去臣民的慷慨支援，百年战争便很难持续下去。在英国政治中，拨款权控制在议会下院手中。"虽然议会下院不能拒绝提供拨款，却可以向国王提出条件，确保议会拨款用于战争，而不是用在国内事务或装到私人的口袋中。"① 这样，通过不断向国王拨款，议会的地位也得到了提升。"他们不但牢牢控制并加强了税收权，还接受臣民的请愿，将权力渗透到刑事立法之中。"② "为了劝说议会给国王足够的税收，国王不得不听取臣民的抱怨，包括很多关于司法公平的建议。"③ 叛逆罪审判问题开始受到国王关注。在 1351 年召开的议会上，英国终于制定出《1352 年叛逆法》。

《1352 年叛逆法》较为简短，主要规定了叛逆罪的犯罪行为和叛逆法的立法方式。对于叛逆罪的犯罪行为，法令确定五种行为可以构成叛逆罪。第一种是侵害国王或王位继承人人身安全的行为："图谋杀死国王、女王或其长子的行为，构成叛逆罪。"第二种是侵害王室婚姻的行为："玷污王后、国王的未婚长女、国王长子的配偶，构成叛逆罪。"第三种是对国王发动战争的行为："在王国中对国王发动战争，依附于国王的敌人，或者给予他们帮助、方便等，构成叛逆罪。"第四种是伪造行为："伪造王国的国玺、私玺或钱币；将伪造的英国货币运回国内，例如运回仿自英国货币的卢森堡币等；或者明知是上述假币，却在买、卖中欺诈国王或其臣民，构成叛逆罪。"第五种是谋杀法官的行为："谋杀大法官、财政大臣、王座法庭的法官、巡回法庭的法官，或者其他正在执行公务的听审、判决法官，构成叛逆罪。"④ 这五种犯罪行为成为后世判定叛逆罪的主要依据。

---

① Anne Curry, *The Hundred Years' War 1337-1453*, Oxford: Osprey Publishing Limited, 2002, p. 81.

② M. V. Clarke, *Fourteenth Century Studies*, Oxford, 1937, p. 257.

③ J. G. Bellamy, *The Law of Treason in England in the Later Middle Ages*, Cambridge: Cambridge University Press, 1970, p. 77.

④ *The Statutes of the Realm*, Vol. I, Buffalo: William S. Hein & Co., INC., 1993, p. 320.

关于叛逆罪的处罚措施，法令并没有给出详细的解释，只是简单地归纳和确认了普通法中的罚没措施，"叛逆者的土地和房屋等财产都充公，归国王所有"①。此后的很长一段时间内，英国一直按照这一规定进行罚没。直到 16 世纪 30 年代亨利八世发动宗教改革后，英国为了更严厉地打击反改革势力，才对罚没措施做出了更加详细的解释。《1534 年第一继承法》中规定："在叛逆者实施犯罪时，他实际占有的、以其头衔和名义而占有的或者租给他人使用的土地、保有物、租金、年金或其他可继承物品全部没收给国王；当叛逆者被定罪后，他的土地、保有物所产生的物品、动产和债权等财产全部没收给国王；但是，在叛逆行为发生前已经转移给他人的土地、租金、年金等除外。"② 从这一规定可以看出，亨利八世一方面对"土地和房屋等财产"进行了解释，另一方面对财产权进行了界定，基本上还是对《1352 年叛逆法》的确认和补充。

为了突出叛逆罪的特点，法令还提到了叛逆轻罪（petty treason），指出："英国还存在另一种形式的叛逆，即仆从杀死主人，或者妻子杀死丈夫，或者教俗人士杀死其上级教士。这些叛逆者的土地应该没收并还给他们的领主。"③ 叛逆轻罪是一种比叛逆罪轻，但比重罪更重的罪名。法令规定这一罪名可以为审判侵犯王室、大臣、贵族的政治案件提供法律依据，防止国王滥用叛逆法。这就突出了叛逆罪是侵犯国王的行为，有利于叛逆法的正确适用。

法令还规定了叛逆法的立法方式。"考虑到未来可能会发生我们无法预期或者无法解释的新叛逆案件，因而在此规定，当法官在审判中遇到类似叛逆罪的案件，但其犯罪行为并没有触犯上述五种规定时，法官应当立即停止审判，将案件上报给国王。直到国王及其议会解释清楚新案件是否构成叛逆罪时，法官才能做出判决。"④ 从这一规定可以看出，法官的"自由裁量权"受到限制，国王和议会成为叛逆罪的主要决定者。为了更

---

①　*The Statutes of the Realm*, Vol. I, Buffalo：William S. Hein & Co., INC., 1993, p. 320.

②　*The Statutes of the Realm*, Vol. III, Buffalo：William S. Hein & Co., 1993. p. 473.

③　*The Statutes of the Realm*, Vol. I, Buffalo：William S. Hein & Co., INC., 1993, pp. 319–320.

④　*The Statutes of the Realm*, Vol. I, Buffalo：William S. Hein & Co., INC., 1993, p. 320.

加明确地解释叛逆罪，法令以拦路抢劫为例进行了补充性说明。"拦路抢劫者往往是为了谋取赎金，而公开地骑马攻击、杀死、抢劫、抓捕、扣押其他人。国王及其枢密院认为这种行为并不构成叛逆罪。根据法律和案例，这种行为只能构成重罪或侵害罪。"①

对于以往的错案，法令也给出了解决的方式："若以前的拦路抢劫案或其他类似案件本不该构成叛逆罪，但法官却判决其为叛逆罪，并因此而没收了他们的土地和房屋等，对于这样的案件，不论现在房屋是归国王所有还是归其他人所有，被没收的房屋或土地都应通过赠与或其他方式返还给他的领主。"② 这一规定蕴含着"从旧兼从轻"的思想，既尊重了普通法中的相关规定，又可以降低叛逆者的损失，进一步体现了法令追求公正客观的特点。

《1352 年叛逆法》虽然内容简短，但它对叛逆罪的规定却较为全面，是英国历史上第一次对叛逆法的系统归纳总结。它把叛逆罪审判和立法都纳入法律轨道中，结束了叛逆罪审判依据普通法的传统，具有重要的宪政意义。爱德华·科克曾高度评价《1352 年叛逆法》，认为它"是英国历史上仅次于《大宪章》的第二重要的法律"③。具体来看，《1352 年叛逆法》的宪政意义主要体现在以下三方面。

首先，《1352 年叛逆法》强化了成文叛逆法的权威，奠定了叛逆罪审判的法律基础。12 世纪中后期，亨利二世进行司法改革，在总结各地习惯法的基础上制定了通行于全国的普通法。此后的几个世纪中，普通法一直是英国司法审判的主要依据，叛逆罪审判也不例外。普通法实行"遵循先例"的原则，力图用相似的方法处理相似的案件，④ 因而特别重视援引案例。这一原则强化了国王和法官的"自由裁量权"，却导致审判缺乏相对固定的法律依据，不利于实现司法公正。自 1215 年《大宪章》颁布以来，英国贵族试图利用成文法限制国王的权力，探索出一种利用成文法保证司法公正的方法，得到了国王、贵族和民众的认可。随着"模范议

---

① *The Statutes of the Realm*, Vol. I, Buffalo: William S. Hein & Co., INC., 1993, p. 320.

② *The Statutes of the Realm*, Vol. I, Buffalo: William S. Hein & Co., INC., 1993, p. 320.

③ Edward Coke, *The Third Part of the Institutes of the Laws of England*, London, 1797, p. 2.

④ D. G. Cracknell, *English Legal System Textbook*, HLT Publications London, 1995, p. 88.

会"的召开，英国议会的发展步入正轨，颁布成文法逐步成为议会的一大职能，英国法随之有了成文法这种新来源。与普通法相比，成文法在形式上更加直观，在内容上更加概括，在运用上更加简便，能够为审判提供较为固定的法律依据。《1352年叛逆法》作为最早的成文叛逆法，综合借鉴了罗马法、日耳曼法、盎格鲁-撒克逊法和法学著作中关于叛逆罪的规定，具有较强的权威性，因而成为此后叛逆罪审判的主要依据。后来英国又颁布了大量成文叛逆法，基本上是对该法令的完善和解释。直到今天，该法规定的前三种犯罪行为依然具有法律效应。① 可见，《1352年叛逆法》在英国叛逆罪审判中的作用是不可取代的，它奠定了此后600多年叛逆罪审判的法律基础。

其次，《1352年叛逆法》限制了国王和法官的"自由裁量权"，保障了臣民的权利。在叛逆案件中，国王是"受害者"和原告，同时又是案件的审判者，因而不可能做到客观公正。当时普通法诞生还不足100年，各种确保公正性的措施尚不完善，国王和法官拥有"自由裁量权"，他们的态度或素质会直接影响判决的质量。只要国王认为某种行为侵犯了他的权威，他就可以将其认定为叛逆罪，叛逆罪审判一度成为国王打击政敌的工具，臣民特别是贵族的生命和财产权利得不到保障。爱德华三世要确保叛逆罪审判客观公正，就需要首先在法律依据上进行规范。由此，《1352年叛逆法》应运而生。该法限制了国王和法官的"自由裁量权"，规定只有五种行为可以构成叛逆罪，对叛逆罪的处罚、叛逆法的立法方式也进行了明确规定，从而有效降低了国王和法官对判决的影响。臣民不但有了人身安全的保障，也可以避免土地被国王无端没收，人身和财产权利得到了有力保障。

最后，《1352年叛逆法》也体现了英国在政治中善于寻求妥协的特征。《1352年叛逆法》是国王和臣民妥协的产物，它缓和了君臣关系，维护了社会稳定。《1352年叛逆法》颁布后，国王不能继续轻易地没收臣民的土地。作为交换，议会和枢密院爽快地拨给国王各种税金，壮大了国王

---

① 〔英〕鲁珀特·克罗斯、菲利普·A.琼斯：《英国刑法导论》，赵秉志等译，中国人民大学出版社，1991，第305页。

的经济实力。从爱德华三世的财政收入结构中就可以看出这一点。爱德华三世时期，教俗补助金占王室收入的比重远远大于其他国王在位时期。[①]
"即使受到黑死病的影响，议会拨给国王的钱依然没有减少。1352 年，议会已经拨给国王大量的补助金。1353 年，枢密院又把国王的木材、羊毛和皮革补助金延长了三年。1355 年，这三种补助金到期时，枢密院又慷慨地延长了六年。"[②] 因此，妥协使两者共同受益，"各取所需"。国王以牺牲部分权力的代价换取了可观的经济收益，臣民以经济支援换来了权利的保障。《1352 年叛逆法》使国王的权力和臣民的权利达成了一种平衡。

总之，《1352 年叛逆法》是英国政治和法律长期积累的结果。它"涵盖了英国历史上最为重要的叛逆法基本原则"[③]，本着一种谨慎的态度审判叛逆罪，是一部较为公正的叛逆法。公正的叛逆法具有强大的生命力，至今依然有效。它使国王和臣民实现共赢，维持了双方的政治合作关系。从这一点上来说，《1352 年叛逆法》维护了英国的政治稳定，其蕴含的政治意义值得深入探究。

三　叛逆法的逐步完善

1352 年之后，英国叛逆法并未停止发展。随着百年战争第二、第三阶段英国节节败退，政治环境再度紧张起来。"1381~1485 年，是英国历史上叛乱频发的一个时期，国王残酷打击叛乱，经常动用'对国王发动战争'和'图谋国王的死亡'等叛逆罪名。"[④] 爱德华三世之后，国王颁布的新叛逆法多是为了应对突发性事件。

英国颁布的《1381 年叛逆法》以打击叛乱为主要目的。1376 年，王位继承人"黑太子"先于爱德华三世去世，爱德华三世本人也在 1377 年

---

① J. H. Ramsay, *A History of the Revenues of the Kings of England 1066-1399*, Vol. II, Oxford: Carendon Press, p. 293.

② William Stubbs, *The Constitutional History of England*, Vol. II, Oxford: Carendon Press, 1896, pp. 424-425.

③ Samuel Rezneck, "The Early History of the Parliamentary Declaration of Treason," *The English Historical Review*, Vol. 42, No. 168 (Oct., 1927), p. 497.

④ J. G. Bellamy, *The Law of Treason in England in the Later Middle Ages*, Cambridge: Cambridge University Press, 1970, p. 103.

去世，年仅 10 岁的理查继承王位。"英格兰又面临 1066 年以来第二次、1216 年以来第一次幼主继位。前一次曾围绕着年幼的亨利三世发生了一个政治上的动乱时期；1377 年后显现出类似的情况，它对英格兰东部和东南部农民的叛乱（1381 年）的兴起有一定的作用。"① 再加上百年战争失利，英国税赋沉重，1381 年叛乱最终爆发。为了威慑和处罚叛乱者，英国议会颁布《1381 年叛逆法》，规定"以任何形式制造或支持暴乱，或鼓动造谣的行为构成叛逆罪"②。1381 年叛乱虽然被镇压下去，但理查二世面临的危机远不止这些。"战争的压力、个人统治所引起的紧张关系和英格兰豪门贵胄的野心又一次地引起了一场十分严重的政治和法制的危机。"③ 贵族和理查二世都以叛逆罪为武器，扩张自己的权力。五位贵族④无法发动叛乱打击国王，便联手弹劾宠臣萨福克等人，"政府也被五位贵族控制"⑤。作为回应，理查二世颁布《1397 年叛逆法》，规定"任何人图谋国王的死亡，或者图谋废黜国王，或者放弃对国王的尊敬和效忠，或者在王国范围内煽动臣民对国王发动战争，都应被剥夺公民权，由议会判决其构成叛逆罪"⑥。虽然理查二世依据叛逆法，以"废黜国王"和"对国王发动战争"等罪名处死阿伦德尔伯爵和格罗斯特伯爵，放逐沃里克伯爵、诺丁汉伯爵和德比伯爵，⑦ 但他也因此被贵族视为暴君，"不是为了民众的福祉而统治，而是为了他自己的利益而统治"⑧。最终在 1399 年，理查二世被废黜。英国也改朝换代，亨利四世登上王位，开启了兰开斯特王朝。从某种程度上说，叛逆法并没有拯救统治基础薄弱的国

---

① 〔英〕肯尼思·O. 摩根主编《牛津英国通史》，王觉非等译，商务印书馆，1993，第 194~195 页。

② *The Statutes of the Realm*, Vol. II, Buffalo: William S. Hein & Co., INC., 1993, p. 20.

③ 〔英〕肯尼思·O. 摩根主编《牛津英国通史》，王觉非等译，商务印书馆，1993，第 196 页。

④ 这五位贵族分别是格罗斯特公爵、沃里克伯爵、阿伦德尔伯爵、诺丁汉伯爵和德比伯爵。

⑤ John Cannon & Anne Hargreaves, *The Kings & Queens of Britain*, Oxford: Oxford University Press, 2004, p. 224.

⑥ *The Statutes of the Realm*, Vol. II, Buffalo: William S. Hein & Co., INC., 1993, p. 98.

⑦ Christopher Fletcher, *Richard II Manhood, Youth, and Politics, 1377-99*, Oxford: Oxford University Press, 2008, p. 268.

⑧ Christopher Fletcher, *Richard II Manhood, Youth, and Politics, 1377-99*, Oxford: Oxford University Press, 2008, p. 269.

王，反而加速了他的失败。

亨利四世即位之初，便开始革除理查二世的暴政，其中一个重要方面就是废除理查二世颁布的叛逆法。他认为，"前国王理查二世统治的二十多年中，颁布了大量残酷的叛逆法。这些叛逆法导致民众不敢说话、不敢做事，以免受到残酷的处罚"①。为了彰显仁慈，亨利四世通过《1399 年叛逆法》废除了理查二世颁布的叛逆法，"只保留爱德华三世《1352 年叛逆法》中的叛逆罪名"。不过，在司法实践中，亨利四世并不完全按照《1352 年叛逆法》进行定罪量刑。当出现危及王位安全的情况时，他便不顾《1352 年叛逆法》规定的"公开行动"原则，加重某些犯罪的处罚程度。在他统治时期，理查二世一直是最大的威胁。为了防止民众以理查二世的名义煽动叛乱，亨利四世创制出英国历史上最早的"言语叛逆罪"。②在亨利四世统治时期，至少发生过五起"言语叛逆罪"，其中四起是以言治罪，另外一起是以书信治罪。犯罪嫌疑人都宣称理查二世将返回国内，威胁到王位的合法性，因而被亨利四世判定为"对国王发动战争"。③ 亨利四世创制"言语叛逆罪"没有遵循《1352 年叛逆法》，但他却以习惯法打击煽动者，并不违背英国普通法。从中可以看出，1352 年之后，英国的成文叛逆法和普通法是并行存在的，如果国王觉得有必要，可以抛开成文叛逆法，利用习惯法和普通法为叛逆者定罪。

1413 年，亨利四世病死，其子继位，称亨利五世。亨利五世即位前后，英国虽然正处于百年战争期间，但国际和国内市场上的商品贸易却异常活跃。国王为了保护商品贸易发展，一方面保护交通安全畅通，这是保证商品流通的基本条件，另一方面又与意大利商人和汉萨同盟商人达成协议，鼓励他们前来开展贸易。一位意大利商人就指出，"众多的外国商人在这一国度内购买商品，将提高英国商品的价值，这对英国的普通大众大有裨益"④。正因如此，国王非常重视保护交通运输和各种协议，其不仅

① *The Statutes of the Realm*, Vol. II, Buffalo: William S. Hein & Co., INC., 1993, p. 114.

② *The Statutes of the Realm*, Vol. II, Buffalo: William S. Hein & Co., INC., 1993, p. 114.

③ Isobel D. Thornley, "Treason by Words in the Fifteenth Century," *The English Historical Review*, Vol. 32, No. 128 (Oct., 1917), pp. 556-557.

④ 〔英〕M. M. 博斯坦、E. E. 里奇、爱德华·米勒主编《剑桥欧洲经济史（第三卷）中世纪的经济组织和经济政策》，周荣国、张金秀译，经济科学出版社，2002，第 280 页。

关系到粮食运输这一"国民和政府最关心的、压倒一切的头号问题"①，还直接关系到国王的税收，同时也体现了国王维护和平的权威。因此，国王把破坏交通通行的行为视为破坏"国王和平"，而进一步判定为叛逆罪。亨利五世《1414年叛逆法》就规定，"破坏安全通行或休战协定，进行杀人、抢劫、破坏、伤害，或主动接纳、教唆、代理、隐匿、雇用、支持、供给等行为的人，都构成叛逆罪"②。该法在亨利六世《1435年叛逆法》中被重新确认，有效期为七年。③七年之后，即1442年，又进一步将经济政策延伸到货币、社会秩序等领域。另外，在货币方面，"人为的货币削剪（Coin-clipping）是令英格兰的统治者最为困惑的一个问题"④。从爱德华一世开始，国王就进行货币改革，杜绝人为破坏货币的行为。但在巨大的利益驱动下，货币削剪犯罪屡禁不绝，严重影响英国的经济秩序。亨利五世《1415年叛逆法》中规定"剪削、磨损、挫切王国货币的行为构成叛逆罪"⑤。

　　1422年亨利五世去世，他的唯一男嗣继位，即亨利六世。亨利六世当时还不到一岁，沃里克伯爵理查德摄政。1423年议会颁布了一部叛逆法，规定越狱行为构成叛逆罪。法令认为："某些犯罪嫌疑人的罪行疑似叛逆罪，或者被指控为叛逆罪，而被关押在监狱中。但爱德华三世的《1352年叛逆法》并没有规定他们的越狱行为是否构成叛逆罪。因此，本届议会通过此法令宣布，任何人被起诉为叛逆罪或被怀疑犯叛逆罪而被关押，若他故意越狱，将被判为叛逆罪。"⑥英国法学者认为，该法颁布的原因是一些重要的犯罪嫌疑人成功越狱，逃出了伦敦塔，他们此前因为在枢密院进行间谍行为而遭到关押。当他们越狱时，法官正在论证他们的罪行是否可以构成叛逆罪。越狱发生后，"既然法院没有来得及判定他们的

---

① 〔英〕M. M. 博斯坦、E. E. 里奇、爱德华·米勒主编《剑桥欧洲经济史（第三卷）中世纪的经济组织和经济政策》，周荣国、张金秀译，经济科学出版社，2002，第279页。

② *The Statutes of the Realm*, Vol. II, Buffalo：William S. Hein & Co., INC., 1993, p. 178.

③ *The Statutes of the Realm*, Vol. II, Buffalo：William S. Hein & Co., INC., 1993, p. 294.

④ 崔洪健：《英王爱德华一世的货币改革及影响》，《西南大学学报》（社会科学版）2011年第4期。

⑤ *The Statutes of the Realm*, Vol. II, Buffalo：William S. Hein & Co., INC., 1993, p. 195.

⑥ *The Statutes of the Realm*, Vol. II, Buffalo：William S. Hein & Co., INC., 1993, p. 242.

行为是否构成叛逆罪，那么就移交到议会，由议会根据《1352 年叛逆法》的规定判定其构成叛逆罪"①。从表面上看，该法以《1352 年叛逆法》为合法性依据，弥补了旧叛逆法的不足。但实际上，在普通法中，"故意越狱就等同于承认了自己的罪行，将受到与认罪相同的惩罚"②。从这一规定中可以看出叛逆法的发展状况。当时《1352 年叛逆法》已经成为立法者参考的重要文献，也成为后世叛逆法具有合法性的重要依据。

下层民众的请愿，也是叛逆罪立法的原因。在 15 世纪就有三部叛逆法是应民众的请愿而颁布的。15 世纪初，英国的剑桥、肯特和埃塞克斯等地出现了一种新式敲诈行为。敲诈者向民众家中发送恐吓信，要求他们把大笔金钱在某个时间放到某个地方，否则他们的房子、货物或动产就会被烧掉。③ 这种敲诈行为引发民众的请愿。1429 年，议会批准民众的请愿，对该敲诈行为进行打击。议会颁布了《1429 年叛逆法》，规定"以烧毁房子为要挟条件，非法索取居民钱财的行为构成叛逆罪"④。《1442 年叛逆法》也是接受民众请愿后颁布的，该法主要打击威尔士非法劫掠英格兰人的犯罪行为。根据民众请愿，议会了解到，早在亨利四世时期，赫特福德、格罗斯特和什罗普等邻近威尔士的郡经常遭到威尔士人的劫掠。威尔士人越过边境，抢走英格兰人的马匹、牲畜或者其他商品和动产，索要巨额的赎金。亨利四世曾经立法打击这种行为，他要求受害者向当地郡或自治市执法官报告，由执法官起草一份书信并加盖印章后，发送给劫掠者所在领地的领主，要求领主在收到书信的 80 天内归还劫掠物。否则，受害者可以到该领主的领地中劫掠相同的物品，直到领主归还劫掠物并赔偿他们的损失后，他们才归还合法抢来的物品。然而，亨利六世注意到，这种执法方式很难执行，因为威尔士劫掠者不会固定地居住在一个领地上。另外，英格兰受害者也担心遭到报复，不敢到威尔士领地中进行合法

---

① J. G. Bellamy, *The Law of Treason in England in the Later Middle Ages*, Cambridge：Cambridge University Press, 1970, p. 130.

② Wayne Morrison, *Blackstone's Commentaries on the Laws of England*, Vol. IV, London：Cavendish Publishing Limited, 2001, p. 103.

③ *The Statutes of the Realm*, Vol. II, Buffalo：William S. Hein & Co., INC., 1993, pp. 242 - 243.

④ *The Statutes of the Realm*, Vol. II, Buffalo：William S. Hein & Co., INC., 1993, p. 242.

掠夺，致使事态进一步恶化，越来越多的威尔士人参与到劫掠行动中。为了打击这种犯罪行为，亨利六世决定将其定为叛逆罪。"任何威尔士人非法劫掠英格兰人并扣押他们的财物索取赎金，都将构成叛逆罪。各郡的治安法官持逮捕令调查、审判和判决这类事件。"① 这部法令的有效期只有六年，旨在应对突发的犯罪行为，而不是为了完善叛逆法的内容。亨利六世在听取民众请愿的基础上，颁布《1450年叛逆法》。议会通过民众请愿了解到，过分强调保护安全通行或协定不利于英国渔民打击外国的竞争对手，尤其不利于打击化装成外国商人的海盗，因此决定在未来五年内废除这一罪名，保护英国渔业和航海业的发展。② 该法是对亨利五世"破坏安全通行或协定"规定的修正。

亨利六世根据民众请愿颁布的叛逆法带有应急的特点。亨利六世不再利用叛逆法保护自己的人身安全，而是打击抢劫、勒索等普通的犯罪行为，这虽然在一定程度上降低了叛逆法的权威性，却体现出叛逆法的工具性特点。国王已经认识到，叛逆法是一种加强统治、维护"国王和平"的有效工具，倾向于在短期内利用叛逆法处理突发性的犯罪行为，这是国王法律思想的进步。正如布雷克顿所说的，"国王要实行良好的统治，需要两种措施：武力和法律。有了它们，无论在和平时期还是战争时期，都能维护和平的秩序。两种措施是相辅相成的，武力取得的成就需要用法律维持，法律的执行也需要武力的支持。如果没有武力打击敌人，王国将丧失抵抗能力。如果失去法律保护，司法就会消失，任何人都将得不到公正的判决"③。叛逆法作为英国最残酷的法律，集武力和法律特点于一身，成为国王维护统治的有效工具。而在以后的都铎王朝时期，叛逆法的工具特性展现得淋漓尽致。

---

① *The Statutes of the Realm*, Vol. II, Buffalo：William S. Hein & Co., INC., 1993, pp. 317-318.

② *The Statutes of the Realm*, Vol. II, Buffalo：William S. Hein & Co., INC., 1993, pp. 358-359.

③ Wayne Morrison, *Blackstone's Commentaries on the Laws of England*, Vol. I, London：Cavendish Publishing Limited, 2001, p. 19.

第二章

都铎和斯图亚特叛逆法：
"至尊王权"的法律盾牌

都铎王朝时期，英国宗教改革深入推进，各种社会矛盾接踵而至。国王利用叛逆法打造"法律盾牌"，严厉处罚侵害"至尊王权"、王位继承和社会秩序的行为，强硬推进改革。经过都铎王朝百余年的统治，英国不但在宗教上摆脱了罗马教廷的束缚，建立起独立的"安立甘"国教，还在政治上确立起"新君主制"，向近代民族国家迈出了坚实的一步。斯图亚特王朝早期，社会矛盾重新激化，"至尊王权"呈现衰败之势，叛逆法"盾牌"虽在发挥作用，却没能阻挡新"叛逆"思想的形成。

第一节　都铎"新君主制"下"至尊王权"
面临的主要威胁

"新君主制"主要是指文艺复兴和宗教改革之后，西欧建立起来的绝对主义君主政体。15 世纪末 16 世纪初的意大利人马基雅维利（又译"马基雅维里"）即提出"新君主国"这一概念，他建议"新君主"不要依赖"王权神授"理论，而应该效法狐狸和狮子，运用法律和武力维护统治。① 与封建王权不同，"新君主制"的公共权威更加突出，"新君主"建立的国家具有主权的性质，不再允许罗马教廷干预他们的国内事务。这样的政体虽然代表了政治制度发展的方向，但在其形成之初，却面临诸多威胁。如何

---

① 〔意〕尼科洛·马基雅维里：《君主论》，潘汉典译，商务印书馆，1985，第 93~94 页。

消除这些威胁，成为"新君主"面临的重要任务。在英国，亨利七世时期开始形成"新君主制"，[1] 到亨利八世和伊丽莎白一世时达到顶峰。他们采取多种措施维护王位安全，其中一个重要的措施就是颁布叛逆法。

一　1529 年英国宗教改革发起

英国的宗教改革是由亨利八世发起的。亨利八世为了生育男性继承人，向教皇克雷芒七世（Clement VII，1523 ~ 1534 年在位）发出离婚请求，却遭到拒绝。这一事件直接导致亨利八世在 1529 年召开"改革议会"，发动宗教改革，绕过教皇完成离婚。虽然英国宗教改革历程由亨利八世开启，但改革的基础在此之前早已形成，亨利八世只不过"顺水推舟"地完成了改革。

长期以来，国王围绕主教叙任权与教会展开争夺，维护了英国的政治独立地位。克吕尼运动以后，教会在广大的西欧地区取得独立的政治地位，每个国家的教会"都首先是罗马天主教会的一部分，向教皇效忠"[2]。不过，由于英国偏于西欧一隅，而且自威廉一世时便建立起强大的王权，教皇对英国鞭长莫及，其始终无法像控制德意志和意大利那样控制英国。

在政治方面，英国国王在教职任命权上与教皇不断发生冲突。国王试图控制任命主教的权力，这不但有利于国王控制教会，还可以在主教死后有意推迟任命新主教，从中获得不菲的经济利益。国王的行为自然遭到教皇和教会的抵制。教会希望国王"既可以庇护和赐慧于教会又不干涉教会内部事务，更不能损害教会的权益"[3]。亨利二世时期，国王与坎特伯雷大主教贝克特针对教职任命权发生冲突，把王权和教权之争推向高潮。由于贝克特被亨利二世的内府骑士杀死，教皇趁机开除了亨利二世的教籍，国王不得已做出让步，给予教士司法特权，使教士不受世俗法庭的审判；无特殊情况下，教职空缺不得超过一年。[4] "通过斗争，教会获得了

---

① 〔英〕佩里·安德森：《绝对主义国家的系谱》，刘北成、龚晓庄译，上海人民出版社，2001，第 9 页。

② John A. F. Thomson, *The Transformation of Medieval England 1370-1529*, London：Longman, 1983, p. 305.

③ 孟广林：《英国封建王权论稿——从诺曼征服到大宪章》，人民出版社，2002，第 221 页。

④ W. L. Warren, *Henry II*, London：Methuen, 1973, p. 539.

相当程度的司法权，它与罗马教廷的组织联系也因此而取得为王权承认的合法地位。"① 贝克特事件后，王权和教权的斗争并没有结束。国王并不严格履行承诺，约翰王、爱德华三世时期继续限制教皇权威。威克里夫反教皇理论以及罗拉德派运动也有力地声援了国王，最终没有使英国一步步沦为教皇的附属国，为未来亨利八世的宗教改革奠定了良好的政治基础。

在法律上，英国也保持着较高的司法独立性。"教会法一直是世俗国家法的真正对手。"② 在教会"日月论"和"双剑论"等一系列理论的支持下，教士不但不受世俗法庭的审判，而且"他们的宗教审判所把触角伸到了所有与宗教生活相联系的世俗领域中。比如婚姻，因为这在本质上是圣礼管辖的范围；再比如契约，因为契约总是伴随着誓约，而誓约是宗教行为"③。由于教会法在司法制度和法律精神上与英国法格格不入，其早已引起英国民众的反感。当时的学者克里斯托弗·圣杰曼指出："教会在审判异教徒嫌疑人时采用秘密指控和道听途说的伪证，被指控者却得不到别人的辩护和陪审团的陪审。这些是罗马人的做法，与英国的习惯法原则背道而驰——斯为教会的阴谋，目的在于剥夺英国人的自然法权。"④ 如何破除教会的司法权威，成为国王一直在努力的事情。爱德华三世时期曾颁布法令，严禁英国世俗民众向教皇上诉。⑤ 这样的规定虽然没有破除教会法的权威，却维护了英国法在世俗领域的绝对权威，为未来的宗教改革奠定了法律基础。

在制度上，英国教会建立的管理制度较为简单，民众基础薄弱，极容易被国王控制。英国只有两个大主教区，分别是坎特伯雷大主教区和约克大主教区。其中，坎特伯雷大主教区下辖 14 个英格兰主教区和 4 个威尔士主教区，约克大主教区只下辖 3 个主教区，因此坎特伯雷大主教的权力

---

① 孟广林：《英国封建王权论稿——从诺曼征服到大宪章》，人民出版社，2002，第 250 页。

② 〔英〕爱德华·甄克斯：《中世纪的法律与政治》，屈文生、任海涛译，中国政法大学出版社，2010，第 31 页。

③ Henry Pirenne, *A History of Europe from the Invasions to the XVI Century*, London：George Allen & Unwin Ltd., 1936, p. 172.

④ 转引自〔英〕肯尼思·O. 摩根主编《牛津英国通史》，王觉非等译，商务印书馆，1993，第 259 页。

⑤ *The Statutes of the Realm*, Vol. I, Buffalo：William S. Hein & Co., INC., 1993, pp. 385 – 386.

远大于约克大主教。在中世纪时期，坎特伯雷大主教成为教皇和国王的重要使臣，同时他又在英国担任大法官等行政职务，成为"一人之下、万人之上"的重要人物。在历代坎特伯雷大主教中，亨利八世初期的大法官托马斯·沃尔西（Thomas Wolsey，约1471~1530年）把权力发挥到极致。他权倾一时，在罗马教廷担任枢机主教，甚至一度有担任教皇的机会。沃尔西成了国王与教皇之间的关键连接点，一旦这个连接点出了问题，整个英国教会都难以自行运转。更为重要的是，教会特别是罗马教皇在英国缺乏民众支持。宗教改革之前，"许多世俗人士都鄙视教皇的权威。伦敦主教约翰甚至咒骂教皇是'婊子''老鸨'，说他为了钱财，把整个天主教世界都带入愚昧之中。伦敦主教的这番言论在英国几乎家喻户晓"①。由于教会的权威过于维系在坎特伯雷大主教一人身上，因此其管理制度基础较为薄弱，又丧失了民众的支持，国王只要控制坎特伯雷大主教一人，便可轻易地发动宗教改革，轻松地削弱教皇在英国的权威，顺利地控制整个英国教会。

最后，离婚事件涉及王权的根本利益，导致国王与教皇之间的矛盾骤然激化，最终促使亨利八世发动宗教改革。王室婚姻和继承人问题涉及王位的传承和王国的稳定，是国王关注的重要问题。自从1509年亨利八世与西班牙公主凯瑟琳结婚以来，他们只生育过一个女儿玛丽。"都铎王朝很可能会将王位的安全和王国的安危托付给一个女性继承人"②，这无疑是政治上的冒险。在都铎王朝之前，诺曼王朝亨利一世之女玛蒂尔达被指定为王位继承人，但亨利一世死后，英国便爆发王位争夺战，斯蒂芬最终胜出，成为英国国王。可以说，"女性继承王位往往意味着内战发生"③。在惨痛的历史教训面前，亨利八世尝试同将近40岁的凯瑟琳离婚，然后迎娶年轻的安妮·博林。从王位传承的角度看，亨利八世的行为无可厚非，然而他却遭到了罗马教皇的断然拒绝。起初，亨利八世试图通过外交方式解决该问题，却屡遭失败。随后，亨利八世罢免负责谈判的大法官沃

---

①　Diarmaid Macculloch，*The Reign of Henry VIII*，London：Macmillan Press Ltd.，1995，pp. 204–205.

②　G. R. Elton，*England Under the Tudors*，London：Routledge，1991，p. 100.

③　G. R. Elton，*England Under the Tudors*，London：Routledge，1991，p. 100.

尔西，转而采用强硬手段，绕开教皇，"利用法律的权威来替代教皇的权威"①，使"婚姻不再是教皇管辖的圣礼，而成为英国法可以干预的社会和家庭的问题"②，由国内法官解决该问题。

宗教改革本质上是英国摆脱教皇对其国内政治、司法和宗教的干预，建立起王位在英国的至尊地位。作为曾经的"信仰卫士"，亨利八世并没有改变基督教的教义，他只是建立了一个"没有教皇的天主教"③，实现政治统治和宗教信仰的自主化。通过宗教改革，英国成为"新君主国"，克服了封建王权国家分裂、割据等诸多弊端，向近代化国家迈进了一步。"16 世纪，教会对各国的政治已经不能完全干涉，更不能同王权进行争斗。教会的障碍被日益强大的王权扫除了。"④

二　"新君主制"下的"至尊王权"

英国能够确立起"至尊王权"，是宗教改革的直接结果。然而这种新思想能够在英国确立起来，不仅仅依靠国家强制力，还依托英国强大的民族意识。自中世纪以来，英国就有比较强烈的民族自信心，民族意识也得到了培养。这首先得益于英国没有受到罗马教皇的严密控制，在宗教事务中拥有较多的自主权；其次得益于英国在百年战争中惨败而归，从此与欧洲大陆划清界限，更加专注于经营国内事务；最后得益于英国发达的经济状况。英国人的民族自信给外国人留下了深刻的印象。威尼斯贵族安德里亚·特里文森（Andrea Trevisan, 1458～1534 年）大约在 1496 年来到英国，他就见识了英国人自信的一面。他在见闻录中写道："英国人对他们的民族非常自信，也对他们生产和制造的物品非常自豪。他们觉得世界上除了他们之外便没有别的民族了。每当他们遇到非常英俊的外国人时，他们就会说，'你长得很像英国人'，或者说，'你不是英国人，那实在太可惜了'。当他们与外国人共同进餐的时候，他们每每都会问，'你们的国

---

① T. A. Morris, *Tudor Government*, London: Routledge, 1999, p. 110.
② Harold J. Berman, *Law and Revolution*, Vol. Ⅱ, Massachusetts: Harvard University Press, 2003, p. 375.
③ Diarmaid Macculloch, *The Reign of Henry VIII*, London: Macmillan Press Ltd., 1995, p. 157.
④ 朱孝远：《近代欧洲的兴起》，学林出版社，1997，第 356 页。

家也能做出这么好吃的东西吗？'"①

在这种民族自信的基础上，英国统治者对自己的权威也充满了自信，他们不相信自己的权力是教皇赋予的，更相信那是上帝直接赐予的。1515年11月，年仅24岁的亨利八世就在贝纳德城堡举行的戏剧开幕式上宣称："英国国王的显赫，依靠的是上帝的恩典和默许，我们的王国以及国王从古至今不在任何人之下，而只在上帝之下。"② 有了这样的民族自信和政治自信，英国国王才对罗马法产生了强烈的向往。因为罗马法天然蕴含着一种政治最高权力理论，曾经被天主教会用来摆脱中世纪早期各种世俗团体的控制。现在世俗国王受到熏陶，也开始有意识地学习和运用罗马法。

"至尊王权"的确立，得益于罗马法在英国的发展。在引导国家行动时，罗马法比英国法更具有优势。在英国法中，法律是由神创造的，越古老的法律越好。英国法认为，国王只是法律宣告者，"法律秩序中任何公开的变化，都要求极其强有力的证明。'甚至对法律的修正也被认为是一种判决，是对迄今没有展现出来的法律因素的一种宣布，是该民族通过其智者的一种判决行为'"③。相比之下，罗马法中的"朕即国家"观念，极大地提高了国王在司法和立法中的权威。依据罗马法观念，国王不但可以把自己的意志上升为国家的意志，还可以设立各种特权法庭，打击不服从国王的人。受罗马法的影响，英国法律的条文更加清晰明确，国王的思想和意志得到很好的贯彻，能够迅速落实到全国各地。"罗马法的复兴适应了那个时代改组后的封建国家的政治需求"，成为国王"唾手可得的思想武器"。④

"至尊王权"是通过《1534年至尊法案》确立的。法令前言中就以一种居高临下的语气否定了教皇的权威："国王完全是也应该是英国教会的至尊首脑，这在王国宗教会议上得到了教士们的承认。为了确认这

---

① 转引自 New Key and Robert Bucholz, *Sources and Debates in English History 1485–1714*, Oxford：Blackwell Publishing Ltd.，2009，p. 16。

② Diarmaid Macculloch, *The Reign of Henry VIII*, London：Macmillan Press Ltd.，1995，p. 165.

③ 〔美〕哈罗德·J. 伯尔曼：《法律与革命——西方法律传统的形成》，贺卫方等译，中国大百科全书出版社，1993，第74页。

④ 〔英〕佩里·安德森：《绝对主义国家的系谱》，刘北成、龚晓庄译，上海人民出版社，2001，第12~13页。

种共识，为了增加王国教会的德行，为了扫除所有的谬误、异端以及其他随之而来的暴行，议会依其权威制定该法令。"法令进一步规定了国王在教会中的地位和权威："国王及其王位继承人应该成为、被接受为和被称为英国教会安立甘宗的最高首脑。并且该头衔应附加到国王的王冠之上。教会所有的荣誉、尊严、荣耀、管辖权、特权、威信、豁免权、利润和财产等，都一同归附于教会最高的首脑国王。国王及其王位继承人在任何时候都有权巡查、抑制、救济、改革、调整、修正、约束和改进任何错误、异端、恶习、犯罪、耻辱和暴行。任何宗教领域的权威和管辖权都可以被合法地改革、抑制、调整、救济、修正、约束和改进，为的是最大限度地满足全知全能的上帝，增加基督教会的美德，也为了维持王国的安宁、团结和稳定。"法令最后再次否定了教皇对英国宗教事务的干预："任何与该法令相违背的惯例、习俗、外国法律、外国权威、训令等均不予支持。"①

从《1534年至尊法案》中可以看出，亨利八世在否定了教皇权威之后，试图利用议会将"至尊王权"合法化。自中世纪以来，国王与教皇联合，为阻止封建私战提供了帮助，是结束中世纪无秩序状态的优良方式。② 失去教皇的支持之后，如何防止混战成为亨利八世面临的重要任务。亨利八世继续沿用"王权神授"理论，他认为，国王是上帝在尘世间的代理人，上帝赋予他惩罚违抗命令者的权力。如果有人胆敢怀疑这种假说，就会受到致命的打击。臣民的义务就是尊敬并服从国王，否则就是违背上帝的意志。③ 更为重要的是，他加强了议会在英国政治中的作用，特别是提高了下院的地位。国王也成为议会的重要组成部分，国王、议会上院和议会下院"三位一体"，中世纪以来的"王和议会"原则在宗教改革后发展成为"王在议会"。④ 这样，议会在保留原来司法职能的基础上，立法职能得到强化，并成为其主要职能。议会颁布的法律数量更多、种类

① *The Statutes of the Realm*, Vol. III, Buffalo: William S. Hein & Co., INC., 1993, p. 492.
② 朱孝远：《近代欧洲的兴起》，学林出版社，1997，第356页。
③ Keith Randell, *Henry VIII and the Government of England*, London: Hodder & Stoughton, 1991, p. 71.
④ Ronald Fritze, *Historical Dictionary of Tudor England*, *1485-1603*, London: Greenwood Press, 1991, p. 364.

更加丰富，议会成为"中央与地方、利益集团部分，以及个人的连结点，政治、经济和社会生活中的各种矛盾在这里汇集、交锋并最终得到妥协和解决"①。"至尊王权"经过议会批准，其合法性无疑具有更高的公信力，可以有效减少可能出现的政治摩擦，减少因为打破千余年的基督教神权政治传统而带来的震动和混乱。

总之，英国以王权和议会为纽带，确立起"至尊王权"，并利用国家机器强制贯彻，国王迅速成为英国教俗两界的最高首脑，教会"从封建社会的最高权威降格为完全从属国家政权的专门机构"②。亨利八世虽然还在坚持"王权神授"，但随着基督教神权政治传统的破灭，国王也逐渐走下神坛，受到议会的规定和束缚。可以说，"至尊王权"和"王位世俗化"是同步实现的。通过宗教改革，英国在国内克服了政治上的不团结，③ 却因为失去神权的保护，而受到更多来自天主教势力的威胁。

三 "至尊王权"面临的主要威胁

英国宗教改革开始于 1529 年的"改革议会"。改革初期，国王遇到的阻力较大，他所面临的挑战主要来自国内。国内虔诚的基督教徒无法接受上帝权威被置于王权之下，坚决反对"至尊王权"，他们认为"至尊宣誓是一把双刃剑，如果否定该理论，教徒就会从肉体上死亡（the death of his body）；如果肯定该理论，教徒就会从灵魂上死亡（the death of his soul）"④。大法官托马斯·莫尔的态度最为坚决，他在狱中表达了自己对待"至尊王权"的态度："我绝对不会支持一部使上帝不能成为上帝（God should not be God）的法律，议会也无权制定这样的法律。"⑤ 下层民众还发起了"圣恩巡礼"（Pilgrimage of Grace）运动，参与者达到 3 万人。不过，他们的直接目的不是反对亨利八世，而是支持"教皇在精神

---

① 刘新成：《英国都铎王朝议会研究》，首都师范大学出版社，1995，第 214 页。
② 郭方：《英国近代国家的形成——16 世纪英国国家机构与职能的变革》，商务印书馆，2007，第 120 页。
③ J. H. Elliott, "A Europe of Composite Monarchies," *Past & Present*, No. 137, *The Cultural and Political Construction of Europe*（Nov. , 1992），p. 48.
④ *A Complete Collection of State-trials，and Proceedings for High-treason*，London, 1730, p. 59.
⑤ *A Complete Collection of State-trials，and Proceedings for High-treason*，London, 1730, p. 60.

上的领导权"。① 在托马斯·莫尔和罗彻斯特主教费希尔等虔诚教士相继被处死后，亨利八世重用新教徒托马斯·克伦威尔。克伦威尔不断推出新的叛逆法，还重奖揭发叛逆事件的告密者，基本清除了国内的反改革势力。② "1534 年国王持续打击教皇权威的时候，除了极少数民众反对之外，绝大多数人都默认革除教皇的权威。反对者也大多为牧师和修士等。国王政府对此自信地表示：'秘密的教皇派已经因为害怕遭到迫害而只能在墙角里小声抱怨。'"③

亨利八世死后，年仅 9 岁的爱德华六世即位，英国进入"摄政时期"。亨利八世在遗嘱中任命 16 人共同组成"摄政委员会"。该委员会以坎特伯雷大主教托马斯·克莱默和爱德华六世的舅舅爱德华·西摩为首，改革派占据优势地位，④ 推动英国宗教改革向新教化方向发展，导致英国与罗马教廷的关系进一步恶化。虽然玛丽一世上台之后，天主教势力有了短暂的恢复，不过这并没有改变英国宗教改革的大势。伊丽莎白一世即位之后，继续延续亨利八世时期的宗教政策，维护"至尊王权"，最终使安立甘宗成为英国国教。此时，国外天主教势力成为"至尊王权"的主要威胁，罗马教皇一方面联合西班牙等国对英国进行外交孤立，另一方面积极进行内部改革，发展耶稣会、提亚提那修会、嘉布遣修会和吴苏乐修会等。其中，成立于 1540 年的耶稣会影响力最大。该会 1556 年成员为 1000人，1570 年有 3000 人，到了 1590 年达到 6000 人。⑤ 这些人"有义务服从修会的旨意，尤其是服从教皇的旨意，赶赴世界各地"⑥，完成各种政治或传教使命，包括暗杀新教首领。

宗教改革之初，教皇虽然开除了亨利八世的教籍，但像耶稣会这样组织严密的修会尚未形成，国外天主教势力还无法威胁到国王的人身安全。随着耶稣会等修会的成立，天主教势力对英国的渗透能力加强。1570 年 2

---

① Diarmaid Macculloch, *The Reign of Henry VIII*, London：Macmillan Press Ltd., 1995, p. 205.

② G. R. Elton, *Policy and Police*, Cambridge：Cambridge University Press, 1985, p. 269.

③ Diarmaid Macculloch, *The Reign of Henry VIII*, London：Macmillan Press Ltd., 1995, p. 205.

④ C. H. William, *English Historical Document*, *1485-1558*, London：Eyre & Spottiswoode, 1967, pp. 456-459.

⑤ 〔德〕彼得·克劳斯·哈特曼：《耶稣会简史》，谷裕译，宗教文化出版社，2003，第 23 页。

⑥ 〔德〕彼得·克劳斯·哈特曼：《耶稣会简史》，谷裕译，宗教文化出版社，2003，第 12 页。

月教皇庇护五世（Pius Ⅴ，1566～1572 年在位）开除伊丽莎白一世的教籍，号召虔诚的天主教徒推翻她的统治。1580 年，教皇格列高利十三世（Gregory ⅩⅢ，1572～1585 年在位）又进一步发出训令，明令教徒暗杀伊丽莎白一世。① 教皇为了把这些训令送到英国国内，不断派遣天主教徒向英国渗透，甚至还指使他们执行暗杀伊丽莎白的任务。1580 年 12 月，大约有 100 名天主教徒秘密登陆英国，② 女王的人身安全受到严重威胁，促使英国加快叛逆罪立法。

国王想要有效应对顽固的天主教势力，只能利用最为残酷的叛逆罪。叛逆罪处罚以残酷而著称，叛逆者不但被罚没所有财产，还要承受绞刑、剖腹和分尸的痛苦。然而，即便面临这样的处罚，天主教徒表现出来的传教激情依然令人吃惊。"他们虽然在监狱中受到最残酷的虐待，但却对死亡最为坦然。"③ 他们甚至在行刑前还与刑场牧师就教义问题进行争论，或者劝说刽子手改信天主教。④ 严重的威胁迫使英国大量使用叛逆法处死天主教徒，英国因此被欧洲大陆国家蔑称为"大屠场"或"嗜血成性的国家"。⑤ 对此，英国学者有不同的看法，埃尔顿指出："当国王同罗马决裂后，即使对亨利政府最不满的人也会同意法官抛开以往的法律，将谩骂和非难国王的行为判为叛逆罪。他们也同意国王将这些攻击写进法律以保护自己。"⑥ 国王利用叛逆法保护"至尊王权"，存在其合理性因素。

第二节　叛逆法为"至尊王权"提供的保护

都铎王朝的"至尊王权"受到国内外天主教势力的进攻，国王人身安全、王位继承、司法权威和社会秩序等都面临威胁。任何一方面出现问

---

① Ronald Fritze, *Historical Dictionary of Tudor England, 1485-1603*, London：Greenwood Press, 1991, pp. 171-173.

② 〔英〕肯尼思·O. 摩根主编《牛津英国通史》，王觉非等译，商务印书馆，1993，第297 页。

③ John Bellamy, *The Tudor Law of Treason*, London：Routledge & Kegan Paul, 1979, p. 199.

④ John Bellamy, *The Tudor Law of Treason*, London：Routledge & Kegan Paul, 1979, p. 193.

⑤ John Bellamy, *The Tudor Law of Treason*, London：Routledge & Kegan Paul, 1979, p. 226.

⑥ G. R. Elton, *Policy and Police*, Cambridge：Cambridge University Press, 1985, p. 265.

题，都会影响到王权的延续。为了应对各种威胁，亨利八世"保护王位安全的手段比他的许多前辈都坚决"①，"对任何想象和真实向其权威挑战的行为，都进行有力的回应"②。

一　对国王人身安全的保护

保护国王的人身安全是叛逆法最基本的目的，《1352年叛逆法》将其放到首要位置。在"新君主制"下，英国的政治环境和社会矛盾都发生了改变，叛逆法对国王安全的保护也有了新的变化。首先，保护措施更加严密，言语行为也能构成叛逆罪；其次，叛逆法重视保护国王的公共权威，维护"至尊王权"。

关于保护国王人身安全，最早的法令是《1534年第一继承法》。法令认为，在罗马教皇的司法权被剥夺之后，国王面临的新威胁日益增多，而英国却缺乏相应的法令予以保护。③ 这里的新威胁是指言语行为危害国王安全的行为。自托马斯·克伦威尔担任大法官以来，国王就一直试图严厉打击言语叛逆行为，但遭到议会下院和法官的反对，无法顺利实现。④ 经过不断磋商，议会下院最终同意把"实际行动"扩展到文字和绘画领域，但必须明确规定行为人的犯罪意图是"恶意"（maliciously）。这一协商结果体现在《1534年第一继承法》第五章中。该章规定，"利用书写、印刷等形式（exterior act）恶意危害国王身体安全，或者客观上导致国王身体受到危害，构成叛逆罪；利用书写、印刷等形式恶意扰乱（disturb）或者中止（interrupt）王权，构成叛逆罪；利用书写、印刷等形式危害、诽谤或者剥夺王位继承人的人身安全和继承权的，构成叛逆罪"⑤。相比之下，言语的罪行较轻，"任何以非书写的言语形式，或其他形式恶意公开宣

---

① Keith Randell, *Henry VIII and the Government of England*, London: Hodder & Stoughton, 1991, p. 74.

② Keith Randell, *Henry VIII and the Government of England*, London: Hodder & Stoughton, 1991, p. 75.

③ J. R. Tanner, *Tudor Constitutional Documents A. D. 1485–1603 with an Historical Commentary*, Cambridge: Cambridge University Press, 1951, p. 383.

④ John Bellamy, *The Tudor Law of Treason*, London: Routledge & Kegan Paul, 1979, p. 33.

⑤ *The Statutes of the Realm*, Vol. III, Buffalo: William S. Hein & Co. , INC. , 1993, p. 473.

扬、泄露或传播危害王国安全，或危害王位合法继承人安全，构成隐匿叛逆罪"①。该届议会颁布的另一部法令《1534 年叛逆法》进一步补充了一点："利用言语、书写形式恶意煽动或传播国王为异教徒、宗教分裂者、暴君、无信仰者或篡位者，构成叛逆罪。"②

虽然《1534 年第一继承法》依然遵循"有实际行为才能构成叛逆罪"的中世纪叛逆法原则，没有将"言语叛逆行为"定为叛逆罪，然而，"言语叛逆行为"已经被写入法令中，并得到了议会的认可，这无疑为下一步将其规定为叛逆罪做好了准备。

很快，随着《1536 年第二继承法》的颁布，"言语叛逆行为"正式被定为叛逆罪。法令规定，"利用或正在利用言语、书写或印刷等形式，直接或间接地恶意危害国王或王位继承人身体安全，构成叛逆罪"③。"言语叛逆罪"正式出现，并成为都铎王朝的一个重要叛逆罪名。爱德华六世在《1552 年叛逆法》中，对言语、书写、绘画等形式进行了区分，明显降低了"言语叛逆罪"的处罚程度。法令规定，"采用公开的言论形式直接或故意断言国王是异教徒、宗教分裂者、无信仰者或篡位者达到三次，构成叛逆罪"④。对于"实际行为"则一直沿用亨利八世时期的规定："采用书写、印刷、图画、雕刻形式直接地或故意地宣称或断言国王及其未来继承人是异教徒、宗教分裂者、暴君、无信仰者或篡位者，构成叛逆罪。"⑤ 而在玛丽一世时期，《1555 年叛逆法》规定，"言语叛逆行为"达到两次，即可构成叛逆罪。⑥ 伊丽莎白一世时期也基本遵循两次"言语叛逆行为"构成叛逆罪的做法。

"言语叛逆罪"消失于何时，目前学者也无法确定准确的时间，一般认为到 17 世纪就已经不再有这种罪名。⑦ 这种状况是由英国法律的特点

---

① *The Statutes of the Realm*, Vol. III, Buffalo：William S. Hein & Co., INC., 1993, p. 474.

② J. R. Tanner, *Tudor Constitutional Documents A. D. 1485-1603 with an Historical Commentary*, Cambridge：Cambridge University Press, 1951, p. 388.

③ J. R. Tanner, *Tudor Constitutional Documents A. D. 1485-1603 with an Historical Commentary*, Cambridge：Cambridge University Press, 1951, pp. 393-394.

④ *The Statutes of the Realm*, Vol. IV, Buffalo：William S. Hein & Co., INC., 1993, p. 145.

⑤ *The Statutes of the Realm*, Vol. IV, Buffalo：William S. Hein & Co., INC., 1993, p. 145.

⑥ *The Statutes of the Realm*, Vol. IV, Buffalo：William S. Hein & Co., INC., 1993, p. 255.

⑦ Isobel D. Thornley, "Treason by Words in the Fifteenth Century," *The English Historical Review*, Vol. 32, No. 128 (Oct., 1917), p. 558.

导致的。英国的一项法律出台之后，只要不明令废止，就长期存在于法律体系之中，很难确定其不再适用的时间。

　　保护"至尊王权"，实际上是维护国王的政治身体安全。宗教改革之后，亨利八世、爱德华六世和伊丽莎白一世都颁布过惩处否认"至尊王权"的叛逆法。虽然亨利八世在《1534年至尊法案》中确立起"至尊王权"的法律地位，又在全国强行推行"至尊宣誓"，强迫民众接受这一新的政治仪式，然而否认"至尊王权"的行为却仅仅构成隐匿叛逆罪，不能被处以死刑。刑罚威慑力不足，成了制约"至尊王权"得到巩固的一个重要因素。虽然绝大多数民众进行了宣誓，但托马斯·莫尔等少数反对派却阻碍了该制度的深入推行。《1536年第二继承法》首次将否认"王权至尊"定为叛逆罪。法令规定，"任何人被国王、国王派出的人或者是王位合法继承人要求进行宣誓，或者回答相关问题，却恶意拖延或拒绝进行宣誓，或者故意拒绝回答法令中的相关问题，构成叛逆罪"①。

　　爱德华六世时期，否认"至尊王权"罪略有变化，法令对犯罪行为进行了细化。《1547年叛逆法》规定，"通过布道、言语等形式宣称国王或王位合法继承人不是英国教会的最高首脑达到三次，构成叛逆罪；宣称国王或王位合法继承人不是直接在上帝之下，而是受罗马主教管辖达到三次，构成叛逆罪；宣称英国教会的最高首脑是罗马主教或英王之外其他人达到三次，构成叛逆罪；认为伊丽莎白公主及其未来的继承者不是英国王位合法继承人达到三次，构成叛逆罪；通过布道、言语等方式宣布废除或剥夺国王或王位合法继承人的王位达到三次，构成叛逆罪；宣称除国王以外的任何人是英国国王，或宣称其拥有同国王相同权威达到三次，构成叛逆罪；通过书写、印刷等形式断言或宣布上述行为，构成叛逆罪"②。类似的规定在玛丽一世时期和伊丽莎白一世时期都存在，不过，玛丽一世将三次言语行为改为两次。伊丽莎白一世在《1558年至尊法案》中又改为三次。鉴于该行为在扰乱社会秩序上的负面影响，《1571年叛逆法》和《1571年禁止带入或执行罗马主教区训令法案》规定，只要有一次"言语

① J. R. Tanner, *Tudor Constitutional Documents A. D. 1485-1603 with an Historical Commentary*, Cambridge: Cambridge University Press, 1951, pp. 393-394.

② *The Statutes of the Realm*, Vol. IV, Buffalo: William S. Hein & Co., INC., 1993, pp. 19-21.

叛逆"行为，就可构成叛逆罪。①

"新君主制"下，叛逆法在保护"至尊王权"上的作用得以凸显，法令对"至尊王权"的保护几乎与对国王人身安全的保护相同。这反映出国王公共权威的上升和英国民族国家观念的形成。国王不再借助于教皇才能行使权力，国王作为独体法人，可以独立地行使政治权力，为国家的安宁提供保护，同时国王的人身和王位安全也应得到必要的保护。16世纪末，约翰·菲利普的一首诗歌《对英格兰忠实臣民的诚心告诫》体现出这种特点："保卫我们的国王和女王吧，亲爱的上帝，我全心全意地祈祷；有了你的帮助，她的德行将让天主教徒不再得势；有了你的恩惠，她将一直健康、安乐、年富力强；内战与内争也会在英格兰绝迹。"② "至尊王权"是英国民族主义觉醒的结果，也推动着英国民族主义继续发展。

二 对王室婚姻和王位继承安全的保护

维护国王婚姻和继承安全是亨利八世发动宗教改革的直接原因。由于安妮·博林的王后身份得不到国内外天主教徒的承认，她和亨利八世生育的后代可能被认定为"私生子"，得不到合法的继承权。因此，自从1533年9月安妮·博林生下伊丽莎白之后，叛逆法加强了对王室婚姻和王位继承人的保护。

亨利八世和玛丽一世时期，关于王室婚姻和王位继承的法律较多，大多与王室的婚姻状况有关。亨利八世先后有六任王后，分别是西班牙公主阿拉贡的凯瑟琳（Catherine of Aragon，1485～1536年）、安妮·博林（Anne Boleyn，1507～1536年）、简·西摩（Jane Seymour，1509～1537年）、德意志公主克里维斯的安妮（Anne of Cleves，1515～1557年）、凯瑟琳·霍华德（Catherine Howard，1522～1542年）、凯瑟琳·帕尔（Catherine Parr，1512～1548年）。在6位王后中，阿拉贡的凯瑟琳生育的

---

① Carl Stephenson and Frederick George Marcham, *Sources of English Constitutional History*, London: Harper & Brothers Publishers, 1937, pp. 352-354.

② John Phillip, in Farr, *Select Poetry*, p. 532, 转引自〔美〕里亚·格林菲尔德《民族主义：走向现代的五条道路》，王春华等译，上海三联书店，2010，第53页。

玛丽被认定为私生女；安妮·博林和凯瑟琳·霍华德被控告犯有通奸罪；克里维斯的安妮没有得到亨利八世的认可，他们的婚约被亨利八世单方面解除。这样的经历，让王室的婚姻和继承问题变得非常复杂。玛丽一世虽然没有子嗣，但她与信奉天主教的西班牙王子腓力（后来的腓力二世）结婚，引发英国民众的普遍不满。在伦敦，有人公开诅咒玛丽一世，"请求上帝救赎女王的错误崇拜，让她走上正确的信仰之路；或者让她死去，结束她的错误信仰"①；更有人为了侮辱玛丽一世，"从窗口把一只剃成教士头型的死狗扔进女王的专用教堂"②。由于受到这样的威胁，玛丽一世也格外重视婚姻和继承问题。相比之下，爱德华六世和伊丽莎白一世都没有结婚，因此这类立法较少。

　　亨利八世颁布的《1534 年第一继承法》首次涉及危害国王婚姻的叛逆罪。法令规定，"利用书写、印刷等形式侵害、诽谤、扰乱或破坏国王与安妮·博林的合法婚姻，或者客观上造成相同结果，构成叛逆罪"③。同年，《1534 年叛逆法》又对王位继承进行明确规定，"剥夺王位继承人的尊严、封号、命名或封地，构成叛逆罪"④。从《1536 年第二继承法》开始，英国将"言语叛逆罪"应用到危害国王婚姻和王位继承人安全上。法令对犯罪行为进行了细致区分，规定"利用或正在利用言语、书写或印刷等形式，反对、诽谤、扰乱、诋毁国王与简·西摩王后的神圣婚姻或国王以后的合法婚姻，构成叛逆罪；利用或正在利用言语、书写或印刷等形式，直接或间接承认或接受、判断或相信国王与凯瑟琳或安妮·博林的婚姻合法、有效、良好，构成叛逆罪；怀疑、否认或攻击坎特伯雷大主教和其他大主教对国王婚姻的判决，构成叛逆罪"。对于危害王位继承罪，法令规定，"利用或正在利用言语、书写或印刷等形式，直接、间接或虚伪地接受、承认或命名国王不合法婚姻所生子女有继承权，构成叛逆罪；利用任何隐晦方式设想、抨击或企图剥夺国王王位，以及王后和王位继承

---

①　*The Statutes of the Realm*, Vol. IV, Buffalo: William S. Hein & Co., INC., 1993, p. 254.

②　〔美〕威尔·杜兰：《世界文明史》第 6 卷，幼狮文化公司译，东方出版社，2003，第 744 页。

③　*The Statutes of the Realm*, Vol. III, Buffalo: William S. Hein & Co., INC., 1993, p. 473.

④　J. R. Tanner, *Tudor Constitutional Documents A. D. 1485–1603 with an Historical Commentary*, Cambridge: Cambridge University Press, 1951, p. 388.

人的头衔、尊号、姓名、等级、封地或权力，构成叛逆罪”①。

亨利八世时期，国王还遇到了不少特殊案件。1536 年，在未经国王同意的情况下，诺福克公爵的弟弟托马斯·霍华德（Thomas Howard）与玛格丽特·道格拉斯（Margarete Dowglas）订立了婚约。玛格丽特是亨利八世的外甥女，如果亨利八世死后无嗣，她将有机会继承王位。因此，亨利八世对这桩婚姻较为警惕，认为其中暗藏着政治阴谋，“托马斯爵士狡诈地、叛逆地认为，如果有了这样的婚约，在国王死而无嗣时，他就可以通过迎娶具有高贵血统的玛格丽特，觊觎英国王位”②。《1536 年剥夺托马斯·霍华德的法案》规定，“未经国王以书面形式许可并加盖国玺批准，擅自与国王的子女或国王的兄弟、姐妹、姑姑等未婚的合法子女缔结婚姻，或者奸污他们未婚的合法子女，构成叛逆罪”③。

亨利八世与克里维斯的安妮的婚姻，促使国王在 1540 年颁布了一部涉及婚姻的法令——《解除与克里维斯的安妮婚约的法案》。亨利八世迎娶安妮，是由托马斯·克伦威尔安排的，政治目的是联合德意志的新教徒对抗罗马教皇。不过，亨利八世在宗教上远比托马斯·克伦威尔保守，对联合新教徒不感兴趣。亨利八世反而因为克里维斯的安妮长相丑陋，称呼她为“弗兰德斯母驴”（Flanders mare），要求废除该婚约。④ 为了消除原来婚约的影响，亨利八世又颁布了叛逆法，规定“利用书写、印刷、言语或实际行为等形式，直接或间接接受或认可、判断或相信国王与克里维斯的安妮的婚姻良好、合法或有效，构成叛逆罪；利用言语、书写、印刷等形式扰乱、废除或终止本法案或其中任何部分，构成叛逆罪”⑤。

王后的通奸行为，又促使亨利八世颁布新的叛逆法。继安妮·博林被控告通奸之后，另一位王后凯瑟琳·霍华德又被指控犯有通奸罪。对于年

---

① *The Statutes of the Realm*, Vol. IV, Buffalo: William S. Hein & Co., INC., 1993, pp. 660-663.

② *The Statutes of the Realm*, Vol. IV, Buffalo: William S. Hein & Co., INC., 1993, p. 680.

③ *The Statutes of the Realm*, Vol. IV, Buffalo: William S. Hein & Co., INC., 1993, pp. 680-681.

④ Ronald Fritze, *Historical Dictionary of Tudor England, 1485-1603*, London: Greenwood Press, 1991, pp. 25-26.

⑤ *The Statutes of the Realm*, Vol. IV, Buffalo: William S. Hein & Co., INC., 1993, pp. 781-782.

迈的亨利八世来说，保护王室血统纯洁也是一项重要任务，这不但关乎王室的荣誉，也关乎王位的继承安全。1541 年，议会通过处决凯瑟琳·霍华德的法案，并将王后淫乱判定为叛逆罪，"王后或王位继承人的配偶，采用书写、传递口信或信物的方式向任何人传递淫乱信号或进行淫乱行为，构成叛逆罪；采用书写、传递口信或信物的方式向王后或王位继承人的配偶传递淫乱信号或进行淫乱行为，构成叛逆罪"①。

玛丽一世没有子嗣，但她和西班牙的腓力结婚之后，便积极为未来的子女继位做准备。1555 年颁布的叛逆法规定，"在摄政期间，采用书写、印刷或公开的行为等恶意、故意或直接地试图伤害国王，剥夺或终止对国王的管理、教育，构成叛逆罪；否认由玛丽女王和腓力国王的子嗣继承国王或女王王位，构成叛逆罪"②。另外，伊丽莎白一世虽然没有子嗣，但她却利用叛逆法维护指定继承人的权力，因此在她颁布的《1571 年叛逆法》中，也有关于王位继承的规定，"任何人认为女王在英国议会的权威下，不能制定具有足够权威的公告来指定王位继承人，构成叛逆罪"③。

国王婚姻和王位继承关系到国王政治生命的延续，更是宗教改革爆发的直接原因。亨利八世在这一方面颁布了大量的叛逆法。按照他的遗嘱，英国王位继承顺序是爱德华、玛丽和伊丽莎白。为了保护这个继承顺序，亨利八世颁布叛逆法进行保护。都铎王朝也基本按照这样的继承顺序传承王位，一直到 1603 年因绝嗣而结束。在玛丽一世之前，女性继承王位往往会带来剧烈的政治动荡，有了叛逆法的保护，这种动荡得到抑制。虽然玛丽一世即位有些波折，简·格雷被沃里克扶上王位，但仅在位 13 天便被玛丽推翻。后来的伊丽莎白一世毫无争议地当上女王。这样稳定的继承秩序，与叛逆法对王位继承的大力保护是分不开的，叛逆法保证了都铎王朝政治生命的平稳延续。

---

① *The Statutes of the Realm*, Vol. IV, Buffalo: William S. Hein & Co., INC., 1993, pp. 589 - 560.

② *The Statutes of the Realm*, Vol. IV-part two, Buffalo: William S. Hein & Co., INC., 1993, p. 256.

③ *The Statutes of the Realm*, Vol. IV-part two, Buffalo: William S. Hein & Co., INC., 1993, p. 529.

三 对社会秩序的控制

都铎王朝时期，国王对社会秩序的管控程度也远高于以往，他们颁布多种叛逆罪立法镇压叛乱、伪造、抗命、集会和非法信仰等行为。"都铎王朝统治的那个世纪，是各种阴谋诡计、图谋不轨行为的坟墓。恐怖的头骨装饰着伦敦桥，成堆的尸体在王国各地展示，这一切都明确地向臣民警示，他们要冒着生命危险从事阴谋活动，一旦失败，后果是非常严重的。"①

宗教改革发起后，亨利八世在 1531 年颁布了一部《投毒法》，将原本属于重罪的投毒罪提升为叛逆罪。该法令颁布的原因是 1531 年议会召开期间，罗彻斯特主教约翰·费希尔家中发生了投毒案。费希尔是反改革派领袖之一，也是激烈反对亨利八世与阿拉贡的凯瑟琳离婚的宗教贵族。他担任凯瑟琳的辩护律师，引用神法驳斥亨利八世"娶寡嫂违背上帝旨意"的观点。② 他指责亨利八世离婚完全是为了私欲，他的反对成为亨利八世离婚和改革的障碍。如何对抗这些反对派，一直困扰着亨利八世。在 1531 年的议会上，改革派和反改革派又在"神职人员服从国王"问题上争执不休，一时难以达成妥协。③ 这时，费希尔主教家中发生了投毒事件，主教家中的厨师理查德·鲁斯（Richard Roose）在饭菜中下毒，毒死 2 人，毒伤 16 人。亨利八世抓住这一机会向反对派施压。他亲自将《投毒法》草案提交到议会，规定以投毒方式恶意谋杀他人，构成叛逆罪。④从法令的前言看，国王所关注的并非投毒问题，法令字里行间都在阐述国王司法权的重要性，"国王提醒广大臣民，制定优良的法律并适当地处罚犯罪者，是维护王国良好法纪和秩序的唯一方式。在诸项事务之中，国王最为真诚地渴望良好的法纪和秩序"⑤。为了更加残酷地处死投毒者，亨

---

① Lacey Baldwin Smith, *Treason in Tudor England*, *Politics and Paranoia*, London：Jonathan Cape, 1986, p. 1.

② Diarmaid Macculloch, *The Reign of Henry VIII*, London：Macmillan Press Ltd. , 1995, p. 136.

③ James A. Williamson, *The Tudor Age*, London：Longman, 1979, p. 125.

④ J. R. Tanner, *Tudor Constitutional Documents A. D. 1485-1603 with an Historical Commentary*, Cambridge：Cambridge University Press, 1951, p. 382.

⑤ J. R. Tanner, *Tudor Constitutional Documents A. D. 1485-1603 with an Historical Commentary*, Cambridge：Cambridge University Press, 1951, p. 381.

利八世对刑罚方式也进行了规定，"理查德·鲁斯将被煮死，并得不到牧师的祷告"①。该法令绕开了司法审判，将犯罪人直接定义为叛逆罪，体现出国王司法权的扩张，也预示着亨利八世在未来的改革中，将突破法律传统的束缚，凭借强大的王权推动宗教改革深入。"投毒罪"一直存在了16年之久，爱德华六世即位后，《1547年叛逆法》才废除该罪名。

对军事物资和要塞的控制，关乎国王的统治能力，国王在这方面也进行了立法。《1534年叛逆法》是最早进行这方面立法的法令，规定"任何人在王国内或者国王的其他领地内，叛逆性地扣押国王以及王位继承人的船舶、火炮或其他军火，或者具有军事意义的防御工事，自要求他们归还的公告发布六天内不归还的，构成叛逆罪"②。爱德华六世在《1552年叛逆法》中重新确认了这一法令。英国没有常备军和警察，普通叛乱由地方首领自行处理。"每个贵族作为当地的土地所有者，都对国王的和平负有责任。"③ 各军事要塞发挥着防御外敌入侵、震慑民众的作用，各种军事物资则是国王加强武备的基础。在国内和国外矛盾较为尖锐的时期，国王有必要强化军事力量。

对国王货币的保护，早在《1352年叛逆法》中就有明确的规定。亨利七世时期，英国的重商主义兴起，国王在货币方面的立法有所加强。亨利八世时期，对法国、苏格兰和爱尔兰的战争消耗了大量的财产，造成英国在16世纪30年代财政紧张。亨利八世一方面通过没收教会的财产充实收入，另一方面通过货币贬值手段进行"铸币的财政掠夺"④。结果，他"从其父王手中接过来的是欧洲纯度最高、管理最得法、样式最得体的硬币，而他留给他儿子的则是从斯蒂芬时代以来最没有信誉的货币……他留给儿子爱德华六世的大臣们的问题就是如何收拾货币的混乱局面"⑤。为

---

① J. R. Tanner, *Tudor Constitutional Documents A. D. 1485-1603 with an Historical Commentary*, Cambridge: Cambridge University Press, 1951, p. 382.

② J. R. Tanner, *Tudor Constitutional Documents A. D. 1485-1603 with an Historical Commentary*, Cambridge: Cambridge University Press, 1951, p. 389.

③ Keith Randell, *Henry VIII and the Government of England*, London: Hodder & Stoughton, 1991, p. 76.

④ 〔英〕约翰·F. 乔恩：《货币史：从公元800年起》，李光乾译，商务印书馆，2002，第64页。

⑤ 〔英〕约翰·F. 乔恩：《货币史：从公元800年起》，李光乾译，商务印书馆，2002，第64页。

了提高英国的货币质量，亨利八世即位之后就重铸货币。为了防止民间进行非法破坏货币的行为，进一步加剧货币贬值，议会在《1547 年叛逆法》中规定，“伪造或变造任何英国货币、可以在英国境内流通的外国货币，剪切、磨洗或挫损英国货币或者可以在英国流通的外国货币，将假货币带入英国国内，构成叛逆罪”①。亨利八世造成的货币贬值，一直持续到 1562 年伊丽莎白一世重铸币才结束。② 其间，玛丽一世在 1553 年也进行过一次货币立法，规定“伪造、变造经女王或其王位继承者特许在英国流通的金银外国货币，构成叛逆罪”③。

　　另外，对国王印玺的保护，也是《1352 年叛逆法》中的内容。不过，该法令只保护国王的私玺和国玺。随着国王政治权威的增强，国王的亲笔签名也成为一项重要的凭证。1535 年，亨利八世颁布《伪造签名法》，其中规定，“伪造国王签名以及私玺和国玺，构成叛逆罪”④。玛丽一世在 1553 年对此进行了确认。印玺和签名重要性的上升，从侧面反映出国王政治权力的上升。都铎王朝时期，国玺主要加盖在涉及土地问题的文件上。私玺虽然在权威上不如国玺，但它更接近权力的核心。⑤ 而国王签名作为国王意志的直接体现，成为国王批准重要法令的方式。《1534 年第一继承法》中就明确规定，国王的遗嘱需要有国王亲笔签名才能生效。⑥ 因此，保护国王签名，是保护王位继承的补充性立法，受到国王的格外重视。

　　在英国，议会颁布的法令具有最高的法律权威。“从爱德华一世开始，英国律师就绝不再怀疑议会的权威及其颁布的法令，这些法令可以适用于王国内所有的法庭。”⑦ 随着议会权威的提高，法令的权威也随之提高。都铎王朝时期的法学家托马斯·史密斯对议会法令评价道：“英国最

---

① *The Statutes of the Realm*, Vol. IV, Buffalo: William S. Hein & Co., INC., 1993, p. 20.

② Charles Oman, *The Coinage of England*, London, 1967, p. 244.

③ *The Statutes of the Realm*, Vol. IV, Buffalo: William S. Hein & Co., INC., 1993, p. 206.

④ *The Statutes of the Realm*, Vol. III, Buffalo: William S. Hein & Co., INC., 1993, p. 532.

⑤ R. W. K. Hinton, "The Decline of Parliamentary Government under Elizabeth I and the Early Stuarts," *Cambridge Historical Journal*, XIII, 2 (1957), pp. 118–119.

⑥ *The Statutes of the Realm*, Vol. III, Buffalo: William S. Hein & Co., INC., 1993, p. 471.

⑦ J. H. Baker, *An Introduction to English Legal History*, London: Butterworths, 1990, p. 239.

高的和绝对的权威存在于议会中，它是一个代表了所有英国人的机构。议会可以废除以前的法律，制定新的法律。"① 为了维护某些重要法令的权威，国王也进行了立法。亨利八世颁布的《1536 年第二继承法》和《1543 年第三继承法》中规定，"利用言语、书写或印刷等形式，扰乱、废除或终止本法令或其中任何部分，构成叛逆罪"②。1539 年颁布的《公告法》提升了公告的权威，使其等同于议会法令。同时，为了保证公告得到贯彻，法令规定，"任何人违背《公告法》规定的内容和权威，却不到法庭接受审判，而是故意或轻蔑地逃离英国，逃避应该受到的审判，构成叛逆罪"③。1540 年，亨利八世通过法令解除与克里维斯的安妮的婚约之后，进一步在法令中规定，"利用言语、书写、印刷等形式扰乱、废除或终止本法案或其中任何部分，构成叛逆罪"④。可以说，在都铎王朝时期，议会法令是国王意志的直接体现。"都铎时期（尤其是亨利八世统治时期）的议会对国王极端恭顺，亨利可以随心所欲地差遣他们。"⑤ 国王要维护社会秩序，需要颁布大量的议会法令，而维护这些法律的权威性，也是国王保证它们得到落实的重要方式。

爱德华六世时期，为了防止民众非法集会，国王还在 1549～1550 年的议会上颁布《集会法》，规定"十二人或者十二人以上，图谋杀死或拘禁国王的枢密院成员，或者图谋改变宗教立法而进行非法武装集会，若他们所在郡、自治市、市镇治安法官、司法官员或者国王发布公告命令要求解散一小时后，仍然没有解散，构成叛逆罪；四十人或者四十人以上，为了降低租金或谷物价格而进行非法集会，并破坏城堡、猎场的围墙，或者破坏鱼塘等水区的堤坝，或者非法在上述场所破坏建筑物、猎杀家养动物、烧毁粮食等，在郡、自治市、市镇治安法官、司法官员或者国王发布

① J. H. Baker, *An Introduction to English Legal History*, London: Butterworths, 1990, p. 239.

② *The Statutes of the Realm*, Vol. III, Buffalo: William S. Hein & Co., INC., 1993, pp. 660-661, pp. 955-957.

③ *The Statutes of the Realm*, Vol. III, Buffalo: William S. Hein & Co., INC., 1993, pp. 660-661, pp. 727-728.

④ *The Statutes of the Realm*, Vol. III, Buffalo: William S. Hein & Co., INC., 1993, pp. 660-661, pp. 781-783.

⑤ 〔英〕梅特兰：《英格兰宪政史》，李海红译，中国政法大学出版社，2010，第 162 页。

公告命令要求解散一小时后，仍然没有解散，构成叛逆罪"①。该法令与当时盛行的圈地运动有着密切的关系。16世纪英国圈地运动已经开始，"摧毁村庄和驱赶居民是圈地运动最严重的后果，它造成了大批村庄荒芜，人口减少"②。圈地运动激化社会矛盾，成为农民聚会和叛乱的一个重要原因。1547~1548年的一首民间歌谣《来自民众的声音》就能证明这一点："献给最伟大的国王陛下，希望你不要因此雷霆大发，我只想讲出真话！因为整个世界就是这样的，每个人、每个地方都是如此。上帝知道，所有人都明白，权威和土地，都落到少数人手中……"③为了稳定国内秩序，国王一方面立法禁止圈地，另一方面又立法禁止民众集会。《集会法》便在这种背景下产生，用以预防大规模叛乱发生。

在都铎王朝后期，伊丽莎白一世把立法重点转移到宗教方面。为了防止天主教徒带着教皇的训令来到英国，伊丽莎白于1571年颁布《禁止带入或执行罗马主教区训令法案》，规定"在英国使用任何手写或者印刷的教皇训令，构成叛逆罪；获得教皇、教皇代理人或未来继任教皇的人颁发的训令，构成叛逆罪；使用赦免训令赦免他人的罪过，或使用和解训令接受他人信仰和解，构成叛逆罪；采用演说、布道、书信或其他公开的形式授予英国臣民罪过赦免或信仰和解，构成叛逆罪；故意获取上述罪过赦免或信仰和解，构成叛逆罪；在玛丽女王一年议会的最后一天之前已经获得罪过赦免或信仰和解的人，若继续从教皇或其继任者那里获取训令，构成叛逆罪"④。

为了防止天主教徒继承王位，伊丽莎白一世又在1572年颁布《禁止非法释放在押候审人员或罪犯法案》，严密监视苏格兰的玛丽·斯图亚特。玛丽是伊丽莎白一世的表侄女，按照王位继承顺序，她排在伊丽莎白一世之后，名列第四位。玛丽是苏格兰女王，但在1567年被苏格兰贵族废黜，随后逃到英国寻求避难。伊丽莎白一世为了防止王位落到她的手中，把她

---

① *The Statutes of the Realm*, Vol. IV, Buffalo：William S. Hein & Co., INC., 1993, p. 105.

② 沈汉：《英国土地制度史》，学林出版社，2005，第118页。

③ R. H. Tawney, *Tudor Economic Documents*, Vol. III, London：Longmans, 1953, pp. 25-26.

④ *The Statutes of the Realm*, Vol. IV-part two, Buffalo：William S. Hein & Co., INC., 1993, p. 529.

软禁起来，于 1572 年又颁布禁止非法释放在押候审人员或罪犯法案，规定"恶意策划或实施非法释放在押叛逆罪罪犯，构成叛逆罪"①，以此来加强对玛丽的囚禁，防止她被天主教徒救出后成为天主教徒的领袖。

天主教问题一直是伊丽莎白一世面临的棘手问题。16 世纪 80 年代，流亡在外的威廉·阿兰开始专门训练传教士向英国渗透，迫使女王在 1584~1585 年颁布了更为严厉的《驱逐耶稣会士法》。法令规定，"在英国或英国其他领地出生的耶稣会士等天主教组织的信徒，在驱逐公告发出四十天后仍在英国或英国其他领地停留，构成叛逆罪"②。伊丽莎白一世在对待教皇时，"静观、防卫和不采取任何主动措施"③。但当需要自我防卫时，她的措施又比较果断。在天主教徒企图渗透进入英国的背景下，她为了肃清国内的天主教势力，不惜实行宗教迫害，规定"谁是天主教神父谁就是犯了叛逆罪"④。

都铎王朝中后期，英国对同谋犯的处罚较为严酷。在都铎王朝早期，同谋犯一般构成隐匿叛逆罪。在"肯特修女"案中，托马斯·莫尔和约翰·费希尔等人就因为支持"肯特修女"而被以隐匿叛逆罪起诉。⑤ 亨利八世为了打击共谋犯罪，开始进行相关立法。他在《1534 年第一继承法》中规定叛逆者的同谋犯为叛逆罪，"不论何种财力、等级或其他情况，任何人在王国内充当叛逆者的助手、参谋、借贷者或者煽动者，都将构成叛逆罪"⑥。相似的规定在以后的叛逆法中都存在，成为都铎王朝处罚同谋犯的惯例。

追求刑罚的严酷性一直是都铎王朝叛逆法的主要特点，亨利八世时期尤其如此。"亨利八世被描绘成一个横行霸道的暴君，他滥用权力，不但

---

① *The Statutes of the Realm*, Vol. IV-part two, Buffalo：William S. Hein & Co., INC., 1993, p. 589.

② *The Statutes of the Realm*, Vol. IV-part two, Buffalo：William S. Hein & Co., INC., 1993, pp. 706-707.

③ 〔英〕肯尼思·O. 摩根主编《牛津英国通史》，王觉非等译，商务印书馆，1993，第 289 页。

④ 〔英〕肯尼思·O. 摩根主编《牛津英国通史》，王觉非等译，商务印书馆，1993，第 297 页。

⑤ Ronald H. Fritze, *Historical Dictionary of Tudor England, 1485-1603*, London：Greenwood Press, 1991, p. 245.

⑥ *The Statutes of the Realm*, Vol. III, Buffalo：William S. Hein & Co., INC., 1993, p. 474.

惩罚那些与他意见相左或者反对他的人，还惩罚那些被怀疑为反对他的人。有人说他实行恐怖统治，让人们相互监督。他担心各级统治机构会故意曲解他的命令或行动，便规定只有得到上一级的特殊命令，下一级统治者才能行事，否则就是自作主张。亨利八世以看到臣民们惶恐不安为乐。"① 对于他颁布的叛逆法，英国宪政史学家坦纳评价道："亨利八世的叛逆法除了残暴之外没有任何特点。"② 显然，亨利八世是在利用残酷的法律强行推行宗教改革，他要利用法律和武力，扭转民众的天主教思想，走上符合国王利益的英国国教道路。正是由于亨利八世的强力措施，英国经历反复之后，最终确立起新的宗教信仰。"一个法律体系是一系列强制性的公开规则。提出这些规则是为了调整理性人的行为并为社会合作提供某种框架。当这些规则是正义的时，它们就建立了合法期望的基础。"③此后，爱德华六世和伊丽莎白一世，甚至笃信天主教的玛丽一世也继承了亨利八世的叛逆罪立法措施，维护着英国的宗教信仰、王位继承和社会秩序，促使英国最终在 16 世纪末实现政治和信仰自主化。

第三节 "至尊王权"下的典型叛逆案例

都铎王朝议会颁布了大量的叛逆法，却很少立法规范叛逆罪审判程序。叛逆罪审判基本遵循习惯法，相关程序较为简单，基本采用陪审制和争吵式审判方式。由于都铎王朝时期宗教、政治和经济冲突不断，叛逆案件数量众多，"仅 1532～1540 年就有 846 人被判为叛逆罪"④，由此导致诉讼程序不符合叛逆案件审理工作的需求，产生了较为严重的问题。本节选取三个典型案例进行分析，分别涉及"言语叛逆"、宗教信仰和王位继承，以深化对都铎叛逆罪及其审判程序的认识。

① Keith Randell, *Henry VIII and the Government of England*, London：Hodder & Stoughton, 1991, p. 124.
② J. R. Tanner, *Tudor Constitutional Documents A. D. 1485-1603 with an Historical Commentary*, Cambridge：Cambridge University Press, 1951, p. 375.
③ 〔美〕约翰·罗尔斯：《正义论》，何怀宏、何包钢、廖申白译，中国社会出版社，1999，第 252 页。
④ John Bellamy, *The Tudor Law of Treason*, London：Routledge & Kegan Paul, 1979, p. 225.

一　托马斯·莫尔"言语叛逆至尊王权"案

托马斯·莫尔是一位虔诚的天主教徒，曾担任亨利八世的大法官，执掌英国内政外交大权。他因为拒绝"至尊宣誓"而被罢黜。自 1534 年 4 月被捕后，他便一直被关押在伦敦塔中。1535 年 7 月 1 日，莫尔在威斯敏斯特宫的听审判决法庭（Commission of Oyer and Terminer）接受审判。

叛逆罪审判采用陪审制，陪审员的社会等级与被告相同。由于莫尔不是贵族，因此该案的陪审员也不是贵族。据《国家审判集》记载，在 12 人组成的陪审团中，只有两名骑士，其他 10 人都是有地产的平民。① 审判他的法官主要有大法官托马斯·奥德利（Thomas Audley）爵士、诺福克公爵托马斯、王座法庭首席法官菲兹·詹姆斯（Fitz James）爵士、约翰·鲍德温（John Baldwin）爵士、理查德·莱斯特（Richard Leicester）爵士、约翰·波特（John Port）爵士、约翰·斯佩尔曼（John Spelman）爵士、沃尔特·卢克（Walter Luke）爵士、安东尼·菲兹–赫伯特（Anthony Fitz-Herbert）爵士等。②

总检察长在起诉书中指出莫尔的四项罪名：在思想上反对亨利八世离婚再娶；恶意反对议会颁布的《1534 年至尊法案》；通过书信等形式故意反对《1534 年至尊法案》；在伦敦塔中言语危害至尊王权。③ 莫尔"违反《1534 年叛逆法》，恶意图谋剥夺国王在教会中的至尊权威"④。为了证明莫尔有罪，起诉书中还列举了三个主要证据。其一，莫尔拒绝直接回答"至尊宣誓委员会"的问题，而是说"我不干涉'至尊宣誓'这件事，因为我决心为上帝服务，我只考虑上帝的喜好和我的来世"。其二，在伦敦塔中，莫尔对预审官员说，"《1534 年至尊法案》是一把双刃剑，如果我反对它，就会从肉体上死亡；如果我赞成它，就会从精神上死亡"。其三，莫尔在与首席监察官理查德·里奇（Richard Rich）对话时说，"如

---

① *A Complete Collection of State-trials, and Proceedings for High-treason*, London, 1730, p. 61.

② *A Complete Collection of State-trials, and Proceedings for High-treason*, London, 1730, p. 59.

③ *A Complete Collection of State-trials, and Proceedings for High-treason*, London, 1730, pp. 60–61.

④ William Roper, *The Mirrover of Vertve in Wordly Greatnes or the Life of Sir Thomas More Knight*, Paris, 1631, p. 143.

果一个法令让国王成为教会的至尊首脑，就对民众没有约束力"。① 这三个证据都是言语方面的，拒绝宣誓也是一种言语行为，因此对他的指控是"言语叛逆罪"。

在法庭辩论过程中，莫尔逐一驳斥了这四项罪名。针对第一项罪名，莫尔并没有否认他反对过亨利八世离婚。他认为自己已经为此遭到严酷的惩罚，不但失去了所有财产，还遭到 15 个月的监禁，不能再以反对国王离婚而惩罚他。针对第二项罪名，莫尔认为他以沉默的方式对待"至尊宣誓"，这种方式没有任何社会危害性，不足以构成死刑。"世界上没有任何一部法律可以惩罚一个默不作声的人，而只能惩罚说了什么或者做了什么的人，只有上帝才能判断一个人的秘密思想。"② 针对第三项罪名，莫尔矢口否认。他承认自己在狱中给费希尔写过信，但内容不是否认"至尊王权"，而是指导他如何应对预审。更为重要的是，起诉书中说的那些书信已经被烧掉了，没有证据支持的罪名是不成立的。针对第四项罪名，莫尔指出，起诉书错误地理解了他的意思。他的"双刃剑"说法不是指他要否决《1534 年至尊法案》，而是指他无论接受还是拒绝这部法律，都将面临危险。③ 莫尔认为，总检察长误解了他的意图，指控是没有事实依据的。

对于宣誓义务，总检察长和莫尔进行了一番争论。总检察长说："你虽然没有用语言或者行动反对至尊王权，但你却用你的沉默进行抵制，这足以证明你恶意违背至尊宣誓的犯罪意图。只有不把至尊宣誓当成义务的臣民，才拒绝宣誓。"对此莫尔引用一句法律格言进行回击："沉默不语，就代表同意。"莫尔认为，沉默不代表他反对这部法律，虽然每个臣民都有义务承认至尊王权，但让人成为不道德基督徒的行为除外，因为顺从基督要先于顺从凡人。莫尔指出，他在对待良心谴责上是非常小心谨慎的，尤其是对待可能伤害到君主和国家的行为时。既然他从来没有向任何活着

---

① J. R. Tanner, *Tudor Constitutional Documents A. D. 1485-1603 with an Historical Commentary*, Cambridge: Cambridge University Press, 1951, p. 433.

② *A Complete Collection of State-trials, and Proceedings for High-treason*, London, 1730, p. 60.

③ James Fitzjames Stephen, *A History of the Criminal Law of England*, Vol. I, London: Amillan and Co., 1883, pp. 323-324.

的人吐露过自己的想法，他也就没有伤害任何人。①

随后，莫尔和总检察长对"恶意"（malice）进行辩论。总检察长提出了重要证据：莫尔在狱中说"如果一个法令让国王成为教会的至尊首脑，就对民众没有约束力"，以及"我绝对不会支持一部使上帝不能成为上帝的法律，议会也无权制定这样的法律"。② 对于这些证据，莫尔则坚决予以否认，他认为总检察长故意捏造证言陷害他。而且，出庭做证的几位证人也都表示没有听到莫尔说过这番话。③

从辩论过程和证据来看，莫尔并没有处于劣势。但是，审判过程只是一种形式，真正决定审判结果的是现实政治的需要。陪审团经过一个小时的讨论，判定莫尔构成叛逆罪。对于亨利八世来说，要巩固至尊王权，就必须采用严厉手段处罚拒绝至尊宣誓的人，以起到杀一儆百的作用。

莫尔案反映出教会法与世俗法之间的冲突。亨利八世发起宗教改革之后，打破了西欧的神权政治传统，国王依据议会建立起"至尊王权"。亨利八世的做法，自然引起虔诚基督教徒的反对。他们抗议世俗法侵犯教会法的行为，维护教会的纯洁性和独立性。他们认为"议会法无权让国王成为牧师"④，他们信奉"世俗人士绝对不能成为教会的至尊首脑"⑤。可以说，两者的冲突集中在"至尊王权"的合法性上。莫尔的一个重要精神追求就是纯洁的教会，他在担任伦敦治安官时，不惜动用火刑处死异端。他还写了《乌托邦》一书，抨击教士的贪婪堕落，提倡建立神圣纯洁的教会。莫尔面对至尊宣誓时，提出"双刃剑"说法，表现出无力平衡王权与教权关系的矛盾心态。一方面，他服从王权，不会倒向教皇势力；另一方面，他试图抑制王权的过度扩张，使亨利八世认识到"至尊王权"与上帝之法和世俗法律不符，《1534 年至尊法案》违背上帝之法，

---

① J. R. Tanner, *Tudor Constitutional Documents A. D. 1485–1603 with an Historical Commentary*, Cambridge: Cambridge University Press, 1951, pp. 434–436.

② *A Complete Collection of State-trials, and Proceedings for High-treason*, London, 1730, p. 60.

③ J. R. Tanner, *Tudor Constitutional Documents A. D. 1485–1603 with an Historical Commentary*, Cambridge: Cambridge University Press, 1951, p. 437.

④ Daniel Sargent, "The Trial of Saint Thomas More," *The Catholic Historical Review*, Vol. 22, No. 1 (Apr., 1936), p. 5.

⑤ *A Complete Collection of State-trials, and Proceedings for High-treason*, London, 1730, p. 62.

缺乏实施的神圣性，最终会把基督教徒置于难以取舍的境地之中。莫尔从基督教的纯洁性出发，认为人首先处于上帝之下，其次才处于国王的统治之下。虽然国王掌握着生杀大权，但传教士并不畏惧，他们可以通过肉体上的死亡去追求永恒的真理。这样既没有玷污教会的神圣性和纯洁性，又没有危害臣民对国王的效忠。

莫尔案也是新旧法律思想之间的交锋。莫尔坚守着中世纪的法律思想，认为六种法律共同构成了英国的法律体系，即理性法、上帝之法、王国习惯法、法律格言、特殊习惯法和议会法令。国王在名义上处于法律之下，不能创造法律，只能解释古代的法律，议会法令受到其他五种法律的限制。莫尔认为《1534 年至尊法案》剥夺了教会的自由，违背上帝之法、《大宪章》，违背英国的习惯法，更违背了英国国王加冕时许诺保护教会的誓词。[1] 因此，他誓死捍卫法律传统，拒绝进行至尊宣誓，以维护英国法律的公正性。诺福克公爵在审判席上问莫尔，大多数主教已经进行了至尊宣誓，他是否过于固执。莫尔的回答表明了他捍卫法律传统的思想："我与基督站在一起，与死去的英国主教站在一起，他们现在在天堂都是圣徒，因此我与基督的观点是一致的。"[2]

莫尔案对英国叛逆法具有标志性意义，此后"言语叛逆罪"成为都铎王朝的一个重要罪名。从《1536 年第二继承法》开始，言语叛逆罪在法令中有了具体规定，不但拒绝宣誓构成叛逆罪，言语危害国王和其他王室成员安全、妨害国王权力执行、妨害法律执行、诽谤国王婚姻、扰乱继承秩序和妨害摄政执行等行为也都构成叛逆罪。借助"言语叛逆罪"，国王加强了对社会舆论的控制，推动宗教改革不断取得成功。

二 清教徒斯洛克莫顿叛乱（无罪释放）案

尼古拉斯·斯洛克莫顿（Nicholas Throckmorton）案是 1554 年玛丽一世时期的一个重大叛逆案件。陪审团经过审理，顶着巨大的压力宣布斯洛

① Daniel Sargent, "The Trial of Saint Thomas More," *The Catholic Historical Review*, Vol. 22, No. 1 (Apr., 1936), p. 6.

② J. D. M. Derrett, "The Trial of Sir Thomas More," *The English Historical Review*, Vol. 79, No. 312 (Jul., 1964), p. 470.

克莫顿无罪，因而激怒了王座法庭首席法官托马斯·布罗姆利（Thomas Bromley）。布罗姆利把 12 名陪审员传唤到星室法庭，向他们收取巨额保证金，监禁陪审员代表，要求他们重新做出裁决。但陪审员始终没有做出让步，陪审员宁愿被监禁半年，或者缴纳 1000~2000 马克的罚款，也要力保斯洛克莫顿无罪释放。① 陪审员与王室对抗的案件在都铎王朝时期并不多见，这集中反映出玛丽一世时期上下层之间在宗教和政治上的矛盾。

斯洛克莫顿是一名清教徒，他的政治生涯开始于爱德华六世时期。受到国王赏识，斯洛克莫顿在王室中担任内政官员，1551 年在对抗苏格兰入侵时立功受封为骑士。1553 年爱德华六世死后，斯洛克莫顿支持信仰新教的简·格雷（Jane Grey），因而在玛丽一世上台后被称为政治异端。1554 年，他被怀疑参与怀亚特叛乱（Wyatt's Rebellion）遭到逮捕，同年 4 月 17 日在伦敦法庭接受叛逆罪审判。

怀亚特叛乱爆发于 1554 年 1 月 19 日，由肯特人小托马斯·怀亚特（Thomas Wyatt "The Younger"）领导，参与者多为清教徒，他们反对玛丽一世与西班牙王子腓力结婚，阻止天主教会重新成为英国国教，有比较雄厚的民众基础。由于叛乱准备不够充分，只与国王军队发生了几次小冲突就遭到镇压，有 480 人被逮捕和起诉，因叛逆罪而被处死的约有 100 人。② 这次叛乱之后，玛丽放弃宗教宽容政策，大肆迫害捕杀清教徒，因而获得"血腥玛丽"的蔑称。斯洛克莫顿因为被怀疑参与这次叛乱而接受叛逆罪审判。

据《国家审判集》记载，审判斯洛克莫顿的法官主要有伦敦市市长托马斯·怀特（Thomas White）爵士、索尔兹伯里伯爵、德比伯爵、王座法庭首席法官托马斯·布罗姆利爵士、文牍事务主事官尼古拉斯·黑尔（Nicholas Hare）骑士、王室主事官弗朗西斯·英格菲尔德（Francis Englefielde）骑士、枢密院大臣理查德·索斯维尔（Richard Southwell）、枢密院大臣爱德华·沃尔格雷夫（Edward Walgrave）、罗杰·乔迈里（Roger Cholmeley）骑士、王座法庭法官威廉·波特曼（William Porteman）、王座

---

① John Bellamy, *The Tudor Law of Treason*, London: Routledge & Kegan Paul, 1979, p. 172.

② Ronald Fritze, *Historical Dictionary of Tudor England, 1485-1603*, London: Greenwood Press, 1991, p. 552.

法庭法官爱德华·桑德斯（Edward Saunders）、高级律师斯坦福德（Stanford）、高级律师戴尔（Dyer）、总检察长爱德华·格里芬（Edward Griffin）、王室书记官桑德尔（Sandall）、王室书记官蒂奇伯恩（Tichborne）等。陪审员有12名，分别是卢卡斯、永、马丁、贝斯维克、巴斯克菲尔德、肯特雷、洛尔、怀特斯顿、伯恩特、班克斯、坎斯鲁普、卡特。①

　　法院在起诉斯洛克莫顿时，罗列了大量的叛逆罪名，如图谋女王的死亡，密谋发动战争反对女王，在王国内依附于女王的敌人并为他们提供方便，图谋剥夺女王的王位，图谋攻占伦敦塔，等等。② 法庭首先出示的一份证据是叛乱者温特（Winter）的口供，指出斯洛克莫顿曾指使温特去联络怀亚特，还与怀亚特在肯特郡多次会面，共谋叛乱和攻占伦敦塔。对于这份口供，斯洛克莫顿严重质疑其真实性。他不否认自己对女王的婚姻不满，也不否认自己的新教信仰，但他对温特的口供提出三点疑问：第一，温特没有当庭做证，陪审团无法辨别证言的真实性；第二，温特曾参与叛乱，他的口供可信性不足；第三，他不认识温特，怀疑温特有通过诬陷他人为自己减刑的可能性。随后，法庭传唤证人沃恩（Vaughan），沃恩当庭做证，指出斯洛克莫顿曾派他与叛军取得联系，在叛乱之前多次与叛军首领沟通，许诺充当叛军的内应，给予他们发动叛乱的方便。对此，斯洛克莫顿也提出三点质疑：第一，沃恩因为叛乱而被宣判有罪，他的证言不可采信；第二，沃恩只有证言，却拿不出任何物证，完全是在做假证；第三，他和沃恩从未见过，不可能派他去联系叛军。③

　　由于法庭只出示了一份口供，传唤了一个证人，斯洛克莫顿随即援引玛丽一世颁布的法律，"只有两个合法证人在法庭上做证，并且证人没有受到刑讯逼供，才能证明被告人构成叛逆罪"④。斯洛克莫顿认为，法院的证据不足，而且证人有撒谎或受到刑讯逼供的嫌疑，因此要求陪审团裁定他无罪。

----

①　*A Complete Collection of State-trials, and Proceedings for High-treason*, London, 1730, pp. 63-64.

②　*A Complete Collection of State-trials, and Proceedings for High-treason*, London, 1730, p. 64.

③　*A Complete Collection of State-trials, and Proceedings for High-treason*, London, 1730, pp. 65-68.

④　*The Statutes of the Realm*, Vol. IV-part one, Buffalo: William S. Hein & Co., INC., 1993, p. 146.

陪审团经过两个多小时的讨论，由陪审员怀特斯顿宣布斯洛克莫顿无罪。怀特斯顿的解释是："我们充分考虑了起诉被告人的证据，也倾听了被告人的辩解，依据这些我们做出无罪的裁决，这也是我们根据良心做出的裁决。"① 这样的判决招致女王和首席法官的不满，他们以裁决错误为由，对陪审员进行了监禁或罚款，却无法改变判决结果，斯洛克莫顿得以无罪释放。

斯洛克莫顿案反映出玛丽一世时期上下层之间在宗教和政治上的矛盾。亨利八世宗教改革期间没收教会的土地，低价出售给贵族和平民，各阶层都从宗教改革中获得利益，尤其是从事工商业的乡绅阶级获利颇多。英国民众不再抵制宗教改革，反而担心天主教复辟会损害他们的经济利益，"新的观念已经在市民的脑海中生根发芽"②。因此当玛丽一世与腓力结婚，要恢复同罗马教皇的关系时，遭到了英国臣民的普遍反对。斯洛克莫顿案的陪审员正是小地产者或小商人，他们可以公正地看待这一叛逆案件，甚至做出对被告有利的裁定，宁愿受罚也不屈从于女王。由此可见，宗教改革已经得到英国普通民众的普遍欢迎。

另外，都铎王朝的叛逆罪审判制度已经有了较大程度的完善。从爱德华六世开始，英国就已经在推行"双证人制度"，③ 只有两名证人同时宣誓做证，才能证明某人实施了叛逆罪。在审判过程中，被告人也有了更多自我辩护的机会，斯洛克莫顿就不止一次地反驳证人和法官的观点，向陪审团证明自己的清白。不过，这样的审判制度在都铎王朝时期只是昙花一现，玛丽一世上台初期，标榜宽容政策，短暂采用较为公正的方式审判叛逆者。但从"血腥玛丽"开始，一直到伊丽莎白一世晚期，英国在叛逆罪审判上更加严酷。伊丽莎白一世在审判苏格兰玛丽时，开创了一种"玛丽式审前程序"，提高证言的证明程度，以利于叛逆法发挥打击敌对势力的作用。

---

① *A Complete Collection of State-trials, and Proceedings for High-treason*, London, 1730, p. 77.
② 〔美〕威尔·杜兰：《世界文明史》第6卷，幼狮文化公司译，东方出版社，2003，第744页。
③ Luke Owen Pike, *A History of Crime in England*, Vol. II, London：Smith, Elder, & Co., 1876, p. 89.

三　苏格兰玛丽危害王位继承案

1586 年 10 月 14~15 日,苏格兰玛丽在福瑟琳黑堡接受审判。由于玛丽身份特殊,地位显赫,伊丽莎白一世任命一个由 43 人组成的庞大法官团进行审判,[①] 指控她串通巴宾顿(Babington)发动叛乱,图谋杀死女王篡位。

玛丽曾经是苏格兰女王,因为政治避难才来到英国。因此,这次审判面临两方面的法律困境。第一,即便玛丽触犯英国法律,也应按照传统做法把她流放到法国,而不应起诉她。[②] 第二,伊丽莎白可以在星室法庭中秘密审判她,不一定要在法庭上进行公开审判。决定这次审判的不是法律,而是政治。即便审判面临这样的法律困境,伊丽莎白一世仍然决定开庭审判,并以叛逆罪之名提起诉讼。

自从来到英国之后,玛丽就对伊丽莎白一世构成潜在威胁。玛丽作为王位继承人之一,信仰天主教,让国内外的天主教势力看到了恢复信仰的可能性,伊丽莎白一世面临愈加严峻的叛逆罪阴谋。首先是诺福克公爵与她秘密缔结婚约,但诺福克公爵在 1571 年因为参与北方叛乱而被处死。随后,英国籍神学院牧师在罗马教皇和西班牙的支持下,渗透到英国从事破坏活动,其中解救玛丽和刺杀伊丽莎白一世都是他们的任务。[③] 另外,玛丽又被卷入巴宾顿叛乱中,这次叛乱的目的也是扶持玛丽成为英国女王。[④] 在伊丽莎白一世看来,"玛丽是一个可以使反对派团结起来的人"[⑤]。因此,有必要判处她死刑,保护王位的安全。还有学者把玛丽与西班牙"无敌舰队"入侵联系起来,认为英国为了迎击"无敌舰队",必

[①] J. R. Tanner, *Tudor Constitutional Documents A. D. 1485-1603 with an Historical Commentary*, Cambridge: Cambridge University Press, 1951, p. 443.

[②] Luke Owen Pike, *A History of Crime in England*, Vol. II, London: Smith, Elder & Co., 1876, p. 44.

[③] Luke Owen Pike, *A History of Crime in England*, Vol. II, London: Smith, Elder & Co., 1876, p. 41.

[④] Ronald Fritze, *Historical Dictionary of Tudor England, 1485-1603*, London: Greenwood Press, 1991, p. 45.

[⑤] Luke Owen Pike, *A History of Crime in England*, Vol. II, London: Smith, Elder, & Co., 1876, p. 43.

须首先安定国内秩序，只有处死玛丽才能从根本上维护英国国内的统治秩序。①

在审判过程中，控辩双方冲突不断。首先，玛丽本人极力抵制这次审判，她认为审判是极为不合理的："我感到很奇怪，伊丽莎白居然命令我以一名英国臣民的身份出庭，我是苏格兰女王，我绝对不允许有人做出损害我的王位、领地、等级和子女的事情。"② 这也是这次审判面临的主要法律困境，即审判在英国避难的外国女王是否合法。对于这一问题，法官哈顿（Hatton）给出了很好的答复。他指出："你被指控的是谋杀我们涂过圣油之后的女王。你说你也是女王，的确如此，但这并不妨碍你回答我们的问题，这完全符合民法、教会法、国家法和自然法。如果谋杀女王的犯罪发生了却无人问津，那么我们这些法官岂不是毫无作为。如果你是无辜的，拒绝审判也恢复不了你的名誉。因此，请把你高贵的血统放到一边，在法官面前证明你是无罪的。"③

其次，法庭出示的证据并不充分。玛丽声称并不认识巴宾顿，没有收到他的信，也没有给他寄过信。但在庭前审判时期，法官通过刑讯逼供，从巴宾顿口中得知玛丽给他写过信。信中说，如果巴宾顿能够收到法国和苏格兰寄给她的信，请他通过送信人转交自己。④ 巴宾顿还供认自己曾给苏格兰玛丽写信，书信内容大体是请求玛丽成为天主教领袖，恢复天主教在英国的地位。⑤ 对这封信，玛丽提出质疑，她认为这封信是伪造的证据，即使信是真的，也无法证明她收到过这封信。但法庭最终采信了巴宾顿等人的口供，认定玛丽犯叛逆罪。

都铎王朝中后期，被告人在叛逆罪审判中处于更为不利的地位。首先，从审判制度上看，英国自 1555 年颁布《收押法》以来，审前程序更

① Luke Owen Pike, *A History of Crime in England*, Vol. II, London: Smith, Elder, & Co., 1876, p. 46.
② J. R. Tanner, *Tudor Constitutional Documents A. D. 1485-1603 with an Historical Commentary*, Cambridge: Cambridge University Press, 1951, p. 444.
③ J. R. Tanner, *Tudor Constitutional Documents A. D. 1485-1603 with an Historical Commentary*, Cambridge: Cambridge University Press, 1951, p. 446.
④ *A Complete Collection of State-trials, and Proceedings for High-treason*, London, 1730, p. 141.
⑤ *A Complete Collection of State-trials, and Proceedings for High-treason*, London, 1730, p. 142.

加完善，但这项制度对被告人却是不利的。法令赋予地方治安官逮捕和讯问叛逆罪嫌疑人的权力，要求他们收集整理被告人的口供，作为将来进行司法审判的证据。① 由于治安官是国王的官员，他们无法中立地进行调查，而是想方设法取得有利于国王的口供，可见，这样的制度对被告人是不利的。在苏格兰玛丽案和斯洛克莫顿案中，证据都十分薄弱，但由于陪审团对待证据的态度不同，判决结果也完全不同。其次，从审判过程看，被告人很少有辩护机会。玛丽曾抱怨道："我是苏格兰女王，我对英格兰绝大多数的法律和法令都不熟悉，我需要一名法律顾问为我提供建议。"② 玛丽的要求在都铎王朝时期是无法实现的，这与当时法律和事实分野的法律思想有关。法官认为，被告人是犯罪信息的最主要来源，他们不需有法律知识，只要能够把事实说清楚就行了，具体的法律问题由法官处理。"一个问心无愧者，他的简明、单纯，他的毫无矫情的坦率言行，更能打动人心，更具有说服力，胜过其他非当事人的滔滔雄辩。""如果允许律师介入，将妨碍法庭对其定罪，使之逍遥法外。"③ 法官拒绝了玛丽的请求，毫无法律知识的玛丽与法律知识渊博的法官进行辩论，结果自然对玛丽不利。相比之下，斯洛克莫顿的法律知识丰富，能够熟练地运用《1352 年叛逆法》和玛丽一世时期的法律。当他要求获得法律援助时，法官半开玩笑地说："你已经有够多的法律知识了，不需要法律援助。"④ 两人在法律知识上的差别，也在很大程度上决定了法律判决的结果。

综观都铎王朝时期的叛逆罪审判，政治干预审判的现象较为明显，法官是由国王任命的，国王在很大程度上可以决定审判结果。对此，国内外学者都有相似的认识。马克垚指出："法律的规定改变不了政治实际力量的对比。历史并不按法律规定行事，因为法律就是人规定的。"⑤ 斯塔布斯也指出，"叛逆罪立法是一个不光彩的片段，这些立法没有或者几乎没

---

① 〔美〕兰博约：《对抗式审判的起源》，王志强译，复旦大学出版社，2010，第 28 页。
② J. R. Tanner, *Tudor Constitutional Documents A. D. 1485–1603 with an Historical Commentary*, Cambridge: Cambridge University Press, 1951, p. 444.
③ 〔美〕兰博约：《对抗式审判的起源》，王志强译，复旦大学出版社，2010，第 24 页。
④ *A Complete Collection of State-trials, and Proceedings for High-treason*, London, 1730, p. 74.
⑤ 马克垚：《英国封建社会研究》，北京大学出版社，2005，第 277 页。

有达到预期的目的"①。因此，当国王的政治宗教政策得到民众普遍支持时，叛逆法容易得到落实；当国王的政治宗教政策得不到普遍支持时，即使有现成的叛逆法，也很难在司法中实施。

第四节　斯图亚特叛逆法："至尊王权"衰落

斯图亚特王朝早期，叛逆法在保护对象上发生了较多变化。苏格兰国王入主英格兰之后，"至尊王权"仍在延续，这时的叛逆法与都铎王朝时期并无二致。随着议会和法官地位提高，"至尊王权"开始松动，国王和议会的冲突不断升级，最终导致王权走向衰落。

一　斯图亚特初期王权与议会

1603 年伊丽莎白一世死后无嗣，"至尊王权"传给苏格兰国王詹姆斯·斯图亚特②，苏格兰、英格兰"共侍一主"。由于苏格兰与英格兰在法律、政治上差异较大，新国王的统治方式得不到英格兰人认可。英格兰人以议会为中心，与国王对抗，致使"至尊王权"不断受到削弱。

詹姆斯·斯图亚特 1603 年继承英国王位之前，已经统治苏格兰 36 年。从他的统治情况看，他是一个年轻有为的国王。"在统治苏格兰初期，詹姆斯面临种种不利局面，苏格兰没有英格兰那样成熟的政治体系，是当时欧洲最混乱的国家，但詹姆斯还是把这个国家治理得井井有条。"③詹姆斯的统治方式是防止外部势力染指王权，"纵然在历史的趋势中漂泊，但他牢牢地控制着国策，独立进行统治，因此，他的身边没有一个像英格兰的伯利（Burleigh）或瑞典的乌克森谢纳（Oxenstierna）那样的左辅右弼"④。尽管詹姆斯的政绩比较突出，带着荣耀来到英格兰成为詹姆

---

①　William Stubbs, *The Constitutional History of England, in Its Origin and Development*, Vol. III, Oxford: Clarendon Press, 1875, p. 538.

②　詹姆斯·斯图亚特 1567 年 7 月继承苏格兰王位，称詹姆斯六世。1603 年 3 月南下英格兰，成为英格兰国王，称詹姆斯一世。

③　J. P. Kenyon, *Stuart England*, Harmondsworth: Penguin Books Ltd., 1985, p. 57.

④　Rosalind Mitchison, *A History of Scotland*, London: Routledge, 2002, p. 108.

斯一世，不过"他在心态上显得过于自信"①。毕竟，英格兰和苏格兰长期处于敌对状态，两国在法律、政治制度和社会习俗上都存在较大差异，在苏格兰获得的统治经验显然无法直接应用于英格兰。

凭借着伊丽莎白一世留下来的政治遗产，"至尊王权"依然在斯图亚特王朝初期延续，国王是世俗和教会的至尊首脑。在詹姆斯一世即位后的第一届议会上，"议会上下院（以无法形容的喜悦之情）认可国王具有继承王位的血统，批准国王的至尊王冠（Imperial Crown），承认国王占有所有领地和权力，请求最为高贵的詹姆斯陛下成为英国王室唯一的合法继承人"②。

为了保护王权，詹姆斯一世也颁布叛逆法。1605~1606年议会颁布《镇压拒绝服从的天主教徒法案》。法令要求英国臣民应拒绝向罗马教皇效忠，维护国王在英国教会中的首脑地位，"任何臣民采取行动摆脱对国王及其继承人天然的效忠，或者与罗马教皇及其代理人达成和解，宣布效忠于伪权威罗马教皇或者其他王国的君主、犯罪者以及他的同谋犯都将构成叛逆罪"③。对于已经摆脱对国王效忠的人，法令要求他们"按照伊丽莎白一世一年法中的做法，立即返回英国，在主教或者治安法官面前重新进行至尊宣誓，效忠于英国国王"④。同时，法令规定的处罚措施也与都铎王朝时期相同，由巡回法院或者王座法庭进行"同级审判"。⑤ 这部法令是斯图亚特王朝早期国王颁布的两部叛逆法之一，另外一部是查理二世在复辟之后颁布的。从法令中看，詹姆斯一世基本继承了都铎王朝时期的叛逆法，继续推行"至尊宣誓"，敌对罗马教皇，强化英国臣民对国王的效忠。

值得注意的是，詹姆斯一世的王权与都铎王朝的王权是貌合神离的。

---

① J. P. Kenyon, *Stuart England*, Harmondsworth: Penguin Books Ltd., 1985, p. 58.

② *The Statutes of the Realm*, Vol. IV-part two, Buffalo: William S. Hein & Co., INC., 1993, p. 1018.

③ Richard Watkins, *A Collection of the Several Statutes and Parts of Statutes Now in Force Relating to High Treason and Misprison of High Treason*, Edinburgh, 1796, p. 59.

④ Richard Watkins, *A Collection of the Several Statutes and Parts of Statutes Now in Force Relating to High Treason and Misprison of High Treason*, Edinburgh, 1796, p. 60.

⑤ *The Statutes of the Realm*, Vol. IV-part two, Buffalo: William S. Hein & Co., INC., 1993, p. 1075.

詹姆斯一世要建立的不是都铎王朝时期的"至尊王权",而是"专制王权"。"都铎时期政治上的主旋律是王权至尊而不是君主专制,都铎政府既没有军队镇压叛乱,又没有建立起强大的官僚体制进行统治,难以成为专制君主,因为国王绝对没有威迫臣民的能力。"① 而来自苏格兰的詹姆斯一世要建立的是一种"君权神授"的"专制政体"。在"至尊王权"和"专制政体"下,国王都拥有至高的权威,但两者在本质上是不同的。莫尔顿指出,都铎王朝的政体是一种特殊的"专制王权",也就是得到臣民赞同的"专制王权"。都铎王朝的国王为了维护统治,必须竭力维护各种阶级势力的平衡。这种平衡是不稳定的,亨利八世时期反对王权的势力较强,就迫使国王不断强化王权,到了伊丽莎白一世时期,国内外矛盾得到缓和,王权也开始受到议会和法官等各种势力的限制。与英国王权受到限制不同,欧洲大陆的封建制度往往让位于官僚主义的专制政体,其中最典型的例子是法国。斯图亚特君主完全认识到这种海外趋势,有意识地决定模仿法国国王,建立起欧洲大陆那样的"君主专制政体"。② 为此,詹姆斯鼓吹"君权神授"思想,他写过两本著作——《自由君主的正确规范》(*Trew Law of Free Monarchies*)和《国王的天才》(*Basilikon Doron*),毫不尊重英国具有象征性意义的"王在法下"传统,毫不含蓄地宣称"苏格兰的君主们在君主制和等级制建立之前,在议会召集之前,在法律颁布之前,就已经存在。君主划分了社会等级,分配了土地,建立了各种政府机构。国王创造了法律,而不是法律创造了国王"③。这样的思想忽视了议会以及法官在英国政治中的作用,导致国王与议会和法官之间产生冲突,最终威胁到国王的合法地位。

二 叛逆法对"国家共同体"的保护

詹姆斯一世继承了英国的"至尊王权",同时也必须接受政治独立性日渐增强的议会下院,接受司法独立性日渐增强的法院。随着英国议会下院的兴起,议员在维护自身经济利益的斗争中培养出独立的意识。他们敢

---

① 〔英〕屈勒味林:《英国史》下,钱端升译,中国社会科学出版社,2008,第427页。
② 〔英〕阿·莱·莫尔顿:《人民的英国史》,谢琏造等译,三联书店,1962,第301页。
③ 张美、鞠长猛:《现代世界的引擎:工业革命》,长春出版社,2010,第25页。

于反抗王权，并把这种精神传播到政治领域。议员们提出自己的政治主张，要求获得自由发言权，对王权形成一定的冲击，改变了议会屈从于王权的现状。亨利八世时期，议会始终屈从于王权，"在议会召开期间，下院议员任何微不足道的冒犯国王行为，都会被看作反对王权以及议会体制，将受到严惩"①。然而，到了伊丽莎白一世时期，下院掌握批准经济提案的权力，成为解决各种社会问题的最终场所。"议会是社会各个方面的连接点，各种矛盾、各种冲突都在这里汇集、交锋并通过立法过程得到解决。"② 议会下院敢于同女王分庭抗礼，迫使女王在 1566 年的议会上感慨议员的桀骜不驯，她说"对下院没必要大惊小怪的，因为他们见识短浅，顽劣得像个孩子一样"③。

詹姆斯对英国的政治和法律都不了解，盲目按照苏格兰的政治运作方式统治英格兰。苏格兰的统治机构虽然不至于原始，但较为松散。苏格兰拥有单一制的立法机构，权力较小，易受到国王的左右。詹姆斯在苏格兰进行统治主要依靠贵族阶层，这在西欧是非常普遍的做法，但英格兰却不是如此。④ 英格兰的议会机构十分庞大，经过宗教改革，"议会已经成为主权国家的化身，成为国家的政治中心之一，其职能也从仅仅解决地方性问题转变为解决全国性问题"⑤。到了伊丽莎白一世时期，各个阶层和利益集团的代表来到议会不只是为了请愿，也是为了参与国家政治决策，与国王一起行使管理国家的大权。当詹姆斯统治英国时，英格兰人认为"国王在完全不同的政治环境中长大，经常毫无道理地批评英国"⑥，他的所作所为，加剧了议会与王权的冲突。

首先，在任命官员上，詹姆斯一世大量任用苏格兰人。他任命五名苏格兰人加入新成立的枢密院，其中乔治·休姆（George Hume）担任财政

---

① G. R. Elton, *The Tudor Constitution Documents and Commentary*, Cambridge：Cambridge University Press, 1982, p. 270.
② 刘新成：《英国都铎王朝议会研究》，首都师范大学出版社，1995，第 285 页。
③ J. R. Tanner, *Tudor Constitutional Documents A. D. 1485-1603 with an Historical Commentary*, Cambridge：Cambridge University Press, 1951, p. 556.
④ J. P. Kenyon, *Stuart England*, Harmondsworth：Penguin Books Ltd., 1985, p. 58.
⑤ 刘新成：《英国都铎王朝议会研究》，首都师范大学出版社，1995，第 278 页。
⑥ Ronald H. Fritze and William B. Robinson, *Historical Dicionanry of Stuart England*, 1603-1689, London：Greenwood Press, 1996, p. 266.

大臣和王室司库，托马斯·厄斯金（Thomas Erskine）担任王室护卫，伦诺克斯公爵（duke of Lennox）担任王室管家，① 打破了英格兰人在枢密院中的主导地位。

其次，詹姆斯一世在经济上较为奢靡，加剧了财政危机。伊丽莎白一世时期，由于通货膨胀严重，王室的财政和土地收益一直在不断减少，已经负担 10 万英镑的债务。詹姆斯一世虽然不像伊丽莎白那样参与大国争霸战争，但他却要供养英格兰、苏格兰和威尔士三个王室，其中只有英格兰比较富裕，因此"詹姆斯把英格兰当成了摇钱树，丝毫没有实行财政紧缩政策的意思"②。英格兰的债务也节节攀升，1608 年达到 59.7 万英镑，1618 年达到 100 万英镑。纵使国王不断出卖爵位，也很难扭转财政上的窘境，只有不断向议会索要年金和特别税。③ 查理一世时期，财政危机略有好转，财政大臣理查德·韦斯顿（Richard Weston）开源节流，使国王的债务负担降到 31.5 万英镑。但是，一旦遇到战争，查理一世仍然需要向议会索要特别税。由于财政收入不足，詹姆斯一世在议会面前显得比较被动。④

再次，法律问题也是困扰国王的一个问题。苏格兰适用大陆法，法官可以进行秘密庭前审讯，刑讯逼供合法化，被告人也没有充分的辩护机会。⑤ 这与英国悠久的法制传统相抵触。英国人对自己的法制传统是很骄傲的，约翰·福蒂斯丘爵士在《论英格兰的法律与政制》中褒扬道："英格兰的习惯法不但是最好的，而且是最为优秀的，这不容反驳，也没有堪称合理的怀疑。"⑥ 爱德华·柯克也指出："世界上没有任何法律学问能像英国普通法那样不可或缺，在普通法之下，英国民众享受持久的繁荣。"⑦

① Ronald H. Fritze and William B. Robinson, *Historical Dicionanry of Stuart England*, 1603 - 1689, London: Greenwood Press, 1996, p. 266.

② Angus Stroud, *Stuart England*, London: Routledge, 1999, p. 31.

③ Angus Stroud, *Stuart England*, London: Routledge, 1999, pp. 31-33.

④ Angus Stroud, *Stuart England*, London: Routledge, 1999, pp. 59-61.

⑤ 〔英〕萨达卡特·卡德里：《审判的历史——从苏格拉底到辛普森》，杨雄译，当代中国出版社，2009，第50~54页。

⑥ 〔英〕约翰·福蒂斯丘爵士著，〔英〕谢利·洛克伍德编《论英格兰的法律与政制》，袁瑜珺译，北京大学出版社，2008，第58页。

⑦ Edward Coke, *The Second Part of the Reports of Sir Edward Coke*, London, 1777, preface iii.

詹姆斯一世不认同英国法是先王法律的积累，他认为法律完全是由国王颁布的，宣称："任何限制或取代国王作为法律看守人的行为都是非法的，若将法律交到毫无头脑的民众手中，当他们厌倦了服从法律时，就会抛开上帝设置在人间的政府，摆脱上帝对他们的约束。妨碍国王在他的职位上履行职能就是谋逆。我不希望我的权力被妨碍，我自然会按照法律行事，但我绝不允许我行使权力的时候，受到这些思想的干扰。"① 在现实司法活动中，詹姆斯也没有充分尊重英国法律，他在纽瓦克（Newark）不加审讯就当场绞死盗贼，② 这无疑是对英国法律制度的挑衅。

最后，在宗教问题上，詹姆斯一世与英格兰的清教也发生了冲突。自1567 年开始，深受加尔文教义影响的长老派成为苏格兰国教。伊丽莎白一世时期，英格兰则是以安立甘宗为国教，推行宽容清教、迫害天主教徒的宗教政策。詹姆斯一世即位初期表现出宽容清教的态度，"对新、旧教徒都采取折中、妥协的态度"③。后来，他为了宣扬"王权神授"，更倾向于维护国教的地位，对独立派清教徒要求改革国教的呼声置之不理。詹姆斯一世对天主教徒采取敌视态度，他没有放松都铎王朝时期惩罚天主教徒的立法，继续向天主教徒处以罚款。极端天主教徒率先发难，他们从1604 年开始策划"火药阴谋"，在议会旁边租住房屋，从地下室挖了一条通到议会大厦底部的地道，企图在 1605 年议会召开时使用炸药炸死国王及其重臣，推动天主教徒发动大叛乱。④ 这是詹姆斯一世遇到的首个严重叛逆案件，阴谋没有成功，反而迫使议会在 1606 年通过立法，继续反对天主教。随后，詹姆斯为了防止独立派清教徒建立自成系统的组织，继续进行宗教迫害，逼迫他们逃往尼德兰、北美等地。

詹姆斯一世的统治理念与英格兰政治、法律和宗教有着种种不和，引发英国民众对国王的反感，致使王权不断损耗。1625 年查理一世即位之后，继续追求王权的膨胀，国王与议会、教会之间的矛盾进一步激化。

---

① Christopher Hill, *Intellectual Origins of the English Revolution*, Oxford: Clarendon Press, 1997, p. 359.

② 〔英〕屈勒味林：《英国史》下，钱端升译，中国社会科学出版社，2008，第 428 页。

③ 王忠和：《英国王室》，百花文艺出版社，2007，第 160 页。

④ Ronald H. Fritze and William B. Robinson, *Historical Dicionanry of Stuart England*, 1603 – 1689, London: Greenwood Press, 1996, p. 217.

"由于查理一世在安立甘国教的环境中出生、长大，因此他在感情上更加认为自己是教会的至尊首脑。"① 从 1629 年国王解散议会，到 1640 年重开议会，这 11 年中英国处于"无议会统治时期"。② 查理一世还任用保守的威廉·劳德（William Laud）出任坎特伯雷大主教，"劳德推行的许多改革措施，仿佛要把英国重新带回罗马。他在无议会统治时期，对教会采取强制性措施，让英国人感到查理一世的政府是一个专制政府"③。

当清教徒在议会中的影响力逐步提升时，国王在政治、经济、法律和宗教上的专断却不断损耗着英格兰民众对国王的支持。此时，议会已经控制财税、立法等大权，形成相对独立的权威，在一定程度上可以制衡王权。面对国王的专断，议会在某些方面会有所反弹，做出不利于加强王权的决定，这无疑为王权走向崩溃做了铺垫。

三　司法领域中叛逆"国家共同体"案例

17 世纪末 18 世纪初，英国在国内外维持着和平局面，叛逆案件相对较少。"1569 至 1642 年这段时间是英国享有国内和平最长的时期。在 1605 至 1641 年之间，没有一个贵族，也没有一个绅士曾企图反叛。这段时间中，的确只有一个贵族被处以死刑（卡斯尔汉文伯爵在 1631 年为了众所周知的色情罪）。一般说来，反叛和判刑的数字在数十年间不断减少。"④ 1641 年 3~5 月发生的托马斯·温特沃思（Thomas Wentworth，1593~1641 年）案则是一个重要的叛逆案件，这是一场王权与议会之间的权力角逐，"实际上是议会对查理一世政府对英格兰和爱尔兰个人统治方式、统治手段以及统治政策的控告"⑤。该案也是英国历史上最具争议的叛逆罪审判之一，具有强烈的政治色彩。该案对英国叛逆罪解释有了一

① J. R. Kenyon, ed., *The Stuart Constitution 1603 - 1688 Documents and Commentary*, Cambridge: Cambridge University Press, 1966, p. 9.

② 于洪:《信仰的崩溃与重建: 宗教改革》, 长春出版社, 2010, 第 151 页。

③ Chris Cook, ed., *English Historical Facts*, *1603 - 1688*, Totowa: Rowman and Littlefield, 1980, p. 112.

④ 〔英〕肯尼思·O. 摩根主编《牛津英国通史》, 王觉非等译, 商务印书馆, 1993, 第 326 页。

⑤ D. Alan Orr, *Treason and the State: Law*, *Politics and Ideology in the England Civil War*, Cambridge: Cambridge University Press, 2002, p. 61.

定的创新，预示着新的叛逆罪审判高峰即将到来。更重要的是，该案为未来审判查理一世奠定了法律基础。

托马斯·温特沃思是斯特拉福德伯爵，在查理一世统治的 17 世纪 30 年代发挥过重要作用。温特沃思是北方委员会和爱尔兰总督，即英格兰边境地区的军事统帅，在英格兰北方和爱尔兰建立起强力统治。在短期议会解散之后，温特沃思作为查理一世的亲信，担负起抵抗苏格兰入侵的重任。由于英格兰贵族暗中支持苏格兰人入侵，并且处处刁难出征的英格兰军队，"等到英吉利军队与苏格兰军队遭遇的时候，不服从号令和私下发牢骚的现象倍增"①，导致温特沃思在战争中惨败。军事上的失败，使温特沃思失去了最后的保护伞，在 1640 年 11 月 11 日出席议会时，他遭到议会上下两院的弹劾，罪名是叛逆罪。

为了尽可能地提高弹劾案件的成功率，议会下院在起草起诉书时，"罗织了大量的叛逆罪名，特别突出他在 1632~1640 年担任总督期间，怂恿国王召开和解散短期议会的罪行"②。这些罪名主要包括七大罪状，其内容大致如下：

> 第一大罪状，温特沃思恶意颠覆英格兰和爱尔兰的基本法（Fundamental Laws）以及王国政府，建立一个专制专断的政府损害法律，公然通过叛逆性言语为国王提供建议，还通过军事威胁逼迫民众服从专制。第二大罪状，在英格兰和爱尔兰把自己的权力凌驾于民众的生命、自由、土地和福祉之上，实行专制统治，僭越或者未能履行臣民应尽的义务。第三大罪状，恶意地非法扣留国王大量的税收；在国王急需金钱以及军队缺乏军饷时，从国库中挪用大量金钱据为己有。第四大罪状，恶意滥用政府的权力包容和支持天主教徒，与天主教组织之间建立起相互信任的关系，企图在天主教徒的帮助下实现其专制的计划。第五大罪状，恶意挑拨英格兰与苏格兰之间的关系。第六大罪状，在与苏格兰的战争中故意指挥不力，丢失纽卡斯尔城，造

---

① 〔法〕基佐：《1640 年英国革命史》，伍光建译，上海三联书店，2011，第 87 页。
② Ronald H. Fritze and William B. Robinson, *Historical Dicionary of Stuart England*, *1603－1689*, London：Greenwood Press, 1996, p. 545.

成大量臣民伤亡，离间国王与军队之间的关系；玷污国家荣誉，给纽卡斯尔造成巨大损失，也引发英格兰和苏格兰之间不可调和的民族矛盾。第七大罪状，为了防止受到议会的质问，企图颠覆议会的权威，阻碍议会召开；恶意诽谤议会，离间国王与议会之间的关系。①

从起诉罪名看，法院试图将温特沃思控告成颠覆法律、专制独裁、僭越王权、勾结天主教、发动战争、横征暴敛和蛊惑国王的叛逆者。不过，从当时的叛逆法看，这份起诉书存在诸多法律缺陷，许多罪名都无法构成叛逆罪。对于第一大罪状，温特沃思认为他并没有颠覆英国的法律，他不否认自己过多地动用衡平法来审判案件，抑制了普通法在土地和财产案件中的作用，但这并不足以构成叛逆罪。② 对于第二大罪状，温特沃思认为他并没有凌驾于法律之上。他认为爱尔兰有着不同于英格兰的法律体系，他的统治完全是按照国王的旨意以及爱尔兰法律进行，从来没有僭越王权，也没有达到专制统治的程度。③ 对于第三大罪状，温特沃思承认他在统治爱尔兰期间实行了专卖制度，并抬高了商品价格，但他否认将国库的钱财挪为己用。他认为正因他统治有方，才增加了财政收入，而这些增收的钱都上缴给了国王。④ 对于第四大罪状，温特沃思承认限制爱尔兰民众与国外的交通，但这是为了防止爱尔兰人与罗马教廷取得联系，绝不是为了勾结天主教势力。⑤ 对于第五大罪状，法院提供的证据是温特沃思主持修改苏格兰教会的宣誓词，造成苏格兰和英格兰矛盾激化，进而爆发战争。温特沃思辩驳说，这完全是在国王的授权下进行的，并非他一手策划的。⑥

---

① History of Parliament Trust, *Journal of the House of Lords: Volume 4: 1629-42*, London, 1767-1830, p. 97.

② John Rushworth, *The Trial of Thomas Earl of Strafford Lord Lieutenant of Ireland*, *upon an Impeachment of High Treason*, London, 1680, pp. 61-62.

③ John Rushworth, *The Trial of Thomas Earl of Strafford Lord Lieutenant of Ireland*, *upon an Impeachment of High Treason*, London, 1680, pp. 62-63.

④ D. Alan Orr, *Treason and the State: Law*, *Politics and Ideology in the England Civil War*, Cambridge: Cambridge University Press, 2002, p. 81.

⑤ John Rushworth, *The Trial of Thomas Earl of Strafford Lord Lieutenant of Ireland*, *upon an Impeachment of High Treason*, London, 1680, pp. 476-477.

⑥ Conrad Russell, "The Theory of Treason in the Trial of Strafford," *The English Historical Review*, Vol. 80, No. 314 (Jan., 1965), p. 40.

对于第六大罪状，温特沃思认为他出兵苏格兰的目的不是挑拨两国的关系，而是迎战入侵英格兰北部的苏格兰军队。[1] 对于第七大罪状，温特沃思也回击道，召集和解散议会都是国王的决定，他只是执行国王的决定罢了。[2] 在辩论过程中，英格兰法律和爱尔兰法律之间的差别，成为极具争议的问题。温特沃思认为，"爱尔兰是被英国征服的土地，国王可以在这块土地上按照自己的喜好行使权力，算不上专制。只要他愿意，在这里推行什么样的法律都可以"[3]。但议会方面认为，征税、修改苏格兰教会誓词、发动战争、发布公告等行为都必须由议会批准才能执行，否则就是僭越权力，可以构成叛逆罪。这实际上是两种法律理念的冲突，温特沃思代表的是"至尊王权"思想，而议会代表的是一种用法律传统限制王权的改革理念。这种理念主要流行于以皮姆为代表的下院议员中，上院议员并不认同这样的理念，因此上院贵族审判庭已经决定宣判温特沃思无罪。[4]

下院意识到，如果温特沃思获得无罪释放，"改革的事业几乎还没有诞生，就又要受它的最危险的仇敌（温特沃思）的攻击了。于是就下定决心，采取突然的、大胆的一击"[5]。在 1640 年的议会上，下院拟定剥夺法案，决定判定温特沃思为叛逆罪。剥夺法案中罗列的罪名与起诉书中大体相同。在罗列了罪名之后，法案并没有援引具体的叛逆法便宣布："斯特拉福德伯爵因上述罪行被判决为叛逆罪，应被处死并罚没所有的财产。"[6] 法案顺利在议会获得通过。

温特沃思作为国王的亲信，"和查理一世联合在一起，维持着王国的秩序，是政府的大梁"[7]。他是查理一世最重要的军事统帅，是议会推

[1] John Rushworth, *The Trial of Thomas Earl of Strafford Lord Lieutenant of Ireland, upon an Impeachment of High Treason*, London, 1680, p. 545.

[2] John Rushworth, *The Trial of Thomas Earl of Strafford Lord Lieutenant of Ireland, upon an Impeachment of High Treason*, London, 1680, p. 509.

[3] Conrad Russell, "The Theory of Treason in the Trial of Strafford," *The English Historical Review*, Vol. 80, No. 314 (Jan., 1965), p. 36.

[4] 〔英〕阿·莱·莫尔顿：《人民的英国史》，谢琏造等译，三联书店，1962，第 310 页。

[5] 〔法〕基佐：《1640 年英国革命史》，伍光建译，上海三联书店，2011，第 107~108 页。

[6] *The Statutes of the Realm*, Vol. V, Buffalo: William S. Hein & Co., INC., 1993, p. 178.

[7] J. R. Kenyon, ed., *The Stuart Constitution 1603-1688 Documents and Commentary*, Cambridge: Cambridge University Press, 1966, p. 10.

行改革的主要威胁。在某种程度上说，对温特沃思的审判实际上是针对国王的。议会不惜冒着触犯叛逆罪的危险，与苏格兰叛乱者勾结，致使英格兰军队在北方惨败于苏格兰军队，造成国王内外交困的局面。当国王力图挽救温特沃思的时候，议会很快意识到这是在"恢复他们最可怕的仇敌（温特沃思）的自由"①。因此，议会不惜采用剥夺法案，强行判定其为叛逆罪，以断绝军事将领对国王的效忠，在政治和军事上孤立国王。

对温特沃思的审判，实际上是一场关于效忠国王抑或效忠法律的争论。一方面，议会在起诉温特沃思时并没有提到他对王权的危害，而是大篇幅地罗列他对国家、法律和民众造成的危害。另一方面，温特沃思及其证人不断强调，他们完全是按照国王的旨意行事，没有任何蓄谋进行叛逆的行为，但议会并没有采信这一说法，表现出对王权凌驾于法律之上的不满。随着温特沃思被判有罪，叛逆罪的保护对象从保护王权向保护国家、法律和民众过渡。议会下院领袖皮姆对这样的结果点评道："政府变成了一个国家的机构，而不再只属于某一个统治者了。"②

查理一世并没有意识到该案对叛逆法发展的意义。起初，他为了保护温特沃思而拒绝签署剥夺法案。但在民众和议会的压力以及林肯主教的劝解下，他试图"牺牲一个人以保全君位"，最终签署法案，把温特沃思送上断头台。温特沃思之死，直接损害了国王的利益，"随着温特沃思被处死，议会在立法上的地位骤然提高"③。议会在国家中的地位也得以凸显，叛逆法的内涵更随之发生了改变，国王和王权不再是叛逆法保护的唯一目标。"表面上看，王权在这次审判中无伤大雅。这次审判的本质问题不是温特沃思是否构成叛逆罪，而是他是否具有合法治理的权力。个人统治方式、发布公告、强制建立特权法庭实际上是这次审判的主要对象。"④ 可

---

① 〔法〕基佐：《1640 年英国革命史》，伍光建译，上海三联书店，2011，第 103 页。

② Lisa Steffen, *Defining a British State: Treason and National Identity, 1608-1820*, New York: Palgrave, 2001, p. 27.

③ D. Alan Orr, *Treason and the State: Law, Politics and Ideology in the England Civil War*, Cambridge: Cambridge University Press, 2002, p. 83.

④ D. Alan Orr, *Treason and the State: Law, Politics and Ideology in the England Civil War*, Cambridge: Cambridge University Press, 2002, p. 84.

见，王权及其统治方式是这次审判的核心问题，结果王权败诉，中世纪时期形成的"国王无过错"理论也就此破灭。审判温特沃思的法律思想随着长期议会（1640~1653 年）延续下去，"审判他所使用的政治词汇，在以后的政治中被转化成合法的"①。法律以及议会的地位也得以快速提升，促进了英国新叛逆罪观念的诞生，这一切都为议会以"叛逆罪"处死查理一世奠定了法律基础。

---

① Lisa Steffen, *Defining a British State: Treason and National Identity, 1608–1820*, New York: Palgrave, 2001, p. 100.

第三章

"无王时代"叛逆法：
"叛逆国家"的初步探索

1649 年议会处死查理一世，建立起"共和国"，英国经历了一段"无王时代"。保护共和国和议会成为"无王时代"叛逆法的主要内容。奥利弗·克伦威尔成为"护国公"之后，叛逆法又侧重于保护共和国的首脑"护国公"。等到斯图亚特王朝复辟之后，"无王时代"结束，叛逆法虽然又恢复到"至尊王权"时期，但也继承了内战时期的成果，悄然向"保护国家"迈进。

第一节　审判查理一世与"至尊王权"的覆灭

英国历史上不乏废除国王的事件，也不乏国王非正常死亡的先例，但只有查理一世成为叛逆罪被告，接受叛逆罪审判并被"依法"处死。原本用来保护国王的叛逆法，却置国王于死地。这次叛逆法"倒戈"事件，赋予了叛逆罪全新的内涵，成为叛逆法发展进程中的一次重大转折。

一　叛逆法的新特点

都铎王朝末期和斯图亚特王朝早期，英国经历"普通法复兴"运动之后，叛逆法表现出反复性、宽容性和可调控性等新特点。正是这些特点的存在，为议会派扩大叛逆法的适用范围创造了条件，也为将来审判国王做好了法律上的准备。

首先，在反复性方面，从都铎王朝末期开始，国王改变了以往不断增加叛逆罪名的立法方式，使叛逆法逐步趋于稳定。约翰·贝拉米总结道："都铎王朝最后三位国王在即位之初都轻率地认为，他们可以不用严酷的惩罚就能有效统治民众。但是，他们的设想往往被残酷的现实打破，很快他们又重新起用残酷的叛逆罪名。"① 国王刚即位时总是废除大量叛逆罪名，而后又被迫恢复旧有罪名。每位国王的叛逆罪名数量都是前少后多，从而体现出数量周期性增减的变化轨迹。斯图亚特王朝初期，国王也遵循了这样的传统，对叛逆法的运用相对较为宽松。

其次，在宽容性方面，各位国王都对严刑酷吏的统治方式进行了反思，特别是亨利八世的立法方式受到批评。英国议会对此评价道："都铎王朝亨利八世时期创制了许多异常苛刻、残酷、极端和令人恐惧的叛逆罪名。现在，推行宽容统治的国王应该通过议会将这些严刑酷法废除，将更多的仁慈和关爱赐予臣民。"② 为了释放友善信号，此后颁布的法令中常强调，"法律是用来保护民众福祉的，而不是用来极端摧残的；法律是用来遵守的，而不是用来惩罚的。许多声誉良好的人仅仅因为说话但没有其他思想和行动便被处以死刑。这种轻率的惩罚方式与国王高尚的品质极不相称"③。此后国王逐渐形成了一种新的立法思想，即严刑能够达到的目的，宽容同样能够达到，甚至会更好。这无疑是立法思想上的进步。

再次，此时叛逆法已经超越了法律工具阶段，逐步成为一种施政手段。国王不再被动地应对各种叛逆行为，而是主动求变。一旦发现新的叛逆行为，他们选择用援引判例进行规范，而不是立即用新增叛逆罪名进行草率镇压。到了斯图亚特王朝时期，国王调控叛逆罪名的能力显著增强。他们在需要民众支持的时候放宽处罚；在面临严重统治危机时，重新使用严刑峻法。此时，叛逆法已经不仅仅是一种法律工具，而且成为国王施政时必须考虑的一种政治手段，即利用叛逆罪的宽严来应对不同程度的社会矛盾。

最后，叛逆法在"普通法复兴"背景下开始回归传统。在都铎王朝

---

① John Bellamy, *The Tudor Law of Treason*, London: Routledge & Kegan Paul, 1979, p. 47.

② *The Statutes of the Realm*, Vol. IV, Buffalo: William S. Hein & Co., INC., 1993, p. 18.

③ *The Statutes of the Realm*, Vol. IV, Buffalo: William S. Hein & Co., INC., 1993, p. 198.

中期，国王的叛逆罪立法几乎抛弃了传统，所创制的叛逆罪名也缺乏传统依据。但都铎王朝后期及斯图亚特王朝初期，国王在维护王权至尊的同时，开始更多运用传统叛逆罪名。《1352 年叛逆法》的权威被重新肯定，成为定罪量刑的主要依据。《1352 年叛逆法》经历了宗教改革的洗礼，成功吸收了王权至尊、反对教皇等新因素。这些罪名已经完全不是传统意义上的叛逆罪名，而是体现出民族化和宗教自主化特点的罪名。传统叛逆罪名发展到这一时期，实际上其内涵已经有较大变动。由此可见，国王借用传统的目的并非恢复传统，而是借传统之名，结束叛逆罪名混乱的局面。

二　审判查理一世的过程

从斯图亚特王朝初期的历史环境看，英国议会审判查理一世方式得以实现的条件主要有三方面。首先，随着国王神圣性在宗教改革和英国革命中逐步消解，议会独立派已经不再满足于传统的"宫廷政变"，而要体现出他们"反抗国王破坏宪政"①的革命目的，以证明他们进行的事业是正义的。其次，克伦威尔等人不具有王族血统，无法像以往的贵族那样取代国王，他们要缔造一个没有国王的共和国。最后，英国具有法制传统。"英国人以爱打官司而著称，但这也反映出愿意服从国王法院的裁决的情况……17 世纪初的数十年中，在政府的各种主要措施中，法律和秩序是王室法权中具有最大力量的因素之一，也是使人民俯首听命的巨大力量。"②库克就指出，"'那些自诩为卫道士的君主，如果在现实中却被证明违背了自己的信仰，上帝将会以公义的方式收回他们手中的国家'。这'公义的方式'就是刑事审判"③。

从 1648 年 11 月开始，议会派经过反复商讨，决定在 1649 年 1 月 6 日利用叛逆罪审判国王。下院通过立法成立最高法院，组成一个 135 人的法庭，其中包括法学家、议员、军官以及市民代表等，庭长是法学家布拉

① Helicon Publishing Division, *The Hutchinson Illustrated Encyclopedia of British History*, Abingdon: Helicon, 2004, p. 152.

② 〔英〕肯尼思·O. 摩根主编《牛津英国通史》，王觉非等译，商务印书馆，1993，第 327 页。

③ 〔英〕杰弗里·罗伯逊：《弑君者：把查理一世送上断头台的人》，徐璇译，新星出版社，2009，第 128 页。

德肖（Bradshaw）。① 这 135 人既担任法官也兼任陪审员，他们在听取起诉书和国王的抗辩之后，判决国王是否有罪。

对于议会派来说，审判查理一世具有重要的政治意义和法律意义，但同时，他们也面临政治压力和法律困境。其一，按照现有的法律，审判并处决国王的行为可以构成叛逆罪。国王作为上帝在英格兰、威尔士、爱尔兰和苏格兰的代表，在政治上永远不会犯错误，是神圣不可侵犯的，更不会构成叛逆罪。如果未来王党重新夺回权力，参与审判的人都将面临叛逆罪审判，自身性命难保。受到召唤的法官是否能够如期出庭，关系到这次审判的成败。其二，英国叛逆罪的犯罪主体是英国臣民，犯罪客体才是国王，法律中没有起诉国王的先例，因而议会派面临无法可依的败诉风险。这是克伦威尔等胜利者较为担心的问题。审判当天，当克伦威尔远远看到押运国王的囚车即将到达法庭时，他便回到法庭提醒法官："我们现在要完成一件让全国人民都满意的伟大工作，请你们在这里决定当国王来到我们面前的时候，我们如何回答他的第一个问题。他的第一个问题一定会问我们根据什么权威审问他。"当时无人做出回答，过了一会儿，亨利·马丁回答道："以下议员和议会的联合名义，以英国的全体善良人民的名义。"② 这样的"权威"显然过于空洞，不能成为定罪量刑的直接依据。其三，叛逆罪审判实行同级审判制度，但没有人是国王的同级。国王接受普通法官的审判，显然不具有足够的说服力。如何在审判中克服这些政治和法律困境，是法官们面临的主要任务。

对于第一个法律困境，议会派已经做了相应准备。下院于 1649 年 1 月 3 日通过一项法令，规定只要 20 名法官出席审判，所做出的判决就有法律效力。③ 1649 年 1 月 8 日，将近一半的法官或担心自身安全得不到保障，或从政治态度上不承认这次审判而没有出庭，导致每次出庭的法官只有 50~80 人。④ 不过，这样的出席人数完全符合开庭的要求。

---

① *A Complete Collection of State-trials, and Proceedings for High-Treason*, London, 1730, pp. 964-965.

② 〔法〕基佐：《1640 年英国革命史》，伍光建译，上海三联书店，2011，第 419 页。

③ *A Complete Collection of State-trials, and Proceedings for High-treason*, London, 1730, p. 963.

④ Sean Kelsey, "Politics and Procedure in the Trial of Charles I," *Law and History Review*, Vol. 22, No. 1（Spring, 2004）, pp. 9-10.

对于第二个法律困境，法庭很难做出合理的回答，不得不多次休庭。诺森波兰伯爵指出了审判合法性的缺失："即便国王首先发动了内战，我们也无法援引现行的任何一部法律判决他构成叛逆罪。单凭议会刚刚通过的一项新法令来审判国王，是十分不合理的。"① 另一名法官阿尔杰农·西德尼也对这次审判的合法性提出疑问，他认为"首先国王不应由这个法庭来进行审讯，其次任何人都不应受到这个法庭的审讯"②。在实际的审判过程中，查理一世多次拒绝承认法庭的裁判权。1 月 20 日第一次开庭时，当监察官库克宣读完起诉书时，查理一世便反驳道："我想知道你们凭什么把我传唤到这里来？我要知道的是合法的权威，而非像强盗抢劫那样的非法权力。"③ 1 月 22 日第二次开庭时，法庭认为找到了审判国王的法律依据，回复国王说："无论是你还是其他任何人，都不能辩驳本法庭的权威。这一法庭是在国家和下院授权下在此审判的。你的祖先也一向遵守议会决议。"但国王却要求议会"举出一个先例"④。显然审判国王的先例是不存在的，议会的合法性再次受到挑战。1 月 23 日第三次开庭时，法庭已经将注意力转移到证据上，"监察官库克掌握了从斯纳比搜出的查理一世的秘密信函，又从不同的信使手中得到过去许多年来的不少信件。所有的信件都能证明国王口是心非，仍然与苏格兰、爱尔兰和欧洲大陆的反英势力保持联系，进行着出卖英格兰的勾当"⑤。通过证据，议会可以绕过法庭辩论，通过类似于剥夺法案的形式宣布国王有罪。

对于第三个法律困境，法庭实际上也无法给出正面的回答。在第一次审判时，国王便指出法官与他不是同级的："我愿意像在场的任何人一样去拥护下院拥有公平的权力，但我看到你们的议会上并没有贵族。议会必

---

① Samuel Rawson Gardiner, *History of the Great Civil War*, *1642 - 1649*, London: Longman, 1893, pp. 288-289.

② 〔英〕杰弗里·罗伯逊:《弑君者:把查理一世送上断头台的人》,徐璇译,新星出版社,2009,第 142 页。

③ *A Complete Collection of State-trials*, *and Proceedings for High-treason*, London, 1730, p. 973.

④ C. V. Wedgwood, *A Coffin for King Charles*: *The Trial and Execution of Charles I*, New York: Time Reading Program Special Edition, 1966, p. 128.

⑤ C. V. Wedgwood, *A Coffin for King Charles*: *The Trial and Execution of Charles I*, New York: Time Reading Program Special Edition, 1966, pp. 131-133.

须有贵族才能构成合法的议会，而贵族在哪里呢？一个国王也是必需的。你们现在把国王送来接受审判，这是国王出席议会的方式吗？"① 同级审判一直是英国司法审判的原则，审判查理一世的法官主要包括贵族、城镇官员、法院法官、律师、议员和军事将领等，他们在政治身份上不能成为国王的同级，但他们认为"上帝之下的人民是一切正当权力的来源。议会下院是人民所选出的，代表人民，拥有这个国家最高的权力"②。法庭站在人民的立场上，认为国王也是由人民选举出来的，完全可以忽略同级审判的传统。

1649 年 1 月 24～25 日，法庭中断辩论，秘密举行听证会议，听取 33 名证人的证言。这些证言和书信证明查理一世一直在给爱尔兰人写信，希望他们派军队入侵英格兰，为自己提供帮助。另外，他还和王后一起密谋从法国引进资金和军队。作为回报，查理一世许诺实行宗教宽容政策，承认天主教势力。总之，在法庭看来，查理一世一直同英国的敌人共谋，征募外国军队来对抗他的臣民。随后，在法庭举行的表决中，查理一世被认定犯有叛逆罪。26 日，法庭拟定判决书。27 日，法庭没有给国王申辩的机会便直接宣判他构成叛逆罪。最终在判决书上签字的法官为 59 人，判决当即生效。翌日，查理一世在白厅门外被处死。

三 处决查理一世与叛逆观念的质变

为了处死查理一世，英国议会对叛逆罪进行了新解释。他们在传统的叛逆罪名之外增加了关于国王触犯叛逆罪的新规定："英格兰国王，其权力应该受到法律的限制，必须按照法律统治王国。同时，还要受到其信誉、宣誓和职责的限制，要将权力应用到为民众谋福利上，要为民众的权利和自由提供保障。"③ 这样的规定是建立在早期"社会契约论"基础上的，认为"在国王和他的人民之间存在一个契约协定，国王的即位宣誓就意味着契约的开始履行。国王和人民之间的约束是相互的，人民必须忠

---

① *A Complete Collection of State-trials, and Proceedings for High-treason*, London, 1730, pp. 971–973.

② Roger Lockyer, ed., *The Trial of Charles I*, London：Folio Society, 1971, p. 102.

③ Angus Stroud, *Stuart England*, London：Routledge, 1999, p. 115.

于君主，但国王也必须忠于他的人民，这就好像一条纽带，纽带的一头是君主对人民应尽的保护义务，另一头是人民对君主应尽的服从义务。一旦这条纽带被切断，君主统治就应该被推翻"①。

自中世纪以来，叛逆罪的主客体之间是单向的，只有国王是叛逆罪的客体，臣民是其主体。而经历这次审判，叛逆罪的主客体之间变成双向的，国王和臣民互为叛逆罪的主客体。英国的政治权威发生了变化，"英国还是一个永恒的政治实体，但与以往的国王两体论不同，这个政治体不再与国王及其继承人的自然身体连接在一起，而是变成一个单一的、抽象的法人团体"②。查理一世曾为自己的统治辩解："我遵守英国的法律进行施政，完全推行伊丽莎白一世时期的宗教和政治政策。"③ 不过，内战时期英国政治得到了重新定义。议会成为最高权力主体，"民众今后必须只能效忠于具有至尊地位的议会。共和国由代表人民利益的议会进行统治"④。对查理一世的审判，为未来审判国家首脑提供了先例，革命者通过审判宣扬了"法律面前人人平等"⑤ 的观念，任何人触犯法律都要受到制裁，其中也包括国王。

第二节　"叛逆共和国"成文化

经过 1642～1649 年的内战，英国进入共和国时期。在政体上，英国废除了国王和国教，建立起一院制的议会。叛逆法的性质发生了颠覆性变化，本应受到叛逆法保护的查理一世，却因"暴君、叛逆者、人民公敌"等罪名被处死。议会取代国王成为国家的权力核心，新叛逆法由保护国王变成了保护共和国。虽然这样的叛逆法不一定能够实现司法公平，但作为

---

① 〔英〕杰弗里·罗伯逊：《弑君者：把查理一世送上断头台的人》，徐璇译，新星出版社，2009，第188页。

② D. Alan Orr, *Treason and the State : Law , Politics and Ideology in the England Civil War*, Cambridge：Cambridge University Press, 2002, pp. 171-172.

③ J. R. Kenyon, ed. , *The Stuart Constitution 1603 - 1688 Documents and Commentary*, Cambridge：Cambridge University Press, 1966, p. 19.

④ *A Collection of Acts and Ordinance of General Use*, London, 1662, p. 30.

⑤ John Laughland, *A History of Political Trials*, Oxford：Peter Lang Ltd. , 2008, p. 28.

叛逆法史上的一次重要"实验",推动了英国叛逆法性质的转变,甚至重新定义了统治国家的公共权威。

一 议会与共和国关系辨析

1642 年 8 月 22 日,查理一世在诺丁汉宣布议会势力为叛军,英国内战爆发。"议会强硬派在军事上取得胜利,他们是社会上激进的中下层民众,在政治上奉行平等主义。取得权力之后,他们凭借着军事上的胜利推翻了君主制、上院和国教教会。"① 英国的政治权力也由国王转移到议会强硬派手中。

议会能够在内战中胜利,主要得益于议会在军事实力和斗志上占据优势。首先,从双方的军事实力来看,议会拥有强大的军事实力,总体上占据优势。长老会成员理查德·巴克斯特(Richard Baxter,1615~1691 年)参加过英国内战,他指出,社会上层和最底层民众一般支持国王。"大多数的上院贵族以及一部分下院议员倾向于支持国王,许多郡的骑士和绅士(他们都不是议员)也站到国王一边。在他们的带动下,这些地区最贫困的人也跟着支持国王。"从事商业的中产阶级和清教徒多支持议会。"支持议会的乡绅并不多,绝大多数是商人和小土地所有者,特别是开办手工工场的人。"② 他们数量庞大,掌握着巨大的财富,为议会提供了充足的军饷和兵源。议会方面最具战斗力的是"新模范军"(New Model Army),这支军队之所以有较强的战斗力,有三方面的原因。其一,"新模范军"的军饷供应优于其他任何一支王室和议会的军队。其二,该军驻扎在经济中心伦敦附近,优先使用伦敦工场里生产的布匹、军火、长矛、刀剑和盔甲等。其三,军事首领指挥能力强。③ 议会派的宗教政策赢得了清教徒的支持。据巴克斯特记载,对战局有所了解的人,特别是清教徒都加入议会一方,源源不断地补充着议会军的军力。"因为,他们听说国王的军队做

---

① Lawrence Stone, *The Causes of the English Revolution 1529-1642*, London: Routledge, 1986, pp. 145-146.

② Lawrence Stone, *Social Change and Revolution in England 1540-1640*, London: Longman, 1980, p. 164.

③ Walter Sutton, ed., *History Dictionary of Stuart England*, *1603-1689*, London: Greenwood Press, 1996, p. 354.

了可怕的宣誓，打着上帝的旗号无恶不作，而议会军集体布道，宣扬宗教，唱着圣歌进行战斗。"① 议会方面重视宗教在拉拢下层民众中的作用，他们提出"为了升入天堂而进行战斗"，很好地回答了下层民众的疑问，即"为什么人们要甘愿冒着战死的危险去战斗，为什么他们一定能取得胜利"②。不过，在争夺驻外军团方面，国王略占优势。内战爆发后，数以万计的英军从三十年战争中撤回国内，加入内战之中。"英国进行内战的 76 名军官中，有 31 人（占 40.8%）指挥过欧洲大陆的战争，有 6 人（占 7.9%）指挥过主教战争（Bishop's War），这 37 人占军官总数的48.7%。而在这 37 名军官中，只有 10 名在议会一方，另外 27 名在国王一方。"③ 雇佣兵也是衡量双方军事实力的一个重要方面。虽然国王与法国结盟，大批法国军人作为军事顾问为国王服务，带来了国王急需的军事技术，但议会掌握着大量金钱，他们可以招募更多的雇佣兵，弥补议会在军力上的不足。"英国议会雇用德国人约翰·卢斯沃姆（John Rosworme）防卫曼彻斯特地区。"④ 因此，从总体上看，议会在军事力量上占据优势地位。

另外，议会军在斗志上也远高于国王军。斗志是伴随着国家观念形成、议会的觉醒而实现的。自都铎王朝以来，城市利益集团不断加入议会中，对议会特别是下院的人员构成产生了影响。然而，人员构成的变化还不足以唤醒议会对抗王权的斗志。当时的代议制度不够健全，议员们出席议会，首先是为国家服务的。"议员们作为'社会贤达、民族精英'，是代表英国国民形象和整体利益的，而不是作为部分民众的代言人。"⑤ 因此，议会能在宗教改革和对外战争中给予国王大力支持。"议会影响力的

① Lawrence Stone, *Social Change and Revolution in England 1540 - 1640*, London: Longman, 1980, p. 165.

② Walter Sutton, ed., *History Dictionary of Stuart England*, *1603 - 1689*, London: Greenwood Press, 1996, p. 354.

③ Charles Carlton, *Going to the Wars: The Experience of the British Civil Wars 1638 - 1651*, London: Routledge, 1992, p. 21.

④ Charles Carlton, *Going to the Wars: The Experience of the British Civil Wars 1638 - 1651*, London: Routledge, 1992, p. 21.

⑤ 刘新成：《"乡绅入侵"：英国都铎王朝议会选举中的异常现象》，《中国社会科学》2008年第 2 期。

增长更依赖于外来影响，而非某个特定阶级的政治抱负。"①

国王神圣性的消减与议会的觉醒在近代早期一起发生。一方面，国王失去了罗马教皇授予的神圣光环，只能依靠议会提供合法性依据。中世纪时期，臣民严禁探讨王权问题，否则有可能构成蔑视罪甚至是叛逆罪，因为王权神圣的权威性是经不起推敲的。② 到了近代早期，"王权自身的合法性、存续性和不可侵犯性都只有以议会立法作为权威和保证，这样就得放手让议会讨论决议与王权有关的各方面问题。这就在无形中使议会真正有了最高权威性和全能性，区别于中世纪的任何等级会议"③。另一方面，随着议会不断参与社会活动，下院议员不断发现自我价值，否定"朕即国家"，形成了一种强调议会主权的新国家观念。这种新国家观念的源头是"改革议会"，"英国摆脱罗马教廷、建立真正主权国家的过程始终以议会立法的形式推进，议会本身也在这个过程中成为主权国家的化身"④。这时，议会下院仍然服从国王的命令，但其反抗国王的能力已经具备，"现时所缺乏的并不是保障自由的制度，所缺的只是运用这个制度的力量和决心。但是，革命一起，权力就回到他们手中，转而迅速促进物质上的雄伟成就"⑤。

苏格兰国王入主英格兰之后，追求"专制王权"，阻碍了宗教改革和英国法制的发展，民众无法像在都铎王朝时期那样从瓜分教产中受益，反而因为王权的扩张而失去了权利保障。因此，民众变得更加激进，"整个英格兰所探查与谈论的，就是君权的性质以及一切权力的性质，这些权力在古代的限度，新近是怎样掠夺他人的权利的，如何才能认它为合法，以及合法性的来源"。"群众的思想越来越提高，越来越无拘无束……君主变成人们嘲笑的对象，他

---

① 〔英〕迈克尔·布雷迪克：《国家的形成与社会变革，1400~1750年》，杨大勇译，载钱乘旦、高岱主编《英国史新探：全球视野与文化转向》，北京大学出版社，2011，第61页。

② Wayne Morrison, *Blackstone's Commentaries on the Laws of England*, Vol. I, London: Cavendish Publishing Limited, 2001, p. 182.

③ 郭方：《英国近代国家的形成——16世纪英国国家机构与职能的变革》，商务印书馆，2007，第171页。

④ 刘新成：《析"乡绅入侵"：对英国都铎王朝议会选举中"异常现象"的解读》，载钱乘旦、高岱主编《英国史新探：全球视野与文化转向》，北京大学出版社，2011，第82页。

⑤ 〔法〕基佐：《1640年英国革命史》，伍光建译，上海三联书店，2011，第8页。

的宠臣们也更犯众怒，变成了众矢之的。"① 查理一世的宠臣托马斯·温特沃思、劳德大主教等相继遭到弹劾，就能表明民众的这种倾向。

在法律与国王的关系上，内战发生之前，民众已经能够把法律置于国王之上，突出法律的重要地位。当时两位学者的观点就集中反映了这一点。1641 年，奥利弗·约翰在一本关于弹劾温特沃思的小册子《为法律而争辩》中就指出，"阴谋发动战争反对法律或者王国，就是反对国王，因为它们之间无法隔绝"②。格林尼也在同年说道："发动战争颠覆英国的法律是发动战争反对国王的基础，因为国王是法律的基础，他负责维护法律。"③ 依照这样的观点，推行罗马法就是颠覆英国的法律，就可以构成叛逆罪。这样的观点，后来成为审判查理一世的重要法律依据。

1642 年英国内战爆发之后，双方都陷入持久的消耗战之中。长期的战争也消磨着国王的神圣性，最终查理一世成为议会的"手下败将"，"至尊王权"不复存在。战争之后，军队力量增强，他们控制了议会下院，对王党最为敌视。为了防止下院中的温和派向国王妥协，军队在 1647 年对下院进行过两次"清洗"，迫使议会"投身于情况不明、茫茫宪法海洋中，做一次大胆试验"④，也就是全面否定国王的权威，树立起下院的权威，使国家的权力实现转移。

权力转移最终通过议会法案确定下来。1649 年 1 月 1 日，下院决定审判国王，并从肉体上消灭国王。随后，1 月 4 日，下院通过一项法案，赋予下院最高权力，规定"任何法律的权威都来自人民，国家的最高权力机构是由人民选举出来的下院。即使不经国王和上院的同意，下院通过的决议也具有法律效力"⑤。下院把整个国家政权都集中到自己手中，宣布自己成为全体英国人民真正的代表。

---

① 〔法〕基佐:《1640 年英国革命史》，伍光建译，上海三联书店，2011，第 11 页。

② Oliver St. John, *An Argument of Law*, London, 1641, p. 8.

③ 转引自 D. Alan Orr, *Treason and the State: Law, Politics and Ideology in the England Civil War*, Cambridge: Cambridge University Press, 2002, p. 99。

④ 〔英〕肯尼思·O. 摩根主编《牛津英国通史》，王觉非等译，商务印书馆，1993，第 347 页。

⑤ Angus Stroud, *Stuart England*, London: Routledge, 1999, p. 115; History of Parliament Trust, *House of Commons Journal*, Vol. 6, London, 1830, p. 110.

二 《1649 年叛逆共和国法》的内容

处死查理一世之后,英国进入共和国时期。实际上,英国的"共和国"观念由来已久,最早在 16 世纪 30 年代宗教改革时期,托马斯·克伦威尔等改革派就被称为"共和派"(Commonwealthmen)。① 1648 年,经历普莱德清洗(Pride's Purge)之后,下院中留下来的"残缺议会"自认为是"罗马共和国的会议"。② 他们视自己为人民的代表,在国家中享有最高的立法和行政权力。在处死查理一世之后,1649 年 3 月 17 日,议会通过法令废除君主制,又在 3 月 19 日通过法令废除上院,"许诺通过自由选举产生一个新的代议制机构"③。在做好这一系列铺垫之后,1649 年 5 月,议会通过法令,正式宣布"英国所有民众共同建立一个共和国和自由国家,自此,民众受到共和国最高权威的统治。议员应被任命为国家的管理者,为民众的福祉而工作。共和国不再设置国王和上院"④。该法令正式宣布共和国诞生。这里的"共和国"并没有采用激进的"Republic",而是采用相对温和的"Commonwealth",承接着英国宗教改革以来延续下来的政治脉络,表达一种联合民众、为民众谋福利的政治构想。⑤ 该共和国一直存在到 1660 年斯图亚特王朝复辟,其叛逆罪不再保护国王,而是保护共和国及其议会。

共和国建立后,面临的威胁主要来自王党、苏格兰和爱尔兰。查理一世被处死后,苏格兰和爱尔兰公开支持查理一世的儿子称王,他们被称为"王党"(Royalist)。1649 年 1 月 30 日,查理一世被处死,威尔士亲王(查理一世的长子)在支持者的帮助下继任,为查理二世。议会派立刻颁布一项法令,"任何人宣称威尔士亲王是合法的国王,将被判决为共和国的叛逆者"⑥。虽

① Walter Sutton, ed., *History Dictionary of Stuart England*, *1603–1689*, London: Greenwood Press, 1996, p. 121.

② 〔英〕肯尼思·O. 摩根主编《牛津英国通史》,王觉非等译,商务印书馆,1993,第 349 页。

③ Keith Lindley, *The English Civil War and Revolution*, London: Routledge, 1998, p. 169.

④ Samuel Rawson Gardiner, *The Constitutional Documents of the Puritan Revolution*, Oxford: At the Clarendon Press, 1899, p. 388.

⑤ Keith Lindley, *The English Civil War and Revolution*, London: Routledge, 1998, p. 171.

⑥ Lisa Steffen, *Defining a British State: Treason and National Identity*, *1608–1820*, New York: Palgrave, 2001, p. 39.

然王党的力量无法与克伦威尔抗衡，但他们作为一支敌对共和国的势力，一直威胁着共和国的安危。

为了保护刚建立起来的共和国，英国于 1649 年 5 月 14 日颁布了《1649 年叛逆法》，厘清了危害共和国安全的叛逆罪行。该法并未被收录到《王国法令集》中①，但在 EEBO 数据库中有单行本（详见附录二"《1649 年叛逆共和国法》书影"）。法令首先交代了政治权威的核心是一院制的共和国："议会已经在英格兰和爱尔兰以及其他领地废除了君主制。今后，民众应该服从代表他们的议会、行政院（National Meeting in Counsel）。这两个机构代表民众的意志，意图建立一个没有国王和上院的共和国和自由国家。"② 为了保护共和国，该法令重点惩罚破坏共和国政体、议会和政府的行为。法令规定："以书面或口头的方式宣称共和国政府是专横的、篡夺的或非法的，或者议会下院不是这个国家（nation）最高权力机关的，策划、谋求或煽动发动对共和国政府武装入侵，或颠覆、改变共和国政府的，企图或煽动发动颠覆共和国政府叛乱的，……都构成叛逆罪。"③ 法令还注意保护共和国的国务顾问（Councel of State），这些人在建立共和国时发挥了重要作用，"他们维护着英国的自由，一直是英国议会权威的拥护者，也是议会的代表，受到委托维持着政府，行使属于他们的权力"。为了保护他们，法令规定："任何人恶意密谋或者企图推翻这些自由维护者，将构成叛逆罪。""企图剥夺任何国务顾问的权威，或企图发动叛乱推翻他们，将构成叛逆罪。"④ 法令也注意加强军事力量，防止国外势力颠覆共和国。法令指出，"为了维护法律和正义，议会已经将统率军队的大权授予托马斯·费尔法克斯爵士，这是应对当前形势所必需的。共和国受到外国势力入侵的威胁，只有加强军事力量才能保证国内民众享有和平和安全"。法令进一步规定，"策划或煽动叛变，煽动或蛊惑任何士兵或军官放弃对上级军官或共和国政府效忠行为的，鼓动、邀请、

① 在官方出版的《王国法令集》或《法令全集》中，都没有收录 1640~1660 年议会颁布的法令。

② *An Act Declaring What Offenses Shall Be Adjudged Treason*, 1649, p. 2.

③ *An Act Declaring What Offenses Shall Be Adjudged Treason*, 1649, p. 2.

④ *An Act Declaring What Offenses Shall Be Adjudged Treason*, 1649, pp. 2-3.

帮助或协助任何外国势力入侵英格兰和爱尔兰,投靠共和国议会及政府的敌人,都构成叛逆罪"①。对叛逆罪的处罚,共和国参考了以往的惯例,"叛逆者将被处以死刑,其财产将被没收给自由维护者(Keepers of Liberty),由共和国支配,具体包括叛逆者的所有土地、限制继承和非限嗣继承的商品、动产等"②。

三 《1649 年叛逆法》的意义

《1649 年叛逆法》把"叛逆共和国"的罪名成文化,并成为共和国时期审判叛逆者的主要法律依据。1649 年 10 月,共和国运用该法令审判过几起重大叛逆案件。首先是约翰·李尔本(John Lilburne)案。李尔本是平等派代表,他曾印刷《拯救自由》(*Salva Libertate*)等三本书,宣称现在的政府是残暴的、不合法的,议会下院不是国家的最高权威。③ 其次是 1651 年克里斯托弗·拉夫案,他涉嫌与国外的王党通信,在高等法庭接受叛逆罪审判,罪名是发动叛乱、同查理·斯图亚特通信。值得注意的是,法庭上并没有陪审团,当拉夫提出异议时,法官的回答是:"有陪审团的审判是以前的法律,而对你的审判主要依据新颁布的法律,新的审判程序中没有陪审员。"④ 由此可见,共和国时期的叛逆罪审判程序已经发生了变化,重视程序正义的原则在一定程度上被削弱。

查理一世被处死之后,英国作为一个政治体(political body)依然在延续,然而,这一政治体的性质却发生了变化,它不再是国王的政治体,它的法律也不再是国王的法律。在查理一世被处死之前,英国还是以《1352 年叛逆法》为主体,用来维护君主政体。1649 年之后,议会派试图建立一个"民众是权力核心的共和国"⑤,这时的叛逆法主要用来

---

① *An Act Declaring What Offenses Shall Be Adjudged Treason*, 1649, p. 3.

② *An Act Declaring What Offenses Shall Be Adjudged Treason*, 1649, p. 3.

③ Lisa Steffen, *Defining a British State: Treason and National Identity*, New York: Palgrave, 2001, p. 39.

④ Lisa Steffen, *Defining a British State: Treason and National Identity*, New York: Palgrave, 2001, p. 40.

⑤ D. Alan Orr, *Treason and the State: Law, Politics and Ideology in the England Civil War*, Cambridge: Cambridge University Press, 2002, p. 205.

对抗颠覆共和国的行为。在当时内外交困的情况下，民众很难行使权力，权力无疑会流向军事首领手中。克伦威尔利用军队控制议会，建立起一种特殊的"护国政体"，叛逆法也随着政治权力的转移而进一步产生变化。

第三节　"护国政体"时期的"叛逆护国公"

从 1653 年 12 月起，克伦威尔担任国家首脑，以"护国公"的身份统治英国，建立起一种"护国政体"。1658 年 9 月，克伦威尔死后，又把"护国公"头衔传给他的儿子理查·克伦威尔。从权威上说，这样的政体与"至尊王权"没有区别，甚至由于"护国公"否定了以往国王应该遵循的惯例，其统治较国王更加专断独裁。为了维护这样的独裁统治，克伦威尔对"叛逆护国公"的案件进行严厉打击，将"叛逆护国公"罪成文化。不过，1660 年 5 月查理二世复辟之后，这些立法全部被废除，英国叛逆法又回到革命之前的状态。

一　"护国政体"的建立

在共和国时期，国家的最高权威名义上是议会和政府，但实际大权掌握在军事首领手中。克伦威尔在征战苏格兰和爱尔兰时不断取得胜利，暂时排除了王党、苏格兰和爱尔兰对共和国的威胁，他的权力欲望更加膨胀。以克伦威尔为首的军人先后两次清洗或解散议会。1648 年 12 月军队进行"普莱德清洗"之后，组建起"残缺议会"，顺利通过审判查理一世的法令。"残缺议会"也不完全是克伦威尔的驯服工具，"不少议员不时在议会的讲坛上对克伦威尔的政策进行抨击，阻碍着克伦威尔建立一个更加强有力的政权"①。1653 年 4 月 20 日，克伦威尔解散"残缺议会"，他任命 140 位"忠于上帝的正直之士"（Godly and righteous men）组成"贝尔朋议会"（Barebones Parliament）。由于贝尔朋议会中的各派意见不合，难以就社会改革达成一致，1653 年 12 月 12 日，他们把权力还给克伦威

---

① 王觉非主编《近代英国史》，南京大学出版社，1997，第 110~111 页。

尔,"贝尔朋议会"解散。高级军官组成的军事委员会于 12 月 16 日公布
《施政文件》(Instrument of Government),宣布克伦威尔为护国公,建立
起"护国政体"。

《施政文件》是共和国时期第一部具有宪法性质的法律文献,[1] 确立
起护国公的立法、行政、司法、军事和外交权威。《施政文件》规定:
"共和国的最高立法权,由护国公一人以及议会共同行使。统治地方和政
府的权力属于护国公,由一个不多于 21 人不少于 13 人的委员会辅助他行
使行政权。所有的令状、程序、委任、特许状等都以护国公的名义颁布。
护国公还有赦免权,可以赦免除谋杀、叛逆罪之外的所有犯罪,并可支配
司法罚没所得。议会召开期间,在议会的同意下,护国公号令海军和陆军
武装,维护英格兰、苏格兰和威尔士的和平秩序。议会未召开时,护国公
在大多数委员会成员同意下号令海军和陆军武装。此外,护国公在上述委
员会的建议下,还可以处理与外国国王、亲王的联系,并在他们的建议
下,拥有宣战和媾和的权力。任何人都不能修改、终止或废除这部法
律。"[2] 对于议会的召开及其权力,《施政文件》也进行了规定:"不经议
会的同意,护国公不能擅自征收赋税。下届议会应于 1654 年 9 月 3 日在
威斯敏斯特召开,以后每隔三年召开一次。不经议会同意,议会召开的五
个月内不得休会、延期或解散。从英格兰和威尔士选举出的议员人数不得
超过 400 人,从苏格兰选举出的人数为 30 人,从爱尔兰选举出的人数为
30 人。自 1641 年 1 月 1 日以来,曾经参与、煽动或教唆反对议会的人不
得被选为本届或以后的议会议员。曾经在爱尔兰参与、煽动或教唆发动叛
乱的人,不得被选为议员,天主教徒也不得被选为议员。掌握文化知识、
信仰上帝、交际能力强、年龄在 21 岁以上的人拥有选举权,拥有 200 英
镑以上财产的人则拥有被选举权。在需要紧急召开议会时,护国公在大多
数委员会成员同意下,可临时召开议会。非经议会同意,临时议会召开的
三个月内不得休会、延期或解散。若未来英国与外国开战,则护国公应立

---

[1] Ronald H. Fritze, *Historical Dictionary of Stuart England*, *1603 – 1689*, London: Greenwood Press, 1996, p. 254.

[2] Carl Stephenson and Frederick George Marcham, *Sources of English Constitutional History*, London: Harper & Brothers Publishers, 1937, p. 525.

刻召开议会。"①《施政文件》还赋予护国公批准议会法令的权力，但他不能行使否决权，"议会通过的所有议案都呈递给护国公，由他批准并颁布。若议案呈交给护国公二十天后，或在规定的时间内没有得到护国公的批准，则议案自动成为法律"②。此外，《施政文件》还赋予护国公财政权，"每年的财政预算以及财政预算增长情况，都由护国公及其委员会批准"③。对于护国公的产生方式，《施政文件》也进行了规定："护国公由选举产生，职位不可世袭。护国公死后，继承人应由委员会选举产生。在新护国公产生之前，枢密院暂时替代护国公全权行使各种权力。克伦威尔可终身担任护国公。护国公即位之后，应在委员会中进行宣誓：'为国家谋求和平、稳定和福祉，保证法律和正义得到公正实施，杜绝使用暴力妨碍履行誓言，根据法律、法令和习惯尽自己最大的才智管理好国家。'"

从《施政文件》看，克伦威尔要建立的是一个"毫无掩饰的军事独裁政体"④。《施政文件》将政治、军事和经济等大权都赋予护国公，不再承认议会享有最高的权威。同时，《施政文件》对议会、委员会的规定较少，没有交代它们与护国公之间权力的相互制约，也没有规定权力如何进行自我修正。⑤ 因此，该文献具有明显的缺陷。虽然它规定了护国公的宣誓内容，要求护国公遵循法律和习惯，但这样的规定无法限制权力欲望日益膨胀的克伦威尔。1657 年另一部法律出台之后，克伦威尔的权威进一步扩张，甚至超过了国王。

1657 年议会颁布的法律名为《恭顺的请愿和建议法》（The Humble Petition and Advice，以下简称《建议法》）。《建议法》赋予克伦威尔更大的权力。起初，《建议法》要授予克伦威尔王位。按照他的权威，他完全可以成为奥利弗一世，他已经在国王的宫殿中住了很长时间，享有国王

---

① Carl Stephenson and Frederick George Marcham, *Sources of English Constitutional History*, London: Harper & Brothers Publishers, 1937, p. 526.

② Carl Stephenson and Frederick George Marcham, *Sources of English Constitutional History*, London: Harper & Brothers Publishers, 1937, p. 527.

③ Carl Stephenson and Frederick George Marcham, *Sources of English Constitutional History*, London: Harper & Brothers Publishers, 1937, pp. 528-529.

④ Lawrence Stone, *The Causes of the English Revolution 1529-1642*, London: Routledge, 1986, p. 146.

⑤ 〔英〕戴维·M. 沃克：《牛津法律大辞典》，李双元等译，法律出版社，2003，第 570 页。

才拥有的特权，拥有绝大多数国王不曾有的实际权力。① 但这一建议却遭到高级军官的反对，威廉·布拉德福写信给克伦威尔："在议会中有人建议你当国王，但也有少数人反对。而在军队中那些接近你的军官绝大部分都是反对的……我也是属于反对者之列的，我应该这样做，因为我仍然忠诚于你……至于那些要你当国王的人，并不是为了你，而是为了他们自己。"② 最终，克伦威尔没有接受国王称号，《建议法》经修改后，赋予克伦威尔更大的权力。

《建议法》再次确认了护国公的各种权力，同时也提到了继承和议会方面的新问题。首先，关于护国公的继承问题，文献指出："护国公的继任者可以在您（指克伦威尔）生前任命，这样一旦您去世就可以有人接替您担任护国公。"③ 对于议会，该法也有了新的提法："未来的议会可以分为两院，上院由护国公指定 40～70 人组成。议会至少三年召开一次，处理国内的事务。"④《建议法》在扩大护国公权力的同时，也适当提高了议会的权威："议会许多古老的和无可置疑的自由特权应该予以保留，您不能对其进行破坏。合法途径选举出来的议员，应该成为议会中的一员，在议会中履行自己的义务，您不能妨碍他们履行职责。"⑤

按照《建议法》，克伦威尔被第二次授予护国公的称号。他虽然没有成为国王，但"在威斯敏斯特宫，议会举行了极其隆重的典礼。议长代表议会给克伦威尔披挂上一件以貂皮镶边的、紫红色的丝绒袍。按照古老的给王者授权的习俗，赠予他一本《圣经》，给他佩了一把宝剑，把一根黄金制成的王杖递到他手中。克伦威尔宣誓要维护新教、保持三个民族的

---

① John Cannon & Anne Hargreaves, *The Kings & Queens of Britain*, Oxford：Oxford University Press，2004，p. 289.

② Charles Harding Firth, *The Last Years of the Protectorate*，*1656-1658*，London：Longman，1909，pp. 163-164. 转引自王觉非主编《近代英国史》，南京大学出版社，1997，第 113 页。

③ J. R. Kenyon, ed., *The Stuart Constitution 1603 - 1688 Documents and Commentary*，Cambridge：Cambridge University Press，1966，p. 351.

④ J. R. Kenyon, ed., *The Stuart Constitution 1603 - 1688 Documents and Commentary*，Cambridge：Cambridge University Press，1966，pp. 351-353.

⑤ J. R. Kenyon, ed., *The Stuart Constitution 1603 - 1688 Documents and Commentary*，Cambridge：Cambridge University Press，1966，p. 352.

和平和权利，然后他坐到王位上"①。实际上整个过程就是国王加冕的过程。克伦威尔在获得任命继承人的权力之后，俨然成为实际上的国王，"护国政体"也最终确立起来。

二 《1656 年叛逆护国公法》——"叛逆护国公"成文化

克伦威尔成为护国公之后同样面临叛乱的威胁，其中 1655 年彭拉多克叛乱（Penruddock's Rising）是"护国政体"时期规模最大的叛乱事件。

叛乱的领导者是军事将领约翰·彭拉多克（John Penruddock），他的目的是占领索尔兹伯里，宣布查理二世恢复王位，然后向西部地区进军，吸收更多的王党人加入，推翻克伦威尔的统治。② 1655 年 3 月 11 日，彭拉多克带领大约 200 人在索尔兹伯里附件的克拉伦敦公园起事，很快就占领了索尔兹伯里，抓获两名法官。第二天，他们占领布兰福德（Blanford），宣布查理二世复位。到 3 月 13 日，叛乱者的人数增加到 400 人。3 月 14 日，共和国军队才从纽伯里出发进行镇压，15 日即消灭叛军，抓获 60 名王党人，其中包括彭拉多克本人。4 月 12 日至 18 日，彭拉多克等 26 名主要叛乱者在听审判决法庭接受叛逆罪审判，罪名是图谋叛乱。③ 在法庭抗辩过程中，彭拉多克认为法庭对他的指控缺乏法律依据，他援引亨利七世制定的《效忠责任法》为自己辩护。《效忠责任法》是亨利七世在 1495 年颁布的法令。法令颁布时，亨利七世正面临约克旧贵族的入侵。亨利七世为了拉拢国内的约克派，提醒英国臣民"必须铭记对国王的效忠义务，在战争中绝对效忠于国王，保护国王及其领地，协助国王打击叛乱，消灭所有威胁国王安全的叛逆者。在必要的情况下，臣民必须服从国王的指挥，跟随国王参加反击叛乱的战斗"。亨利七世在法令中反思了以往一些不合理的制度，指出："在以前，许多臣民跟随约克国王进行战斗，他们因为服从国王、听从调遣而受到叛逆罪指控，丧失了土地和财产，这是违背法律、理性和良心的。"因此，法令认为，在任何情况下，

---

① 〔英〕查尔斯·弗思：《克伦威尔传》，王觉非、左宜译，商务印书馆，2002，第 358 页。

② Ronald H. Fritze, *Historical Dictionary of Stuart England*, *1603 - 1689*, London：Greenwood Press, 1996, p. 388.

③ *An Historical Account of All the Trials and Attainders of High Treason*, London, 1716, pp. 98 - 99.

服从国王都是正当的行为。为了提倡这种行为，法令规定，"任何人在任何情况下，只要服从国王的统治，听从国王的军事指挥，就绝不会受到叛逆罪指控"。① 彭拉多克利用这部法令进行辩护，找到了效忠行为的正当性，认为自己不应受到叛逆法的追究。为了进一步证明自己的正当性，彭拉多克不承认护国公的职位："我认为只有反叛国王才能构成叛逆罪，法律并没有规定反叛护国公也构成叛逆罪。""如果现在某人的头上戴着王冠，如果法律规定某人现在是国王，那么他才知道叛逆罪是什么。然而，现在却没有人戴着王冠，所以我不认可你们对我的叛逆罪指控。"② 彭拉多克的辩护并没有奏效，他最终还是被判定犯有叛逆罪。

1656 年，议会制定叛逆护国公法（即《1656 年叛逆护国公法》）。该法共罗列出十种罪名，其中三种是关于叛逆护国公权威的，四种是关于勾结王党的，三种是关于外敌入侵或军事叛乱的。关于叛逆护国公权威，法令规定："一、图谋杀死护国公，或者采取实际行动谋杀护国公的行为；二、发动战争、叛乱等武力反对护国公的行为；三、密谋推翻护国公的行为，都构成叛逆罪。"③ 关于勾结王党的叛逆行为，法令规定："一、图谋发布、宣告、发表查理·斯图亚特或其子孙是国王、女王的行为；二、为查理·斯图亚特或其子女成为国王或女王提供帮助的行为；三、非法与查理·斯图亚特子女或其他王党进行联系的行为；四、为王党提供金钱等资助的行为，均构成叛逆罪。"④ 关于外敌入侵或军事叛乱，法令规定："一、图谋叛逆性地放弃任何城市、城镇、城堡、要塞、军火库、舰船或其他军事物资，并将其遗留给敌人的行为；二、参与、教唆或煽动叛乱，或擅自离开军队的行为；三、教唆、引导或帮助外国势力入侵英国，或依附于反对护国公的军队，都构成叛逆罪。"⑤ 这部

---

① *The Statutes of the Realm*, Vol. II, Buffalo: William S. Hein & Co., INC., 1993, p. 568.

② *The Triall of the Honourable Colonel John Penruddock of Compton in Wiltshire, and His Speech*, London, 1655, p. 5.

③ *A Collection of Acts and Ordinances of General Use Made in the Parliament*, London, 1658, p. 372.

④ *A Collection of Acts and Ordinances of General Use Made in the Parliament*, London, 1658, pp. 372-373.

⑤ *A Collection of Acts and Ordinances of General Use Made in the Parliament*, London, 1658, p. 373.

叛逆法吸收了《1352 年叛逆法》等重要法律的条款，叛逆对象由国王变成了护国公。

该叛逆法有两个突出的特点。其一，法令只字未提议会，可见议会已经不是叛逆法的主要保护对象，护国公的权威全面超越议会，成为共和国的主要权威。其二，法令对叛逆罪审判进行了规定，弥补了《1649 年叛逆法》在审判程序上的不足。法令规定："叛逆案件发生之后，大法官、掌玺大臣等得到护国公的任命并经加盖国玺授权，组成委员会前往案发地点进行审判。他们负责调查、听取案件的所有情况，摸清案件发生时的环境，查清叛逆者的所有罪行。他们亲自预审叛逆者，询问经过宣誓的证人，并为接下来的正式审判做准备。各地的市长、郡长、治安法官、治安官、司法官等，都要全力配合委员会的调查工作。委员会成员在调查叛逆案件时，要进行宣誓，宣誓内容为：'我宣誓，我将竭尽自己的能力和知识，认真公正地履行赋予我的权力。在经加盖英国国玺授权的委员会中，执行法令规定的内容，遵守护国公的任命，维护国家的和平与稳定。'"[1]

《1656 年叛逆护国公法》正式把护国公列为叛逆罪的保护对象，保护护国公的条款最终成文化。在司法实践中，该法的确发挥了保护护国公的作用。1658 年，亨利·斯林斯比（Henry Slingsby）、约翰·莫登特（John Mordant）、约翰·休伊特（John Hewet）等人因策动兵变，放弃对护国公的效忠，投靠查理一世的儿子查理·斯图亚特等行为，而被判为"共和国和护国公的敌人"。[2] 纵然共和国和护国公名义上并列，但由于英国臣民长期以来效忠于国王个人，还没有形成效忠于政治制度的习惯，因此最终他们把效忠于共和国的热情都转移到效忠于护国公身上。克伦威尔俨然履行着国王的职责，在他统治之下，叛逆罪审判权更加集中。只有中央高级官员在护国公的授权下才能进行案件调查和预审，地方官员无法参与其中。在履行司法权时，中央官员显然比地方官员更容易控制，这样的规定无疑降低了地方官员包庇叛逆者的可能性。在限制中央高官方面，克伦威

---

[1]　*A Collection of Acts and Ordinances of General Use Made in the Parliament*, London, 1658, p. 373.

[2]　Lisa Steffen, *Defining a British State: Treason and National Identity, 1608–1820*, New York: Palgrave, 2001, p. 42.

尔通过宣誓、直接任命等手段,加强对高级官员的控制,把审判权牢牢握在自己手中。可见,克伦威尔为了巩固统治,严格控制叛逆罪审判,可以防止潜在的王党分子包庇叛逆者而危害他的统治。克伦威尔的叛逆法"充满了政治色彩,又因为军队控制政治,而使叛逆法带有强烈的军事色彩,两者是密不可分的"①。在查理一世被推翻之后,议会或者军事首领取代了国王的职能。叛逆法的作用并没有削弱,原来它保护国王,现在则更加周密地保护着护国公。

三 查理二世复辟后大赦及对"弑君者"的审判

英国历史学家肯尼思·摩根在考察了革命爆发的原因后,认为君主制本身并未出现问题,只是君主采取了错误的统治方式。他形象地将之比喻为"内战更多的是由于驾驶员的过错而不是机械失修所造成"②。英国革命推翻了君主政体,却没有反思专制王权的危害,最终反而强烈干扰了英国源远流长的法制传统,"在倒掉洗澡水的同时,也把澡盆中的孩子倒掉了"。缺乏法治基础的共和国统治基础非常脆弱,仅靠克伦威尔一个人维系着统治。"克伦威尔是唯一的将乡绅与职业士兵、将宗教的激进主义与社会的保守主义、将政治空想家与宪法上玩弄现实手腕的人、将具有非凡能力的超人与难以容忍的自以为是等各种矛盾因素,统一在一起的混合体。他既是他统治下政权唯一的稳定因素,又是极不稳定的因素。"③

在克伦威尔军事独裁统治不断加强时,部分民众开始怀念君主制时期的法律制度。长期以来,这部分拥护君主制的人被称为"王党分子"。"王党分子"是内战时期的一支重要政治力量,他们都支持君主制,但政见并不相同。"王党分子"有两派,一派倡导绝对主义君主制,支持查理二世复辟;另一派不倡导绝对主义君主制,只希望通过恢复君主制来恢复英国的普通法和宪政传统。因此,"'王党'主要是一个政治上的而非理

---

① Adele Hast, "State Treason Trials during the Puritan Revolution, 1640–1660," *The Historical Journal*, Vol. 15, No. 1 (Mar., 1972), p. 53.

② 〔英〕肯尼思·O. 摩根主编《牛津英国通史》,王觉非等译,商务印书馆,1993,第327~328 页。

③ 〔英〕肯尼思·O. 摩根主编《牛津英国通史》,王觉非等译,商务印书馆,1993,第352 页。

论上的词语，'王党分子'支持国王和君主政体，却不是绝对主义政治理论的信奉者"①。17世纪40年代，思想家福克兰就指出，"大多数'王党'的观点最终落脚在温和、保守和合法性上，他们效忠于国王，但最终还是效忠于法律"②。提倡绝对君主制的一派属于顽固派，而提倡法治的一派代表了英国政治主流，具有更强大的生命力。

1658年9月克伦威尔去世，其子理查·克伦威尔继任护国公。新护国公缺乏掌管军队的能力，但他仍然大胆地执行其父亲的政策。他试图通过议会决议左右军官任命，激怒了军人阶层，也造成议会和军人对立。第二年4月军人重新召开"长期议会"，罢免新护国公。此后，军人控制议会权威，英国政治出现混乱局面。这时，曾经是"王党"的苏格兰驻军总司令乔治·蒙克（George Monck）顺应民众要求恢复秩序的愿望，带兵进驻伦敦，力图通过武力恢复秩序。"当蒙克向伦敦进军时，不断有人向他提出请求，要求他建立一个自由的议会，而每个请求者都知道，一个真正具有代表性的议会就意味着查理二世的复辟。"③ 蒙克一方面改革议会，重新接纳长老派进入议会；另一方面与流亡海外的查理二世取得联系，通过复辟王权，化解军队和议会的分裂。

1660年4月4日，查理二世发表《布列达宣言》（Declaration of Breda），表明复辟斯图亚特王朝的态度。该宣言重点提到了内战时期的叛逆问题，展现出政治和解的姿态，通过慷慨赦免"叛乱者"的方式打消民众对复辟的顾虑。宣言规定："在本宣言发布之前的任何叛逆我和我父亲的犯罪者，都将不会受到审判或者遭到追责。他们的生命、自由和财产也不会受到破坏。"④ 同年5月26日，查理二世隆重返回伦敦，斯图亚特王朝正式复辟。

复辟之后，如何对待内战时期的"叛逆者"成为查理二世执政的重

---

① Ronald H. Fritze, *Historical Dictionary of Stuart England*, *1603-1689*, London: Greenwood Press, 1996, p. 459.

② Viscount Falkland, *His Majesties Answer to the XIX Propositions of Both Houses of Parliament*, London, 1642, pp. 1-3.

③ 〔英〕查尔斯·弗思:《克伦威尔传》，王觉非、左宜译，商务印书馆，2002，第375页。

④ David C. Douglas, ed., *English Historical Documents*, *1600-1714*, London: Eyre Methuen, 1981, p. 57.

要内容。在 1660 年召开的议会上，查理二世颁布了一系列法令，其中《赔偿和赦免法》（Act of Indemnity and Oblivion）对叛逆问题有较多规定。法令进一步明确了赦免的内容，将赦免对象扩大到 "1637～1660 年所有的叛逆罪、叛逆轻罪、谋杀罪、重罪和轻罪"①。对于正在审理的案件，法令规定："所有 1658 年以前的刑事诉讼，都终止审判程序，被告人将获得赦免。但已经收取的审判或其他费用，将不予退还。"②

对于因叛逆罪而被罚没的财产，法令给出了更为明确的规定："任何个人或团体及其继承人，经审判、剥夺公民权和逐出法外等被罚没的财产，被视为无效，将逐步恢复他们的土地。至于他们从没收王室中获得的收益，将在以后的法令中规定。但自 1641 年 3 月 25 日以来，通过战争非法占有的土地，将要归还原主。"③ 内战时期的财产变动情况非常复杂，需要一定时间才能厘清。查理二世在归还叛逆者财产、暂时默认王室财产损失的基础上，搁置一些棘手的财产问题，率先处理产权明确的财产问题，可以减少复辟之后的财产纠纷，维护国内的和平秩序。

法令并没有赦免少数参与审判查理一世以及在共和国中扮演重要角色的 "弑君者"。1660 年 6 月 6 日，查理二世发布了一份公告，要求参与审判查理一世的人可以在公告发布的 14 天内到议会、伦敦市或英国各郡投案自首，以减轻罪行。任何包庇他们的行为，都将构成隐匿叛逆罪。④ 随后，议会发布《赔偿和赦免法》，公布了一份包括 49 名 "弑君者" 的名单（详见附录三 "《赔偿和赦免法》中不被赦免的人员名单"）。⑤ 在这 49 人中，除休·彼得斯之外，其他 48 人都直接参与过审判查理一世案。而在参与审判的 48 人中，担任过审判法官的有 41 人，参与起诉的有 2 人，参与记录工作的有 1 人，参与警卫工作的有 4 人。而在 41 名法官中，5 人并未在判决书上签字，其他 36 人均在判决书上签了字。由于他们起

---

① *The Statutes of the Realm*, Vol. V, Buffalo：William S. Hein & Co., INC., 1993, p. 226.
② *The Statutes of the Realm*, Vol. V, Buffalo：William S. Hein & Co., INC., 1993, p. 227.
③ *The Statutes of the Realm*, Vol. V, Buffalo：William S. Hein & Co., INC., 1993, p. 227.
④ *An Historical Account of All the Trials and Attainders of High Treason*, London, 1716, p. 106；*The Statutes of the Realm*, Vol. V, Buffalo：William S. Hein & Co., INC., 1993, p. 232.
⑤ *The Statutes of the Realm*, Vol. V, Buffalo：William S. Hein & Co., INC., 1993, pp. 231-232.

草或签署了"查理一世死刑判决书""审判查理一世的决议",直接导致查理一世被处死,因而他们被查理二世称为"弑君者"。查理二世指责他们:"有些人穿着法袍和面具出现在 1649 年处死查理一世的白厅现场,有些人判决查理一世为叛逆罪,或者为这次骇人听闻的杀戮提供帮助。"①实际上,参与推翻斯图亚特王权和处死查理一世的远超过 49 人,查理二世尽可能减少报复对象,主要是为了暂时稳定统治。

值得注意的是,在"查理一世死刑判决书"上签字的法官共有 59人,其中在复辟之前已经去世的有 20 人②,未去世的有 39 人,而其中 36人受到了追究,有 3 人并没有被认定为"弑君者",他们是约翰·伯奇尔爵士(Sir John Bourchier)、约翰·哈金森(John Hutchinson)、理查德·英戈尔德比(Richard Ingoldby)。约翰·伯奇尔因为身患重病生命垂危而无法接受审判,他在 1660 年 8 月相对体面地去世。约翰·哈金森因反对克伦威尔担任护国公,转而支持王权复辟而暂时未受到审判,他甚至还参加了查理二世的首届议会。但他最终还是没有逃脱国王的报复,被议会指控为"弑君者"受到监禁,1664 年死于狱中。理查德·英戈尔德比是查理二世复辟的功臣,因而没有受到制裁。在奥利弗·克伦威尔时期,英戈尔德比曾任国务会议委员和议会议员等职务,克伦威尔死后,他支持新护国公理查·克伦威尔,却没有阻止新护国公被军人罢免。随后,英戈尔德比转投乔治·蒙克,支持查理二世复辟。复辟之后,国王鉴于他复辟有功,又考虑到他在克伦威尔的暴力逼迫下才在"查理一世死刑判决书"上签字,因而赦免了他的叛逆罪,还封他为骑士。

针对"弑君者"的认罪态度,查理二世也做出了不同的判决。在1660 年 6 月 6 日公告发布之后,49 名"弑君者"中有 19 人向查理二世自首(详见附录三"《赔偿和赦免法》中不被赦免的人员名单"),这 19 人

---

① *The Statutes of the Realm*, Vol. V, Buffalo: William S. Hein & Co., INC., 1993, p. 232.

② 他们分别是:约翰·布拉德肖、托马斯·格雷、奥利弗·克伦威尔、约翰·丹维斯爵士、亨利·艾尔顿、托马斯·毛勒维尔爵士、约翰·布莱克斯通、托马斯·普莱德、普利格林·佩勒姆、理查德·迪恩、汉弗莱·爱德华兹、威廉·皮夫、威廉·康思特布尔爵士、艾萨克·伊尔、托马斯·霍顿、约翰·摩尔、约翰·阿硫德、安东尼·斯德普雷、格雷戈瑞·诺顿爵士、约翰·韦恩。参见〔英〕杰弗里·罗伯逊《弑君者:把查理一世送上断头台的人》,徐璇译,新星出版社,2009,第 377~378 页。

均没有被以叛逆罪处决。威廉·黑文宁汉、吉尔伯特·米灵顿、罗伯特·李尔本、亨利·史密斯、彼得·坦普尔 5 人，虽然被判为死刑，却很快得到国王的宽恕，刑罚降为终身监禁。罗伯特·提波被判为死刑缓期执行，国王却一直都没有处死他。哈德瑞斯·沃勒爵士、艾萨克·宾宁顿、亨利·马顿、欧文·罗、托马斯·沃根、埃德蒙·哈维、约翰·道尼斯、奥古斯丁·加兰、乔治·弗利特伍德、詹姆斯·坦普尔、托马斯·维特 11 人被判为终身监禁。文森特·波特和西蒙·梅尼两人虽然被判决为死刑，但在上诉复核时就已经死亡。

49 名"弑君者"中，20 人成功逃亡国外①，约翰·巴克斯坦德、约翰·奥凯和米勒斯·科伯特三人逃出了英国，在流亡过程中被英国大使抓捕，没能逃脱法律的制裁。托马斯·斯科特则在流亡几年后，返回英国认罪，被判为叛逆罪，并被处决。最后，还有 10 人既没有出逃也没有自首②，他们才是 1660 年查理二世重点打击的对象。

1660 年 10 月，"弑君者"在中央刑事法庭接受审判，共 29 人出庭受审（详见附录一"《国家审判集》中收录的重要案件"）。在开庭之前，国王颁布的公告和法令中已经宣布他们为叛逆者，因此这次审判只是象征性的，以符合程序正义原则。首个接受审判的哈里森试图为自己辩护，却被告知"与其说法庭在判断你的罪行是否构成叛逆罪，不如说是给你一个进行忏悔的机会"③。法庭出示的证据主要是证人证言，马斯顿出庭证明哈里森在 1648 年 1 月 27 日参加最高法庭，判决查理一世死刑，还在判决书上签字同意判决结果；诺特兰出庭证明哈里森曾说"让我们尽可能

---

① 他们分别是：约翰·李斯勒、威廉·赛伊、瓦伦丁·沃尔顿、爱德华·哈雷、约翰·巴克斯坦德、埃德蒙·拉德洛、迈克尔·里弗斯爵士、约翰·奥凯、约翰·休森、威廉·高菲、科尼利厄斯·霍兰、托马斯·卡隆那、米勒斯·科伯特、托马斯·斯科特、威廉·卡雷、尼古拉斯·拉夫、约翰·迪克斯维尔、丹尼尔·布拉格雷、安德鲁·布劳顿、爱德华·丹迪。

② 他们分别是：托马斯·哈里森、艾德里安·斯克罗普、约翰·卡鲁、约翰·琼斯、格雷戈里·克莱门特、约翰·库克、威廉·休利特、休·彼得斯、弗朗西斯·汉克、丹尼尔·阿克斯特尔。实际上，艾德里安·思科普斯也在规定时间内自首，但"他在自首后发表了赞美审判国王的话，对这种不思悔改的人，将按照没有自首来对待"。*An Historical Account of All the Trials and Attainders of High Treason*, London, 1716, p. 107.

③ *An Historical Account of All the Trials and Attainders of High Treason*, London, 1716, p. 122.

地诋毁查理一世，愿上帝宽容我们诋毁查理一世"①。法庭出示的物证主要是"查理一世死刑判决书"，上面的签字是他们触犯叛逆罪的证据。由于审判时间较短，"弑君者"一般无法就法律问题展开争论，只能请求法庭做出仁慈的审判。哈里森说自己在做出判决时泪流满面，一遍遍地告诫自己审判国王来自上帝的判决。库克则指出自己指控查理一世完全是履行律师职责，他没有企图处死查理一世，而只是奉当时政府的命令行事。② 休·彼得斯诉说自己绝对没有谋害国王的企图，反复强调国王被关押在温莎时，他曾多次试图解救国王。③ 丹尼尔·阿克斯特尔则强调他并没有审判查理一世，只是执行审判委员会的决议而已。④ 这次审判的结果早在开庭之前就确定了，正如当时的《政治信使报》报道的："犯下这样的滔天罪行，不可能再有什么辩护。"⑤ 最终，"弑君者"全部被判有罪，其中被立即执行死刑的只有 10 人，即上文提到的既没有出逃也没有自首的人。

查理二世没有放过已经去世的 20 名"弑君者"。议会通过决议，"已故的奥利弗·克伦威尔等人，不论他们现在埋葬在威斯敏斯特西敏寺教堂抑或是其他地方，都要派军队将尸骨拖拽到伦敦泰伯恩刑场"⑥。为了报复这些人，查理二世"把他们的尸体从坟墓中掘出来，按照叛逆罪的处决程序进行处决，头颅挂起来展示，余骨则随意丢弃在普通的坟坑中"⑦。

从"弑君者"审判案中可以看出，查理二世的主要目的是报复"弑君者"。他仅报复那些直接参与谋杀国王的人，最终处决的"弑君者"只有 10 人，其他人都被终身监禁。甚至"新护国公"理查·克伦威尔也没

---

① *An Historical Account of All the Trials and Attainders of High Treason*, London, 1716, p. 119.

② *An Historical Account of All the Trials and Attainders of High Treason*, London, 1716, p. 135.

③ *An Historical Account of All the Trials and Attainders of High Treason*, London, 1716, p. 150.

④ *An Historical Account of All the Trials and Attainders of High Treason*, London, 1716, p. 154.

⑤ 〔英〕杰弗里·罗伯逊：《弑君者：把查理一世送上断头台的人》，徐璇译，新星出版社，2009，第 326 页。

⑥ David C. Douglas, ed., *English Historical Documents*, *1600 - 1714*, London: Eyre Methuen, 1981, p. 62; *The Statutes of the Realm*, Vol. V, Buffalo: William S. Hein & Co., INC., 1993, p. 232.

⑦ Ronald H. Fritze, *Historical Dictionary of Stuart England*, *1603 - 1689*, London: Greenwood Press, 1996, p. 450.

有受到审判，他在法国躲避一段时间后，又返回英国居住，直到 1680 年去世时也没有遭到任何政治报复。可见，为了维护统治，查理二世保持了足够的克制，他的报复行为都在法制框架内完成，给予"弑君者"一定的抗辩机会，也酌情考虑他们的认罪态度，做出相对公正的判决。这样做可以防止新国王树敌过多，有利于减少妨害稳定的因素，打消英国民众对新国王的担忧，呈现新的政治风貌，同时有利于复辟之后快速巩固王位，促进英国政治局面的稳定。

第四章

君主立宪制下"叛逆国家法"的形成

"光荣革命"之后，英国建立起君主立宪制，"至尊王权"逐步被议会权威取代，国王的"自然身体"而非"政治身体"成为叛逆法的主要保护对象。随着《1695年叛逆罪审判法》等法律的颁布，叛逆法反而开始限制国王在叛逆罪审判、指定王位继承人等方面的权力。国王的神圣地位下降，民众对国王唯命是从的效忠观念逐步减弱，国家民族观念在对外战争中逐步上升，叛逆法开始保护民族国家，并推广到整个不列颠。自此，英国叛逆法进入"叛逆国家"的时代。

第一节 "至尊王权"的覆灭与君主立宪政体的确立

查理二世复辟之后，"至尊王权"得以恢复。查理二世为了保护"至尊王权"，基本恢复了革命之前的叛逆法。他干预叛逆罪司法，造成"莱伊宅阴谋"案和"蒙默斯叛乱"案等严重的叛逆罪错案。国王在王位继承和宗教信仰上的不妥协，引发"光荣革命"，詹姆斯二世的王权被推翻，英国建立起君主立宪制。

一 查理二世对"至尊王权"的保护

查理二世复辟之后，英国在反思内战的基础上，开始限制议会权威，恢复以往的"至尊王权"。经历将近二十年内战，英国民众见证了无政府主义和军事独裁所造成的社会混乱，"一切民主空气和生机都被窒息"①。议会甚至请求克伦威尔成为国王，因为国王反而可以受到传统和法律的束缚，而护国公的权威几乎不受制约，能够无限制地扩张权力。内战结束之后，民众对王权和议会的关系、限制王权的方式有了新认识，他们认为把议会扶植起来作为对王权的制衡是没有意义的，以后英国不再赋予议会过大的权力，而是宁可用把权力从中央交还给地方的办法来限制王权。在新思想的主导下，议会主动弱化了自己的权威，"保证它本身在政府内所起的作用不超过它在伊丽莎白和斯图亚特王朝早期时代所起的作用"②。

英国民众对恢复"至尊王权"也没有异议。1660 年出版的一份小册子记录了查理二世复辟的全过程。小册子盛赞查理二世复辟，认为复辟"把我们从各种困境中解救出来，国王恢复统治令人非常高兴。今后，他可以用公正、毫无争议的权威进行治理了"③。在剑桥大学于 1681 年向国王做的一次演讲中，剑桥大学阐释了他们对王权的看法："我们应该清楚并遵守一点，国王的头衔不是来自民众，而是来自上帝。民众有责任只对国王效忠，王位的废立之权不归民众所有，而只属于国王陛下。王位主要是通过继承来传递的，国王在宗教、法律和统治上的失误都不能构成废除王位的理由。"④

查理二世是"至尊王权"的最大受益者，他为恢复"至尊王权"也进行了一番努力。首先，他基本恢复了查理一世时期的所有法令，重新提出"王权神授"理论。1660 年颁布的《永恒感恩节法令》中就提到王权的性质："为了纪念国王恢复王位，臣民应该每年此时到教堂中进行集体感恩活动，感谢上帝恢复了最为神圣的王权。在活动中，臣民应该牢记自己的效忠职责。"⑤ 其次，查理二世扶持天主教，为其统治服务。查理二

---

① 王觉非主编《近代英国史》，南京大学出版社，1997，第 112 页。

② 〔英〕肯尼思·O. 摩根主编《牛津英国通史》，王觉非等译，商务印书馆，1993，第 353 页。

③ David C. Douglas, ed. , *English Historical Documents , 1600 - 1714*, London：Eyre Methuen, 1981, p. 60.

④ J. Neville Figgis, *The Theory of the Divine Right of Kings*, Cambridge：Cambridge University Press, 1896, p. 6.

⑤ David C. Douglas, ed. , *English Historical Documents , 1600 - 1714*, London：Eyre Methuen, 1981, p. 61.

世注意到，"凡是天主教强大的地方，君主政权必然强大"，天主教徒是明显在内战期间没有背叛查理一世的群体。① 自亨利八世起，英国就信仰国教、默认清教、排斥天主教，查理二世提倡宗教宽容，允许天主教和清教等非国教徒合法存在，实际上是扶持天主教势力在英国发展。最后，查理二世吸取父亲兵败被擒的教训，开始组建常备军，控制军事指挥权。1661 年，他先是立法规定"国王是英国唯一可以统领民兵的人，议会没有掌管军队的权力，英国所有的将领必须向国王宣誓效忠"②。接着，查理二世整合自己在流亡时期的卫队以及蒙克的军队，组成"禁卫骑兵团"和"近卫团"，作为一支常备武装保护国王的安全。③

　　在议会、国王和民众都认可恢复"至尊王权"的背景下，查理二世为了保护王权、防范叛逆行为，颁布《1661 年叛逆法》。对于国王的人身安全，法令规定"图谋或意图国王死亡或杀死国王，图谋或意图以致死或致残为目的伤害国王的身体，构成叛逆罪"；对于王位安全，法令规定"图谋或意图剥夺国王在英国以及其他领地的王位，构成叛逆罪"；对于叛乱和依附外国敌人行为，法令规定"向国王发动战争，勾结外国人武装入侵英国及其领地，构成叛逆罪"。对于犯罪行为的实施方式，法令进行了特别规定："若上述行为以恶意以印刷、书写、布道的形式传播，经两名合法证人宣誓证明之后，即可判定为'叛国者'，将受到叛逆罪的惩处。"④ 从法令中看，具有革命色彩的共和国、议会等不再是叛逆法的保护对象，"查理二世的叛逆法并没有超越以往的封建王朝，仍然重在打击侵犯国王人身和王位安全的行为"⑤。不过，该法也有一定的新意，法令刻意强调伤害和监禁国王可以构成叛逆罪，拟定的条款明显参考了查理一世的遭遇。

---

① 〔英〕肯尼思·O. 摩根主编《牛津英国通史》，王觉非等译，商务印书馆，1993，第355 页。

② *The Statutes of the Realm*, Vol. V, Buffalo: William S. Hein & Co., INC., 1993, pp. 308-309.

③ Angus Stroud, *Stuart England*, London: Routledge, 1999, p. 157.

④ *The Statutes of the Realm*, Vol. V, Buffalo: William S. Hein & Co., INC., 1993, p. 305.

⑤ Lisa Steffen, *Defining a British State: Treason and National Identity, 1608-1820*, New York: Palgrave, 2001, p. 5.

《1661 年叛逆法》对天主教会更加宽容。自亨利八世以来，英国一直在排斥、迫害天主教徒。伊丽莎白一世时期，"任何人放弃对英国国教的信仰并改信罗马天主教，或者任何天主教徒非法在英国停留，都可构成叛逆罪"①。查理二世秘密信仰天主教，他的家人也都信仰天主教，这样的信仰显然与英国的主流信仰格格不入。为了防止有人利用宗教信仰攻击国王，查理二世规定，"任何人恶意出版或宣传国王是异教徒、天主教分子，将被开除公职，在教会、政府和民间组织中失去任何升迁的机会"②。这样的处罚措施比以往更轻，也符合查理二世宗教宽容的政策。

复辟之后，议会的地位有所下降。内战时期，反对议会可以构成叛逆罪，而复辟之后，"任何人宣称没有国王，议会仍然享有立法权，可以构成亵渎王权罪，将受到流放处罚"③。英国又回到了国王、议会上院和议会下院"三位一体"的"王在议会"原则。议会在政治、军事、财政等方面都对国王做出让步，但在宗教问题上，议会并没有做出实质性让步，"民众往往把罗马天主教和独裁的政府联系在一起"④。很快，宗教问题成为国王和议会斗争的焦点问题，并触发了"光荣革命"，英国政治再一次经历震荡。

二　"光荣革命"前的政治与叛逆

查理二世统治的前十年，国王受到的限制较少，"他的统治在国内外没有受到严重威胁"⑤。随着国王不断加强统治权威，一部分英国人意识到限制王权的必要性，坚持"限王"态度；另一部分英国人为了防止革命再次上演，坚持"保王"态度。双方政治摩擦随即升级，"国王和臣民的蜜月期就此结束"⑥。双方的分歧主要存在于军事、外交和王位继承等

---

① *The Statutes of the Realm*, Vol. IV, Buffalo: William S. Hein & Co., INC., 1993, p. 657.

② *The Statutes of the Realm*, Vol. V, Buffalo: William S. Hein & Co., INC., 1993, p. 305.

③ *The Statutes of the Realm*, Vol. V, Buffalo: William S. Hein & Co., INC., 1993, p. 305.

④ 〔英〕肯尼思·O. 摩根主编《牛津英国通史》，王觉非等译，商务印书馆，1993，第 355~358 页。

⑤ 〔英〕肯尼思·O. 摩根主编《牛津英国通史》，王觉非等译，商务印书馆，1993，第 356 页。

⑥ Lisa Steffen, *Defining a British State: Treason and National Identity, 1608-1820*, New York: Palgrave, 2001, p. 44.

方面。军事方面，国王是否可以长久地维持"常备军"，使之成为威慑臣民反抗的手段；外交方面，国王是否要与法国改善关系，向天主教国家靠拢，反对新教国家；王位继承方面，是否限制天主教徒继承王位。[1] 其中，王位继承是一个焦点问题，查理二世虽然有 14 个私生子，却没有合法的王位继承人，他有可能会把王位传给他的弟弟约克公爵詹姆斯———一个虔诚的天主教徒。

经历了宗教改革和英国革命之后，宗教在政治领域的作用已经大为削弱。17 世纪，"宗教不再对其他行动领域拥有权威；它不再是社会价值观的源泉，它不再是塑造社会和民族理念，反而是不得不去适应它们"。民族认同被确立为根本的认同，而宗教信条无论如何是第二位的。[2] 无论是"限王"派还是"保王"派，他们关心的不再是宗教问题，而是宗教政策可能产生的损失和利益。从 1677 年出版的一本书中就可以看出民众对宗教和利益之间关系的理解。该书名为《论天主教和专制政府的势力增长》，书中指出："几年来，一种阴谋一直在进行着，这就是要把英国的合法政府变为一种专制暴政，并将英国现存的新教变成彻头彻尾的天主教。"[3] 1678 年"天主教阴谋"案发生后，民众因为担心利益受到损失而流露出仇视天主教的倾向。泰特斯·奥茨（Titus Oates）和伊斯雷尔·汤奇（Israel Tonge）曾揭露一批天主教徒"试图谋杀国王，烧毁伦敦，组织天主教徒组成军队，诱引外敌入侵"[4]。该案虽然存在诸多疑点，但法官乔治·杰弗里仍然判决至少 14 人构成叛逆罪。该案一度加剧了普通民众对天主教的提防。不过，随着案件更多细节浮出水面，人们才认识到该案"是这一时期最为不公正和最为残忍的叛逆案"[5]。

---

① Edward Vallance, *The Glorious Revolution 1688: Britain's Fight for Liberty*, Now York: Pegasus Books LLC., 2008, p. 43.

② 〔美〕里亚·格林菲尔德：《民族主义：走向现代的五条道路》，王春华等译，上海三联书店，2010，第 74 页。

③ Barry Coward, *The Stuart Age: England 1603-1714*, London: Longman, 1980, p. 281. 转引自王觉非主编《近代英国史》，南京大学出版社，1997，第 141 页。

④ Ronald H. Fritze, *Historical Dictionary of Stuart England*, *1603-1689*, London: Greenwood Press, 1996, p. 406.

⑤ James Fitzjames Stephen, *A History of the Criminal Law of England*, Vol. I, London: Macmillan and Co., 1883, preface, p. 369.

围绕是否通过《排斥法案》，议会分成两派。《排斥法案》是一部主张限制詹姆斯继承权的法案。一部分议员反对该法案，他们支持詹姆斯继承王位，主张实行宗教宽容政策，认为如果否定詹姆斯的继承权，就是否定英国君主的世袭原则，可能再次引发社会动荡。另一部分议员支持该法案，反对詹姆斯继承王位，认为他会把英国变成专制国家。双方真正关心的不是王位继承问题，而是王位继承带给英国的影响。两派互不相容，催生出英国最早的两个政党——托利党和辉格党。托利党提倡君主政治和宗教宽容，辉格党呼吁君主立宪和新教信仰。它们实际上都担心天主教控制英国，都想避免重蹈玛丽一世的覆辙。①

查理二世支持托利党，为了防止辉格党干预王位继承，他在1681年解散议会。此后，直到1685年去世，他也没有再次召开议会。国王解散议会，破坏了刚刚形成的政党政治，"一些本来在议会进行的派系斗争，以指控政治犯罪的形式转移到法庭中进行"②，反而引发不少政治性很强的叛逆案件，例如"莱伊宅阴谋"（Rye House Plot）案和"蒙默斯叛乱"（Monmouth's Rebellion）案。

"莱伊宅阴谋"案是一次弑君未遂案件。1683年，几个辉格党人试图在查理二世和詹姆斯经过赫特福德郡的"莱伊宅"时谋杀他们，以阻止詹姆斯继承王位。但这一计划却遭到蒙默斯公爵（查理二世的私生子之一）反对。公爵希望辉格党人发动叛乱向国王施压，而非直接杀死国王。但叛乱事件却一再被推迟，结果尚未发动就败露，遭到国王的镇压。辉格党多人被起诉犯有叛逆罪，辉格党重要领导人威廉·罗素、阿尔杰农·悉尼等多人被以叛逆罪处死，蒙默斯公爵等人认罪之后遭到流放。③ "莱伊宅阴谋"案削弱了辉格党的政治实力，查理二世借机扶植托利党，使之成为支持詹姆斯即位的力量。

1685年，查理二世死后，詹姆斯顺利登上王位，称詹姆斯二世。这

---

① Edward Vallance, *The Glorious Revolution 1688: Britain's Fight for Liberty*, Now York：Pegasus Books LLC., 2008, p.44.

② 〔美〕兰博约：《对抗式刑事审判的起源》，王志强译，复旦大学出版社，2010，第69页。

③ Ronald H. Fritze, *Historical Dictionary of Stuart England*, 1603–1689, London：Greenwood Press, 1996, p.464.

时，流亡在外的蒙默斯从英国西南部登陆，发动清教叛乱，试图夺回王位。但叛乱很快被镇压，蒙默斯被以叛逆罪处死。随后，国王委派审理过"天主教阴谋"案的乔治·杰弗里为主审法官，组成巡回法庭前往西南部地区审判 2000 名叛乱者。这次审判被称为"血腥巡回审判"。案件仅用了三至四周即审理完毕，共处死 250 人。"血腥巡回审判"成为詹姆斯二世失去民心的重要事件，"国王以及他派出的杰弗里在惩罚叛逆者时野蛮、残酷，得到了冷血杀手的恶名"①。

在镇压清教徒的叛乱后，詹姆斯二世认为大局已定，着手恢复天主教信仰。为了防范可能出现的叛逆行为，他进一步扩大常备军，还将大量天主教徒安插到军队中，遭到议会的反对。詹姆斯二世随即解散议会，进行无议会统治，专制色彩日益增强。在他统治的四年中，"国王的权力无孔不入，法律、教会、议会、枢密院、陆军、海军、大学和地方官员任免等各方面都受到他的控制"②。法律方面，詹姆斯二世效仿查理二世，清洗不服从命令的法官，"他在位的四年间，共罢免了 13 名法官。1686 年 6 名法官质疑他滥用权力，结果全部被罢免"③。教会方面，他在 1687 年颁布《赦免宣言》（Declaration of Indulgence），宣布英国的信仰向天主教倾斜，成为天主教国家。④ 议会方面，詹姆斯二世在位期间，只通过 29 项议案，年均不到 10 项。自都铎王朝以来的 200 年中，他的年平均立法数量只比查理一世略多一些。⑤ 英国的议会政治受到较大挫折和冲击。在枢密院中，不服从国王政策的人遭到清洗，国王安插四名天主教徒进入枢密

① Ronald H. Fritze, *Historical Dictionary of Stuart England*, *1603 – 1689*, London：Greenwood Press，1996，p. 48.

② John Cannon & Anne Hargreaves, *The Kings & Queens of Britain*, Oxford：Oxford University Press，2004，p. 300.

③ 〔美〕兰博约：《对抗式刑事审判的起源》，王志强译，复旦大学出版社，2010，第 77 页；John Cannon & Anne Hargreaves, *The Kings & Queens of Britain*, Oxford：Oxford University Press，2004，p. 300.

④ David C. Douglas, ed., *English Historical Documents*, *1600 – 1714*, London：Eyre Methuen，1981，p. 396.

⑤ 据英国史学家希尔顿统计，亨利七世的年均立法数量为 13 部，亨利八世 19 部，爱德华六世 28 部，玛丽一世 22 部，伊丽莎白一世 10 部，詹姆斯一世 14 部，查理一世 5 部，查理二世 21 部，詹姆斯二世 10 部，威廉三世 62 部。议会的立法数量可以体现出议会在政治中的重要作用。R. W. K. Hinton, " The Decline of Parliamentary Government under Elizabeth I and the Early Stuarts," *Cambridge Historical Journal*, XIII, 2 (1957), p. 116.

院，其中，政治投机分子桑德兰改信天主教后进入枢密院成为主席（chief minister），枢密院实际被天主教徒控制。在军队方面，天主教徒成为爱尔兰和苏格兰驻军总司令，他们还控制着英吉利海峡舰队。在大学中，剑桥大学副校长遭到解职，以研究人类学而闻名的牛津大学莫德林学院被关闭。在地方，詹姆斯二世罢免了 248 个治安法官，新任命了 460 个，其中三分之二都是天主教徒。由于詹姆斯二世的行动过于仓促，"许多信奉天主教的人，包括教皇英诺森十一世也都为他的轻率而惊讶不已，生怕他会引火烧身"①。

经过几年的政治布局，詹姆斯二世已经初步建立起天主教国家的框架，形势非常类似于玛丽一世时期。新教徒在政治、经济、军事和教育等各方面的上升空间均被关闭。无论是辉格党还是托利党，在宗教问题上都反对天主教政策。他们看到詹姆斯二世没有男性继承人，便寄希望于国王死后信仰新教的玛丽（詹姆斯二世的女儿）即位。

对詹姆斯二世的抵制最终引发了"光荣革命"。这次革命开始于宗教领域，是由"七主教"案直接引发的。当 1688 年 4 月 27 日詹姆斯二世再次颁布《赦免宣言》时，他要求各地主教依次在布道台上宣读该文件。以伦敦主教为首的七位主教拒绝宣读，并向国王请愿，指出国王的行为属于滥用赦免特权。这份请愿书不久被印刷成小册子，在伦敦流传。国王认为这种行为可以构成煽动叛逆罪，经枢密院问讯后，于 6 月 8 日把他们关押在伦敦塔中，择日在法庭上进行审判。6 月 10 日，王后生了一名男婴，这预示着未来王位继承人还是天主教徒，因此"七主教"案引发较大的社会关注度。6 月 29 日，法庭开庭，法庭的起诉罪名并不是叛逆罪，而是诽谤罪（libelous）和煽动罪（seditious）。在审判现场，"法庭内外都是旁观者，包括法庭内的同级人员，以及法庭外街道上的大批同情者"②。法庭最终在 6 月 30 日宣布七主教无罪，这一结果说明詹姆斯二世为保护天主教信仰而做的各种努力并没有发挥作用，煽动抵制天主教的主教没有

---

① John Cannon and Anne Hargreaves, *The Kings & Queens of Britain*, Oxford：Oxford University Press，2004，p. 300.

② Ronald H. Fritze, *Historical Dictionary of Stuart England*，1603-1689，London：Greenwood Press，1996，p. 488.

受到惩罚,反而成了"民族英雄和新教维护者"。① 七主教获释后,当晚就写信给奥兰治亲王威廉及其夫人玛丽,邀请他们率军反对詹姆斯二世,主教们许诺在国内给予支持。威廉和玛丽应邀在9月登陆英国德文郡,攻入伦敦,推翻詹姆斯二世统治,1689年12月正式即位为国王和女王,这一革命就是"光荣革命"。

"光荣革命"实际上是一次叛逆行为。根据查理二世颁布的《1661年叛逆法》,图谋剥夺、废除国王的王位,在国内外对国王发动战争,引导外国军事力量入侵王国,都构成叛逆罪。② 然而,如果统治者没有强大的政治实力支持,便无法让法律发挥应有的效力。英国剧作家科利·西伯(Colley Cibber,1671~1757年)参加过"光荣革命",他对比了叛逆者和国王的政治力量,认为叛逆一方"辉格党、托利党、亲王、高级教士、贵族、牧师、平民和军人,都联合在一起","国王则因为长期侵占民众福祉而招致民众的敌视"。③ 因此,西伯虽然知道反抗国王是叛逆行为,却仍然"为了救济受到暴力威胁的法律和自由而战"④。"光荣革命"是英国民众对狂热天主教国王的反叛,它证明,一方面,"国王已经无法靠教会来独立地制衡世俗权威的权力"⑤,只能在世俗政治中寻找权力依据,加强议会的权威;另一方面,国王需要防范大规模的叛乱、保护人身和王位安全,不应一味地加强权力,甚至进行专制,他应该平衡各方利益,赢得民众的支持,只有这样才能防范最严重的叛逆行为。上述两点,都要求继承王位的威廉三世和玛丽二世建立君主立宪政体。

三　君主立宪政体的建立

"光荣革命"之后,如何限制王权成为议会的一项重要任务。为了更

---

① Ronald H. Fritze, *Historical Dictionary of Stuart England*, 1603–1689, London: Greenwood Press, 1996, p. 488.

② *The Statutes of the Realm*, Vol. V, Buffalo: William S. Hein & Co., INC., 1993, p. 305.

③ Steven C. A. Pincus, *English's Glorious Revolution*, 1688–1689, Boston: Bedford, 2006, p. 49.

④ Steven C. A. Pincus, *English's Glorious Revolution*, 1688–1689, Boston: Bedford, 2006, p. 48.

⑤ 〔美〕弗里德里希·沃特金斯:《西方政治传统——现代自由主义发展研究》,黄辉、杨健译,吉林人民出版社,2001,第38页。

加明确地定义国王和议会之间的权力分配，避免国王或议会的权力过于膨胀，1689 年英国议会颁布《权利法案》（Bill of Rights）。从叛逆法的角度看，该文件的重要意义是，它"把暴君曾经破坏的法律和宪政的原则都罗列出来"①，然后通过法律进行规范。这样可以有效地预防 17 世纪 40 年代至 80 年代大规模的叛乱事件，使英国政局最终稳定下来。该法案被威廉和玛丽接受，英国建立起君主立宪政体。

《权利法案》较为隐晦地指出，詹姆斯二世因为没有遵守法律和秩序而"退位"。他破坏的法律和秩序包括六个方面："其一，他任用许多奸佞的顾问、法官和管理者，企图推翻王国的法律与自由，清除国内的新教信仰。其二，他随意使用赦免权和中止法规权（suspending power）②，不经议会同意就废立法律。其三，他没有受理高级教士谦逊的请愿，反而起诉他们，还利用法庭干预教会事务。其四，他将议会拨给他的款项用于其他事件和其他方面。其五，他在和平时期不经议会同意就招募和保有常备军。在军队中，他故意让多位善良的新教徒军官无兵可带，却非法让天主教徒率领大量军队。其六，他破坏了议会的自由选举，把本该属于议会管辖的事务转移到王座法庭上审判。"③

考虑到詹姆斯二世的上述行为，《权利法案》为了维护古老的权利和自由，提出诸多限制王权的措施："首先，不经议会同意，国王以其权威废止、中止或恢复法律是违法的。其次，国王擅自组织法庭审判宗教事务或者其他案件是违法的。再次，未经议会批准，国王利用特权征收赋税，或者超出议会规定的时限和方式征收赋税是非法的。最后，不经议会同意，在和平时期招募或者保有常备军是违法行为。"④

同时，为了维护民众的合法权利，法律进一步赋予民众请愿权、防卫

---

① Goldwin Smith, *The United Kingdom: A Political History*, Vol. II, Toronto: The Copp, Clark Company, Limited, 1899, p. 81.

② 国王暂时中止某一法规实施的权力，《权利法案》颁布后该权力被废除。Ronald H. Fritze, *Historical Dictionary of Stuart England, 1603–1689*, London: Greenwood Press, 1996, p. 507.

③ David C. Douglas, ed., *English Historical Documents, 1600–1714*, London: Eyre Methuen, 1981, p. 123.

④ David C. Douglas, ed., *English Historical Documents, 1600–1714*, London: Eyre Methuen, 1981, pp. 123–124.

权和财产权："以臣民请愿为由对其进行审判或者判刑，都是违法的。新教臣民在法律规定的范围内有权进行自我防卫。臣民不应被收取过量的保释金，也不应被处以过重的罚款、过于严酷或非常规的刑罚。"①

关于议会和法庭的权威性，法案也进行了确认："议员的选举应该是自由的。议员在议会上演讲和辩论时享有言论自由，他们不应在议会内外的法庭或其他地方遭到弹劾或审讯。陪审员应该充分地从陪审员名单中遴选，审判叛逆案件的陪审员必须是自由土地保有人。不经审判就收取罚款或罚没财产是违法的。国王应经常召开议会，及时救济不公，加强和维护法律。"②

《权利法案》用法律形式设置了王权的禁区，规定国王的四种行为是违法的，其制约王权的意图颇为明显。法案赋予臣民、议会和法庭在财产、人身或组织等方面不受王权干涉的权利，这些权利是从詹姆斯二世的"专制统治"中夺回来的，同时也是"真正的、古老的和毋庸置疑的权利和自由"③。《权利法案》由此实现了"国王政治大权逐渐向议会转移"④。

另外，1689 年议会还颁布了《叛乱法》，进一步限制国王的军事权。法令禁止国王擅自利用军事法（military law）进行审判，规定"任何人都不能依据军事法被判为死刑或残肢刑，审判应在法庭中依据现行的法律进行，他们受到同级人员的审判"⑤。军事法一直是妨碍英国宪政的一个因素，国王利用该法可以不经司法程序就进行惩罚。"光荣革命"以前，"当存在战争状态、或叛乱、或入侵，或其他严重的社会动乱时，军事管制法可以作为例外在本国内予以实施，以取代正常的行政管理和司法"⑥，成为国王清除异己的重要手段，严重干扰了英国法律的正常实施，妨害了

---

① David C. Douglas, ed. , *English Historical Documents*, *1600-1714*, London：Eyre Methuen, 1981, p. 123.

② David C. Douglas, ed. , *English Historical Documents*, *1600-1714*, London：Eyre Methuen, 1981, p. 124.

③ Carl Stephenson and Frederick George Marcham, *Sources of English Constitutional History*, London：Harper & Brothers Publishers, 1937, p. 603.

④ 齐延平：《自由大宪章研究》，中国政法大学出版社，2007，第 235 页。

⑤ Carl Stephenson and Frederick George Marcham, *Sources of English Constitutional History*, London：Harper & Brothers Publishers, 1937, p. 605.

⑥ 〔英〕戴维·M. 沃克：《牛津法律大辞典》，李双元等译，法律出版社，2003，第738 页。

臣民和议会的权利。1628 年爱德华·柯克向国王提交《权利请愿书》，指出军事法违背《大宪章》和英国的法律传统，请求国王立刻终止其实施，要求国王援引议会颁布的法令进行审判。① 时隔六十年，柯克的请愿最终得以落实。鉴于英国仍面临军事叛乱威胁，法令也给出了解决军事叛乱问题的方案。法令规定，任何军事叛乱者都构成死刑，叛乱者必须在军事法庭上接受审判。国王或军队总司令有权派遣一个委员会组成军事法庭审判叛乱案，但委员会中上尉及以上的人不能少于 13 人，否则不能做出判决。②

综上，斯图亚特王朝早期的多位国王，一再突破英国的法制传统，不断向欧洲大陆式的"绝对君主制"靠拢。克伦威尔在内战期间推翻了王权，却借着议会权威行使类似于王权的权力，造成更大的社会危害，迫使英国民众不得不恢复王权。叛逆法是用来保护国王或护国公等最高统治权威的法律，而当其被用于保护"专制权威"时，便与和平和秩序背道而驰。经历英国革命之后，英国民众在如何对待王权问题上有了全面的认识，"理想上最好的政府形式就是主权或作为最后手段的最高支配权力属于社会整个集体的那种政府"③，也就是建立君主立宪政体。在这种政体下，叛逆法一方面保护国王最基本的安全，另一方面又要保护"主权或作为最后手段的最高支配权力"，防止其受到王权的侵害。为了达到该目的，英国制定的叛逆法对王权进行了区分，只保护某些合乎正义的王权，对非正义的王权不予保护。这样的叛逆法既是在保护王权，也是在限制王权，最终将王权限制在合理的范围之内，有利于维护英国的稳定。

第二节　君主立宪政体下叛逆法对王权的限制

君主立宪政体下，议会反思"至尊王权"对叛逆罪审判和国家安全的危害，颁布叛逆法限制国王干预司法和指定继承人的权力。随着议会和政

---

①　*The Statutes of the Realm*, Vol. V, Buffalo: William S. Hein & Co., INC., 1993, p. 24.

②　Carl Stephenson and Frederick George Marcham, *Sources of English Constitutional History*, London: Harper & Brothers Publishers, 1937, p. 605.

③　〔英〕J. S. 密尔：《代议制政府》，汪瑄译，商务印书馆，2017，第 41 页。

党政治的发展，国王永恒"政治身体"的权威性降低，其立法权逐步转移给议会，行政权逐步转移给内阁，司法审判权由法院独立掌握。随之，叛逆法放松了对国王"政治身体"的保护，更加注重保护国家的安全。

一　对国王干预叛逆罪审判的限制

查理二世复辟以来，国王一再干预叛逆罪审判，造成大量极具争议性的错案。上文提到的"天主教阴谋"案、"莱伊宅阴谋"案、"蒙默斯叛乱"案和"七主教"案都在这一时期发生。与以往的叛逆案相比，这些叛逆案具有以下三个突出的特点。

第一，案件牵连的人数较多。从 1660 年审判"弑君者"开始，斯图亚特王朝叛逆罪接连出现大案。"弑君者"案中受到审判的人数达到 49 人，另外还有 20 人虽然已经去世，仍然被"开棺戮尸"。1678 年的"天主教阴谋"案中，法官至少判处 14 人构成叛逆罪。"莱伊宅阴谋"案是一次未遂的刺杀案，但国王还是处死了至少 4 名辉格党领导人。"蒙默斯叛乱"案后，国王组织的巡回法庭更是在不到一个月的时间内审判了 2000 人，处决 250 人左右。"七主教"案中，7 名主教同时受审，这在英国历史上前所未有。而在此之前，即使在"血腥玛丽"时期，也很少一次性处死 10 人以上。第二，受害者多为社会精英阶层。上述几个叛逆案件打击的都是某个社会群体，如辉格党人、新教徒和国教主教等。他们大多是政治、宗教和经济领域的精英，被判刑后也没有得到一定的赦免。相比之下，都铎王朝时期的国王在处理群体事件时，手段更加宽容。查理二世复辟之后，却很少发布赦免令，他对叛逆的打击决心更大。第三，引起的社会反响大，危害性大。在英国政党政治和市民社会不断发展的背景下，如果国王对待各种叛逆案件过于严酷，苛刻地重罚事件所有参与者，将加大叛逆罪的打击面。若在这一过程中存在司法不公正现象，更会进一步提高其危害程度。因此，随着复辟之后一系列的叛逆大案出现，"人们开始普遍意识到：无辜的政治精英人士由于不能对无端的指控进行有效的抗辩，因此遭有罪判决、被作为叛逆者而罹杀身之祸"[1]。如何保证叛逆

---

① 〔美〕兰博约：《对抗式刑事审判的起源》，王志强译，复旦大学出版社，2010，第 69 页。

罪得到公正审判，成为议会辩论中的热点问题，议会将"叛逆罪审判方式作为首批立法工作的重点"①。

从 1689 年开始，叛逆法及其司法已经成为议会议题。② 与都铎王朝及斯图亚特王朝不同，这一时期叛逆罪名不再是争论最多的话题，叛逆罪审判程序成为议员们争论的焦点。经过长期的议会讨论，议员们基本查明了造成叛逆冤案的主要原因：其一，法官不能公正地审判；其二，被告人在审判之前即被隔离，无法知晓对他的指控罪名和出庭证人等情况；其三，被告人没有辩护律师，得不到公正的法律救济。③ 而究其根本原因，则是国王过多地干预叛逆罪审判，致使司法程序无法独立、公正地实施。议会经历了动乱之后，对王权膨胀的政治危害有了更深刻的认识，他们在议会辩论中就提出，"应该通过公平而不是严厉的叛逆罪审判来保护国王。如果能够减少使用叛逆法，完善审判程序，也就降低了国王把叛逆法用作政治武器的可能性"④。经过多年讨论，议会最终颁布《1695 年叛逆罪审判法》，给予被告人更多的权利，借以减少司法不公，保障被告人的合法权益。

《1695 年叛逆罪审判法》在起诉状、法律援助、证人、陪审员等方面给予被告人更多的权利。为了限制国王滥用叛逆罪，法令还在起诉时效和剥夺法案方面做了规定。

在起诉状和法律援助方面，威廉三世进行了大胆改革。在法令颁布前，如果叛逆者身陷囹圄，其将得不到任何关于起诉和法庭的信息。托马斯·莫尔作为英国王室法律顾问，掌握了丰富的法律知识。但他直到出庭时才听到监察官宣读的起诉状，因而抱怨"无法全面地了解到起诉罪名，只能听清其中的一部分"⑤。托马斯·莫尔这样精通法律的人士尚且如此，

---

① 程汉大、李培峰：《英国司法制度史》，清华大学出版社，2007，第 321 页。
② Lisa Steffen, *Defining a British State: Treason and National Identity, 1608-1820*, New York: Palgrave, 2001, p. 50.
③ 〔美〕兰博约：《对抗式刑事审判的起源》，王志强译，复旦大学出版社，2010，第 75～80 页。
④ Lisa Steffen, *Defining a British State: Treason and National Identity, 1608-1820*, New York: Palgrave, 2001, p. 51.
⑤ *A Complete Collection of State-trials, and Proceedings for High-treason*, London, 1730, pp. 59-60.

一般的叛逆罪嫌疑人更是无法进行有效的辩护。为了改变这一不公平的制度，《1695年叛逆罪审判法》规定，"叛逆罪被告人在开庭五天之前，可以获得一份起诉状，以便于他在律师的帮助下，更好地准备进行辩护，但起诉状不包括证人的名字"，"叛逆罪被告人可以得到法律饱学之士（事务律师）的帮助，但不应超过两名，他们可以在合适的时间为被告人提供法律帮助"。①

在证人和陪审员方面，法令允许被告人的证人出庭做证，被告人可以要求陪审员回避。此前控辩双方在证人问题上极不公平。国王的监察官可以强制证人出庭做证，甚至可以罢免或处罚不服从命令的陪审员，而被告人却没有这方面的权利。《1695年叛逆罪审判法》改进了这种不公平的制度，规定"被告人可以通过两名证人为自己辩护，证人做证前需进行宣誓。证人不能受到暴力威胁，他要在法庭上进行公开做证"②。而且，"与控方强迫证人出庭一样，被告人也可以强迫证人出庭做证"③。法令同时规定，"被告人在开庭两天前可以得到陪审员名单"，"并且有35次要求陪审员进行回避的权利"。④

为了防止叛逆罪嫌疑人因关押时间过长而死亡，防止因证人被收买而放弃做证，法令对叛逆罪的起诉时限也进行了规定："叛逆罪发生的三年内，大陪审团必须完成起诉状。被告人应在三年内被起诉。"⑤ 对于严重侵害国王安全的叛逆行为，可以不受起诉时限的限制，"若案件是图谋用投毒等方式谋杀国王的行为，则随时都可以进行起诉"⑥。

法令最后对剥夺法案的程序进行了重新安排，对国王随意利用剥夺法

① David C. Douglas, ed., *English Historical Documents*, *1600-1714*, London: Eyre Methuen, 1981, p. 90.

② Richard Watkins, *A Collection of the Several Statutes and Parts of Statutes Now in Force Relating to High Treason and Misprision of High Treason*, Edinburgh, 1709, pp. 74-75.

③ David C. Douglas, ed., *English Historical Documents*, *1600-1714*, London: Eyre Methuen, 1981, pp. 90-91.

④ Richard Watkins, *A Collection of the Several Statutes and Parts of Statutes Now in Force Relating to High Treason and Misprision of High Treason*, Edinburgh, 1709, pp. 74-75.

⑤ Richard Watkins, *A Collection of the Several Statutes and Parts of Statutes Now in Force Relating to High Treason and Misprision of High Treason*, Edinburgh, 1709, p. 75.

⑥ Richard Watkins, *A Collection of the Several Statutes and Parts of Statutes Now in Force Relating to High Treason and Misprision of High Treason*, Edinburgh, 1709, pp. 74-75.

案处理疑难或特殊案例设置了一定障碍，有利于制约国王过度动用剥夺法案。法令指出，在法庭上审判叛逆罪嫌疑人时，"12 名有产者组成的陪审团必须一致认定嫌疑人有罪，才能最终判定起诉罪名成立。在议会颁布剥夺法案时，程序过于简单，只要多数议员投票赞成，就可以判定某人构成叛逆罪。这样简单的程序容易造成冤案"。因此，"若议会要通过剥夺法案，所有参与投票的同级人员必须在表决之前的 20 天就出现在议会中，而且他们还要进行宣誓"①。

《1695 年叛逆罪审判法》限制了国王在叛逆罪审判中的优势，把控辩双方拉到同等的地位上。这是对英国政治和法制发展的一次大胆改革，它削弱了叛逆罪审判的政治作用。"从此之后，叛逆法失去了它既是刑法的一个分支，又是英国政治斗争工具的作用，也就丧失了以往令人畏惧的杀伤力。"② 该法只适用于叛逆罪审判，并没有迅速全面扩展到全部刑事审判中。不过，新审判方式开启了英国对抗制审判方式的先河，将更多的司法公正性注入司法审判中，也提高了英国司法的独立性，该法被认为是仅次于《1352 年叛逆法》的第二重要的法律。

二　对王位继承和国王权威的规范

"光荣革命"之后，英国的王位继承问题逐步显现出来。威廉三世和玛丽二世一直没有子嗣，1694 年玛丽二世死于天花，威廉三世便彻底失去了获嗣的希望，只能把王位传给玛丽二世的妹妹安妮（1665～1714 年）。"威廉三世一生都疾病缠身，不但驼背，还患有慢性哮喘，而且虚弱的肠胃也让他的健康状况每况愈下。"③ 1700 年，威廉三世已经步入晚年，这时安妮唯一的儿子却夭折，安妮之后的王位归属成为一个难题。不久之后，1701 年 9 月 5 日，流亡在外的詹姆斯二世去世。"詹姆斯党人"（Jacobites）宣布其子詹姆斯·爱德华·斯图亚特继承王位，并得到了法国国王路易十四的

①　David C. Douglas, ed., *English Historical Documents*, *1600－1714*, London: Eyre Methuen, 1981, p. 91.

②　Samuel Rezneck, "The Statute of 1696: A Pioneer Measure in the Reform of Judicial Procedure in England," *The Journal of Modern History*, Vol. 2, No. 1 (Mar., 1930), p. 5.

③　Ronald H. Fritze and William B. Robinson, *Historical Dicionanry of Stuart England*, *1603－1689*, London: Greenwood Press, 1996, p. 551.

承认。若安妮死后没有子嗣，詹姆斯·爱德华·斯图亚特可能会依据血统而继承王位。为了防止这种情况发生，议会在 1701 年颁布王位继承法（即《1701 年王位继承法》），对王位继承进行限制。

"光荣革命"以前，王位是"神授的"，是一种"类似于大卫和耶稣那样直接来自上天的权力"①。王位继承涉及王室的核心利益，不容外人置喙，"国王不允许出现损害其子嗣权力的不当行为"②。侵犯王位继承，是严重的叛逆行为。亨利八世为了避免王位继承受到教皇干预，不惜发动宗教改革，断绝与罗马教廷的关系。查理二世为了防止议会干预王位继承，两次解散议会，坚决把王位传给弟弟詹姆斯，纵然他清楚地知道"王位在他弟弟手中不会超过四年"③。不过到了君主立宪政体时期，"王权神授"观念被打破，王位继承也失去了神圣性。议会在国王同意的情况下，可以根据政治需要限制王位继承，这无疑是对国王继承权的规范和限制。议会这种权威始于《1701 年王位继承法》。

《1701 年王位继承法》对王位继承、国王出入境、枢密院和议员等都做了规定。关于王位继承，法令规定了王位继承顺序和继承资格："王位继承应遵循新教原则"，"王位继承人不得与罗马教廷和教会通信、和解，不得信奉天主教，也不得与天主教徒结婚，否则将失去王位继承资格"，"继承英国王位之后，国王必须信奉英国国教"。④ 对于国王的出入境，法令规定"不经议会同意，国王不得随意出境"⑤。

考虑到安妮去世后，非英国籍继承人有可能会继承英国王位，议会对国王的用兵权进行了限制，"不经议会同意，英国不得参与到任何与防卫本国国土无关的战争中"⑥。为了防止枢密院和议会下院受到国王的控制，法令

---

① Wayne Morrison, ed., *Blackstone's Commentaries on the Laws of England*, Vol. I, London: Cavendish Publishing Limited, 2001, p. 142.

② Wayne Morrison, ed., *Blackstone's Commentaries on the Laws of England*, Vol. I, London: Cavendish Publishing Limited, 2001, p. 144.

③ 王忠和：《英国王室》，百花文艺出版社，2007，第 187 页。

④ John Raithby, ed., *Statutes Passed into Law under William III, Including the Civil List Act of 1697 and the Act of Settlement of 1701*, London, 1820, p. 637.

⑤ New Key and Robert Bucholz, *Sources and Debates in English History 1485–1714*, Oxford: Blackwell Publishing Ltd., 2009, p. 251.

⑥ New Key and Robert Bucholz, *Sources and Debates in English History 1485–1714*, Oxford: Blackwell Publishing Ltd., 2009, p. 251.

规定,"不在英国出生的人,即使他获得英国国籍并成为英国市民,也不能进入枢密院或成为英国议会议员,也不能在英国军事或政府机构中担任职务,不能从国王那里获得土地、房屋和遗产等"①。为了保持议会下院的独立性,防止国王在议会下院中安插亲信,法令进一步规定,"在王室中供职或者从国王那里获得津贴的人,不能成为议会下院议员"。这样,枢密院和议会下院逐步成为限制王权的主要机构,"国王所做的任何决定必须经枢密院成员签字之后才能生效。在议会下院遭到弹劾的人,国王不得任意进行赦免"②。

《1701年王位继承法》是继《1695年叛逆罪审判法》之后另一部具有重要意义的法令,再次体现出"主权不在国王,而在议会手中的君主立宪制原则"。③ 中世纪以来,国王是"核心中的核心"④,任何限制王权,使王权无法行使的行为都是叛逆行为。不过《1701年王位继承法》颁布之后,国王将无法摆脱议会独立任命继承人,无法操控枢密院和议会,更不可能在英国恢复天主教信仰。经历英国内战和王位复辟之后,英国民众对限制王权有了更深刻的认识。传统的"国王无过错"论赋予国王抛开议会行使权力的合法性,容易使王权走向专制。相反,如果把某些权力直接授予民众的话,民众的偏激、不满和喜怒无常会占据上风,使英国政治岌岌可危。⑤ 经过不断的政治探索,英国找到了最合适的解决方法,把权力赋予议会,既能代表民众的利益,又能修正国王可能出现的错误。以《权利法案》、《1695年叛逆罪审判法》和《1701年王位继承法》为代表的几部法令,从法律层面上改变了英国王权的性质,推动英国君主立宪制不断发展和完善。

三 王权性质的变化

"光荣革命"后,随着君主立宪制的建立,英国政治局势也在不断

---

① New Key and Robert Bucholz, *Sources and Debates in English History 1485－1714*, Oxford: Blackwell Publishing Ltd., 2009, p. 252.

② John Raithby, ed., *Statutes Passed into Law under William III*, *Including the Civil List Act of 1697 and the Act of Settlement of 1701*, London, 1820, p. 637.

③ 钱乘旦、许洁明:《英国通史》,上海社会科学院出版社,2002,第195页。

④ 〔英〕梅特兰:《英格兰宪政史》,李海红译,中国政法大学出版社,2010,第38页。

⑤ Wayne Morrison, ed., *Blackstone's Commentaries on the Laws of England*, Vol. I, London: Cavendish Publishing Limited, 2001, p. 144.

变化，国王逐步"统而不治"，王权趋于弱化。内阁制在这一时期出现，为未来接管国王的部分职能做好了准备。内阁的前身是枢密院，从查理二世开始，国王不再经常召集枢密院全体成员会议，只召集一些最有势力的枢密院成员，在国王的私人房间中议事，内阁制开始有了雏形。[①]"光荣革命"之后，威廉三世和玛丽二世共同执政。威廉三世同时也是荷兰执政，当他离开英国回荷兰时，便由玛丽二世代为统治。玛丽二世缺乏统治经验，更加依赖内阁提供意见，促进了内阁议事的发展。等到安妮女王即位之后，内阁虽然还不是法定机构，但内阁会议经常召开，成为国家决策的重要机构。与男性国王相比，女王的权力欲较低，她"很少再过问政事，内阁通过的决定也从未遭到她的阻挠"[②]，内阁逐步代替国王行使最高的行政权。

随着国王各项大权受到限制，国王的神圣地位不断下降，民众对国王唯命是从的效忠观念也逐步减弱，这种现象清晰地体现在叛逆罪案件中。都铎王朝时期，效忠是臣民的一项基本义务，服从国王就是服从上帝和法律。"'关于臣民对君主和社会的观念'，促使人们对叛逆罪被告人采取一种非同寻常的弃绝态度……即使被完全子虚乌有的证据所陷害，这些人仍然会承认自己有罪。"[③] 这样誓死效忠的场面在叛逆罪行刑时最为常见。虽然他们面临残酷刑罚，但绝大多数的叛逆者都请求国王的宽恕，保佑国王能够健康长寿。1586 年，查尔斯·蒂尔尼在最后的演讲中，要求获得君主的原谅，同时请求遭受他侵犯的人都能原谅他。另一位叛逆者亨利·邓恩则更加衷心地表示："我将倾尽自己的身心，恳求上帝能够保佑女王。"[④] 安妮·博林虽然对判决结果不满意，但她在最后的演讲中仍强调："法律要我死，我不得不死。"[⑤] 但到了"光荣革命"

---

① Sidney J. Low and F. S. Pulling, *The Dictionary of English History*, London: Cassell and Company, Limited, 1910, pp. 320-322.

② 王觉非主编《近代英国史》，南京大学出版社，1997，第 189 页。

③ Lacey Baldwin Smith, "English Treason Trials and Confessions in the Sixteenth Century," *Journal of the History of Ideas*, Vol. 15, No. 4 (Oct., 1954), p. 471；〔美〕兰博约:《对抗式刑事审判的起源》，王志强译，复旦大学出版社，2010，第 82 页。

④ John Bellamy, *The Tudor Law of Treason*, London: Routledge & Kegan Paul, 1979, p. 197.

⑤ Lacey Baldwin Smith, "English Treason Trials and Confessions in the Sixteenth Century," *Journal of the History of Ideas*, Vol. 15, No. 4 (Oct., 1954), p. 477.

前后，叛逆者的演讲中少了许多表示效忠的话语。1685 年，因"莱伊宅阴谋"案而被处死的兰伯尔德在最后的演讲中指出："没有人生来就被上帝标记为高人一等，也没有人生来就被套上马鞍奴役，任由他人的马靴和马刺踢打。"① 1708 年，伪造货币者威廉·格雷格（William Gregg）在演讲中没有请求国王的宽恕，而是痛心自己对国家的危害："我的罪行给这个世界带来了巨大的干扰，我罪有应得。"② 可见，旧的效忠模式在新政治观念的冲击下彻底动摇，革命之后的国王已经很难让臣民对其唯命是从。

在思想领域，国王原有的至尊地位也受到冲击，亨利八世提出的"头脑与身体论"已经难以令人信服。都铎王朝末期，法学家科尔曼曾从政治实践的角度解释法律的形成。他认为，当人们无法从一个人的手中获得公正的时候，他们就发明了法律。法律由统治者掌握，帮助他们进行统治，使共同体维持良好的秩序。由此，法律、秩序和权威之间有了密切的关系。对于民众和国王的关系，他认为"民众不再对国王或者王权绝对效忠，双方是契约关系，这种契约关系的标志就是宣誓和王位"③。内战期间，民众近乎鄙视国王的至尊地位，他们参照"头脑与身体论"，提出了新的观点："身体比头脑更具权威性，如果头脑与身体不协调，就应该治疗它，甚至为了保护公共利益，在头脑的疾病传染全身的时候，还可以把头脑切除。"④ 而在斯图亚特王朝复辟之后，王权才找回应有的尊严，不过臣民与国王平等的思想早已确立起来。1677 年，安德鲁·马弗尔指出，君主因为登上王位而拥有了权力，但臣民也拥有和他一样的权力。⑤ 威廉三世颁布的王位继承法中，对国王与法律的关系进行重新解释，他的论述中缺少了神圣成分，更多地强调国王应尊重法律："英国的法律是与

① Douglass Adair, "Rumbold's Dying Speech, 1685 and Jefferson's Last Words on Democracy 1826," *The William and Mary Quarterly*, 3rd Ser., Vol. 9, No. 4 (Oct., 1952), p. 525.

② *A True Copy of the Paper Left by William Gregg, Who Suffered for High Treason 28th Day of April*, 1708, p. 1.

③ Stephen L. Collins, *From Divine Cosmos to Sovereign State*, Oxford: Oxford University Press, 1989, p. 105.

④ Stephen L. Collins, *From Divine Cosmos to Sovereign State*, Oxford: Oxford University Press, 1989, p. 105.

⑤ 〔美〕兰博约：《对抗式刑事审判的起源》，王志强译，复旦大学出版社，2010，第 83 页。

生俱来的，所有的国王或女王登基之后，都应按照法令管理国家，所有的
官员也都应该依据法令为国王服务。议会上院和下院都应祝愿所有的法律
和法令能够起到维护国教信仰、保护民众的权利和自由的作用。所有的法
律和法令都要在议会上下院的建议和同意下，得到国王的确认和批准，发
挥其应有的效力。"①

　　这些思想和实践，实质上反映出国王"政治身体"的权威性在不断
降低。亨利七世时期，国王在《效忠责任法》中赋予国王"政治身体"
永恒延续的特性，国王的"自然身体"可以死亡，但"政治身体"永恒
存在。② 经过英国革命之后，国王的立法权逐步转移给议会，行政权逐步
转移给内阁，同时，法院获得更加独立的司法审判权。这种变化反映在叛
逆法中，就表现为法律更加重视保护国王的"自然身体"，而适当放松保
护国王的"政治身体"。

第三节　"叛逆国家"观念逐步成形

　　在王党叛乱和对法战争的影响下，英国原有的民族国家观念进一步发
展。叛逆法向民族化方向迈进了一步，体现出更多保护民族国家的因素。
随着苏格兰和英格兰合并，英格兰叛逆法推广到整个不列颠，英国初步确
立起"叛逆国家"的观念。

一　王党叛乱案——民族国家观念的催化剂

　　民族国家观念经历了一个漫长的历史过程才逐步形成，其中近代早期
是其加速形成时期。"1500 年的时候，人们一般都用国王和王室的名字来
称呼各个欧洲国家，而到了 1800 年，近代国家体制已经基本建立起
来。"③ 英国近代民族国家观念在百年战争时期已经比较明显，"学者普遍

---

① John Raithby, ed., *Statutes Passed into Law under William III, Including the Civil List Act of 1697 and the Act of Settlement of 1701*, London, 1820, p. 638.

② *The Statutes of the Realm*, Vol. II, Buffalo: William S. Hein & Co., INC., 1993, p. 568.

③ J. A. Sharpe, *Early Modern England: A Social History 1550-1760*, London: Hodder Education, 1997, p. 103.

认为，法王和英王在百年战争中的冲突，是民族国家和民族国家观念在国际政策上的胜利"①。百年战争中，英国战败，不再插手欧洲大陆事务，转而专心经营英格兰和威尔士，民族和国家实现融合。到了英国宗教改革时期，亨利八世摆脱了罗马教皇的控制，确立起"至尊王权"，实现了司法和信仰上的独立，建立起王权对全国的统治，民族一体化已经初步实现。

从伊丽莎白一世时期开始，英国的清教运动日益活跃，民族意识也开始加速形成。"清教徒是充满激情的民族主义者"，清教运动将英格兰界定为一个民族。② 他们引发了前所未有的社会变更，为后来排斥苏格兰政治文化奠定了基础。进入斯图亚特王朝时期，苏格兰人詹姆斯一世作为"外族国王"入主英格兰，他和查理一世不顾英格兰业已形成的民族传统，推行各种具有专制化色彩的政策，引发君臣之间在政治、宗教、经济和法律等领域的冲突。此后，反抗君主专制、捍卫英国的独立性成为民族意识觉醒的一个重要方面。1629 年 3 月，民众向议会提交的一份抗议书中就指出，"任何人试图在英国推广天主教并改变英国的国教信仰，都是王国及其臣民的敌人，任何人不经议会同意便征收额外的税收，便是国王及其臣民的敌人"③。

英国革命时期，国内外的战争和冲突不断，从本质上看，英国革命是宫廷和国家之间的冲突，也就是君王与民族之间的交锋。④ 斯图亚特王朝复辟不久，英国很快就重新陷入革命前的状况。詹姆斯二世试图恢复天主教，建立起绝对君主制，结果被 1688 年"光荣革命"推翻统治，从此流亡法国。信仰新教的威廉三世和玛丽二世一起登上王位。威廉三世把英国带入旷日持久的对法战争之中，战争断断续续进行，一直到斯图亚特王朝末年才结束。在战争中，民众的赋税压力大为增加。"因为作战，英国的有产阶级社会被一

---

① M. M. Postan, "Some Social Consequences of the Hundred Years' War," *The Economic History Review*, Vol. 12, No. 1/2（1942），p. 1.

② 〔美〕里亚·格林菲尔德：《民族主义：走向现代的五条道路》，王春华等译，上海三联书店，2010，第 67 页。

③ J. Rushworth, *Historical Collections of Private Passage of State*, London, 1680, p. 670.

④ 〔美〕里亚·格林菲尔德：《民族主义：走向现代的五条道路》，王春华等译，上海三联书店，2010，第 68~69 页。

分为二，形成两种力量：地主和资本家——有地的势力和有钱的势力。同时，商业大力伸展，其力量和作用也渗透了全社会的各个阶层，由此而形成了此后的英国文明。"① 辉格党在政党政治中占据优势，托利党人不但没有从政治中分到利益，反而因为战争消耗，财产数量不断减少。这部分失意的托利党人以及爱尔兰天主教徒同情詹姆斯二世，甚至暗中支持詹姆斯二世，被称为"王党"。② 从"光荣革命"起，"王党"成为威胁王权的重要势力，迫使国王对内不断加强叛逆罪立法，对外继续进行战争。在这一过程中，英国的民族精神和性格受到影响，③ 推动着英国民族国家观念快速形成。

　　"王党"叛乱之所以能刺激民族意识，是因为它使国内的叛乱和国际上的对法关系交织在一起。在国内，"王党"被称为拒绝宣誓的分裂者（schism of the nonjurors）。他们大多是詹姆斯二世的同情者，虽然在表面上服从国王，却因不满现实而不向国王或国教宣誓。如果詹姆斯二世反攻英国，他们可能成为内应。对此，一个流亡海外的"王党"成员乐观地预言："在英国，许多人都希望国王（詹姆斯二世）平安，只是因为担心触犯叛逆罪被没收土地而不敢表露心声。如果国王（詹姆斯二世）率领一万人攻入英国的话，肯定会势如破竹、兵不血刃。"④ 在国外，"王党"也赢得部分国家和地区的支持，法国是最主要的国家，苏格兰高地和爱尔兰的一些部族以及一些低地国家也支持他们。不过，实际上"王党"发动的几次入侵行动都以失败而告终。他们组织刺杀威廉三世的行动被称为"刺杀阴谋"（Assassination Plot），虽然对国王的人身安全构成威胁，却并没有获得成功。⑤ 詹姆斯二世死后，他的儿子詹姆斯三世作为"王党"新领袖，立刻得到了法王路易十四的承认。"王党"的叛乱方式也有了新变

---

① 〔美〕戴维·罗伯兹：《英国史：1688年至今》，鲁光桓译，中山大学出版社，1990，第1~2页。

② Sidney J. Low and F. S. Pulling, *The Dictionary of English History*, London：Cassell and Company, Limited, 1910, pp. 616-617.

③ 〔德〕威廉·冯·洪堡：《论国家的作用》，林荣远、冯兴元译，中国社会科学出版社，1998，第68页。

④ Sidney J. Low and F. S. Pulling, *The Dictionary of English History*, London：Cassell and Company, Limited, 1910, p. 617.

⑤ Herbert Haines, "History and Assassination," *Transactions of the Royal Historical Society*, New Series, Vol. 4 (1889), p. 286.

化，"虽然国外'王党'还在攻击和质疑安妮女王的王位，国内的'王党'却把注意力放到安妮女王死后的王位归属上，他们希望唤起女王对詹姆斯家族的热爱，离间女王与德国不伦瑞克家族的关系，希望安妮女王死后，王位能够和平地回归到詹姆斯手中"①。这样的臆想违背了正在形成的民族国家意识，又被新继承法禁止，因此是无法实现的。

在国内外关系交织之下，安妮女王为了对抗"王党"叛乱，充分利用叛逆法，强化民众对女王的效忠，防止军队倒戈，同时严禁民众与法国人私下联系。与以往的叛逆法不同，安妮女王试图通过颁布叛逆法"保护'王在议会'的革命成果，维护获得这种革命成果的王朝"②。英法之间的敌对已经不再是两个王室之间的敌对，民族对立的矛盾日益突出，叛逆法中的国家因素也凸显出来。

二　叛逆法中国家因素的凸显

安妮女王颁布过多部叛逆法，这些法律分别保护王位继承、军事安全、国家安全和军队效忠等。女王的人身安全已经不再是新叛逆法的重点保护对象，维持国家的政治秩序和社会制度成为这些叛逆法关注的焦点。

1702 年安妮女王即位伊始，就颁布了《宣誓法》。该法对拒绝宣誓的规定不再像亨利八世"至尊宣誓"那样严酷。新法重在维护王位继承的新教化原则，明确未来王位的继承顺序。法令指出："延长宣誓的时间，重新赋予没有宣誓者新的机会，让他们在新的时限内宣誓。这样做有利于保护女王的人身安全，维护新教继承原则，还可以杜绝假威尔士亲王及其教唆者的叛逆行为。"③ 法令并没有严酷地惩处拒绝宣誓的人，"言语叛逆罪"的滥用得到了控制。不过，以实际行动破坏继承原则的行为仍然会被判定为叛逆罪。法令规定："女王所生育的子嗣将是王位继承人。若女王没有子嗣，汉诺威的女公爵索菲娅公主将是第一王位继承人。任何人图

---

① Sidney J. Low and F. S. Pulling, *The Dictionary of English History*, London: Cassell and Company, Limited, 1910, p. 617.

② Lisa Steffen, *Defining a British State: Treason and National Identity, 1608–1820*, New York: Palgrave, 2001, p. 67.

③ William Woodfall and Andrew Strahan, *The Statutes at Large from 20th Year of William the Third to the End of Reign of Queen Anne*, Vol. IV, London, 1786, p. 122.

谋剥夺或者阻碍《1701 年王位继承法》的实施或者以公开行为图谋破坏王位继承，都将构成叛逆罪。"① 该法令是对威廉三世《1701 年王位继承法》的补充，坚持只有新教徒才能继承王位的原则，更加明确地杜绝了法王以及"王党"图谋扶持詹姆斯三世篡夺王位的阴谋。

1705 年，正值西班牙王位继承战争。为了配合战争，安妮颁布《1704 年通敌法》，严禁英国人在战争期间私通法国国王或法国人。该法令有两方面的内容。一方面，限制英国民众出入英国，规定"任何人不经国王允许，不得自愿前往法国或法国国王的任何领地；不得在法国国王的海军陆军中服役。未经女王加盖私玺授权，不得从外国回到英国或女王的任何领地，否则将构成叛逆罪。在对法战争期间，未经女王允许便登上或维修任何要前往法国或法国国王领地的船只，将构成叛逆罪"。另一方面，法令又严禁军事物资流入法国，规定"任何人在对法战争期间，直接或间接运送大炮、火药、弹药、帐篷、焦油、大麻、桅杆、绳索、钢铁、硝石给法国国王、法国臣民或者法国的任何港口或地区，将构成叛逆罪"②。都铎王朝时期也有类似的规定，国王用这种"禁运"措施来孤立国内的叛乱者。而到安妮女王时期，女王用这种措施来孤立国际上的敌人法国。可见，叛逆法的重心开始从国内转向国外。

1707 年，安妮女王又颁布了一部叛逆法，全称《保护女王及其政府法》。该法只有一小部分内容规定叛逆罪，大部分内容规定女王去世后政府的运行方式。对于叛逆罪，法令规定："任何人恶意书写、印刷或宣称，当今女王不是合法女王，或者假冒的威尔士亲王是英国国王或者苏格兰国王，将构成叛逆罪。任何人认为威廉三世颁布的《王位继承法》没有足够的权威或合法性来约束王位、王位世袭和政府，将构成叛逆罪。"③为了防止女王去世后《1701 年王位继承法》得不到贯彻，安妮试图通过议会、枢密院和过渡委员会等机构规范"无王时代"的政治运行。法令

---

① William Woodfall and Andrew Strahan, *The Statutes at Large from 20th Year of William the Third to the End of Reign of Queen Anne*, Vol. IV, London, 1786, p. 123.

② Richard Watkins, *A Collection of the Several Statutes and Parts of Statutes Now in Force Relating to High Treason and Misprision of High Treason*, Edinburgh, 1709, pp. 89-90.

③ William Woodfall and Andrew Strahan, *The Statutes at Large from 20th Year of William the Third to the End of Reign of Queen Anne*, Vol. IV, London, 1786, p. 265.

规定："第一，议会方面。女王或其继承人去世后，当届议会不应解散，而应继续存在六个月。若女王或其继承人去世时，议会正处于休会期，则应立即召开议会，并延续六个月。若当时没有议会，则召集上一届议会。第二，枢密院方面。女王去世后，当届枢密院应继续存在六个月，除非新国王即位后对枢密院成员的去留做出新规定，否则坎特伯雷大主教、大法官、国玺掌玺大臣、财政大臣、枢密院议长、私玺掌玺大臣、海军大臣七位大臣也应继续存在六个月。第三，印玺方面。国玺、私玺等印章可继续使用，直到新国王做出新规定。第四，女王或其继承人去世时，若新继承人不在国内，则坎特伯雷大主教、大法官、国玺掌玺大臣、财政大臣、枢密院议长、私玺掌玺大臣、海军大臣七位大臣共同组成最高执行委员会，以王位继承人的名义行使各项大权，直到国王回国即位。"为了防止这些措施得不到落实，安妮又进一步用叛逆法重罚违法者："若女王陛下突然去世或者没有子嗣就去世，枢密院应尽快按照继承法辅佐新教王位继承人成为英国国王，并按照法律规定昭告全国。任何枢密院成员故意忽视或者拒绝发布公告，将构成叛逆罪。任何人接到枢密院的通知被要求拟定公告，却有意拒绝或者故意拖延，将构成叛逆罪。"[1]在这部叛逆法中，维护政府秩序的内容远多于保护女王，这也折射出政府在英国政治体制中的作用得到凸显。

　　1708 年，安妮女王颁布的另一部涉及叛逆罪的法律是《军队效忠法》。自查理二世建立常备军以来，英国一直缺乏一部规范军队行为的法律。安妮女王在立法时，重点要求军队忠于国王和国家，"未经女王、总司令或中将允许，任何军官或军人不论在国外的陆地上还是在海洋上，都禁止与叛乱者或国王的敌人取得联系，禁止通过书信、信息、标志或标记等任何形式给予他们建议或与他们协商、讲和，否则构成叛逆罪"[2]。

　　在中世纪的政治体系中，国王的权力和威望处于支配地位，议会、贵族以及官僚体制都是为国王服务的。国王为了寻求绝对权力，一方面力图

---

① William Woodfall and Andrew Strahan, *The Statutes at Large from 20th Year of William the Third to the End of Reign of Queen Anne*, Vol. IV, London, 1786, pp. 265-266.

② Richard Watkins, *A Collection of the Several Statutes and Parts of Statutes Now in Force Relating to High Treason and Misprision of High Treason*, Edinburgh, 1709, pp. 94-95.

使议会处于从属地位，利用贵族建立官僚体系；另一方面宣扬王权神授思想，扩大宗教在君臣关系上的道德职能。① 这样的政治体系缺乏"公权"色彩，带有更多的"私权"色彩。随着社会的发展，特别是经历了"无王时代"之后，君臣关系松动，公权观念不断加强，国家因素得以凸显。"国家以政治共同体的形式将特殊阶级的利益统一纳入到公共利益的范畴中去，以公共利益的名义来运行权力，其效力更加具有普遍性。"② 斯图亚特王朝晚期，国王的个人权威、神授的权力逐步受到削弱，法律权威日渐增强。封建王权因素不断减弱，国家更多地代表公共意志。议会、枢密院等机构因为具有国家公共管理性质而成为政治权威的新核心。威廉和安妮顺应这种变化，在镇压"王党"和对法战争中更加重视对新教国家的保护，利用叛逆法维护王位继承新教原则、国家安全和军队效忠等。可以说，这些叛逆法既是公共权威发展的结果，也把国家因素落实到法律中，体现出国家因素在英国政治中的成长。

三　不列颠叛逆法的形成

1707 年英格兰和苏格兰正式合并，称为大不列颠王国。虽然它们的合并"是一次被迫的联姻，而不是长期爱情的结果"③，但两个王国都从合并中获得了实际的利益。英格兰不用再担心"王党"在苏格兰从事复辟活动，苏格兰则通过合并拓展了商品海外销售市场。为了更好地保护大不列颠王国和国王，不列颠议会在 1708 年颁布《英格兰和苏格兰叛逆法合并法》（以下简称《叛逆法合并法》），制定出一部通行英国的不列颠叛逆法。

法令的前言指出合并叛逆法的重要性："英格兰和苏格兰合并后，在诸多有助于改进合并的措施中，改进法律是最为重要的。而在改进法律的措施中，叛逆法及其审判和罚没程序相关事宜是最为重要的。"④ 关于合

---

① 〔英〕戴维·米勒、韦农·波格丹诺编《布莱克维尔政治学百科全书》，中国问题研究所译，中国政法大学出版社，1992，第 738 页。

② 余永和：《英国安茹王朝议会研究》，社会科学文献出版社，2011，第 48 页。

③ W. A. Speck, *A Concise History of Britain 1707-1975*（英国简史），上海外语教育出版社，2006，第 18 页。

④ Dorothy Whithlock, ed., *English Historical Documents, 1660-1714*, London：Eyre Methuen, 1979, p. 695.

并方式，法令规定，"废除苏格兰原有叛逆罪、隐匿叛逆罪相关法律，自 1709 年 7 月 1 日起，适用英格兰的相关法律"①。

《叛逆法合并法》颁布之前，苏格兰的叛逆罪和叛逆轻罪并没有明确的区别，许多罪名在英格兰是叛逆轻罪或普通死刑罪，而在苏格兰却可以构成叛逆罪。针对苏格兰叛逆罪量刑过重的现象，《叛逆法合并法》本着"从轻原则"，规定苏格兰的"偷盗土地所有者""谋杀上级""故意纵火或纵火烧煤田""刺杀行为"等四项罪行不再构成叛逆罪，而改为普通死刑罪。法令进一步规定，增加"谋杀正在执法的苏格兰最高民事法庭或者最高刑事法庭法官"和"伪造女王的印玺"两项新叛逆罪名，使两国的叛逆罪名基本实现一致。②

苏格兰的叛逆罪诉讼也得到了改进，建立起巡回法庭审判制度。法令规定，"自 1709 年 7 月 1 日起，女王在加盖国玺后，任命听审判决法庭到苏格兰审理叛逆案件"③。为了提高法庭的权威和司法审判的公正性，法令一方面对法官的资格提出要求，规定"听审判决法庭在审理案件时，至少有一名'法定人数法官'（Quorum）出席。'法定人数法官'是指不列颠最高法院法官、案发地的司法长官或刑事法官"。另一方面，法令强化了对证据收集、履行程序正义、禁止刑讯逼供等方面的规定："当有人被指控为叛逆罪时，执法官应列出一份证人名单和一份陪审员名单，分别写明他们的姓名、职业和居住地等，以备起诉时使用。同时，应将这两份名单连同起诉书一起，提前十天交给被起诉一方，允许被告在法庭上要求两名或两名以上证人为自己做证。在审判过程中，严禁刑讯逼供。"④

在审判过程中，苏格兰将放弃大陆法特有的纠问式审判，转而采用

---

① Carl Stephenson and Frederick George Marcham, *Sources of English Constitutional History*, London: Harper & Brothers Publishers, 1937, pp. 352–354.

② Richard Watkins, *A Collection of the Several Statutes and Parts of Statutes Now in Force Relating to High Treason and Misprision of High Treason*, Edinburgh, 1709, p. 98.

③ Dorothy Whithlock, ed., *English Historical Documents, 1660–1714*, London: Eyre Methuen, 1979, p. 695.

④ Richard Watkins, *A Collection of the Several Statutes and Parts of Statutes Now in Force Relating to High Treason and Misprision of High Treason*, Edinburgh, 1709, pp. 101–102.

陪审制。"从案发郡中选出至少十二名守法良民，经宣誓之后担任陪审员。叛逆案件的审判程序，都应按照英格兰王座法庭上的程序。"① 如果案件需要转移到当地审理，则"王室法律总顾问（Advocate General）可以要求大法官或掌玺大臣发布调卷令，命令听审判决法庭或当地的刑事法庭将案件转移到治安法官法庭进行审理"②。这样可以减轻巡回法院的审判压力，保证案件得到及时审理。对于苏格兰的叛逆罪处罚，法令规定"苏格兰在剥夺继承权、处决方式和罚没方式上，都与英格兰保持一致"③。

按照当时法学家的梳理，截至斯图亚特王朝末年，仍然具有一定法律效力的叛逆法总计 32 部。④ 其中，《1352 年叛逆法》仍然是最重要的叛逆法，是保护国王"自然身体"的主要法律。都铎王朝时期颁布的叛逆法有 18 部，这些法律的核心是保护"至尊王权"，重在保护国王的"政治身体"。斯图亚特王朝时期颁布的法律有 13 部，这些法律是在以往叛逆法的基础上，结合英国政治变革而颁布的。《叛逆法合并法》的颁布将英格兰的叛逆法推向整个不列颠，使不列颠群岛在叛逆问题上实现了统一。该法也是对英国叛逆法的综合梳理，为叛逆法在不列颠的全面通行打下了基础。

① Dorothy Whithlock, ed. , *English Historical Documents, 1660-1714*, London：Eyre Methuen, 1979, pp. 695-696.

② Richard Watkins, *A Collection of the Several Statutes and Parts of Statutes Now in Force Relating to High Treason and Misprision of High Treason*, Edinburgh, 1709, pp. 98-99.

③ Dorothy Whithlock, ed. , *English Historical Documents, 1660-1714*, London：Eyre Methuen, 1979, pp. 695-696.

④ Richard Watkins, *A Collection of the Several Statutes and Parts of Statutes Now in Force Relating to High Treason and Misprision of High Treason*, Edinburgh, 1709, p. 98.

第五章

近代以来"叛国法"的发展完善
及其历史启示

从 1714 年建立汉诺威王朝至今，英国共颁布了 40 部叛逆法。随着英国迅速向近代化转型，国家主权意识与"王权至上"产生了冲突，中世纪叛逆法因此不再适应英国政治近代化的需要。近代以来，英国在吸收了传统因素的基础上完成了从"叛逆法"向"叛国法"的转型，使之成为以保护国家利益为主、兼顾君主利益的法律体系，对后世的法制建设有一定的启示作用。

第一节 叛逆法中"保护国家"内核的确立

18 世纪以后英国政治向近代化转型，客观上要求封建性的叛逆法适当做出调整，以适应新的政治经济和社会环境。乔治二世和乔治三世时期，叛逆罪立法经历了反复探索，相关立法制度在维多利亚女王时期得以巩固确认，并最终在乔治六世和伊丽莎白二世时期实现定型。原本主要用于打击各类侵害王权行为的叛逆法，更多地表现为打击外国势力、维护国家和民族利益、服务社会治理等"保护国家"的职能。此时，英国叛逆法摆脱了封建化色彩，在立法与司法等方面实现了近代化。

一 "保护国家"成为立法重点

英国叛逆法在近代由保护国王向保护国家转变，与此时英国的内外环境息息相关。1688 年"光荣革命"之后，英国国内政局趋于稳定，英格兰与苏格兰的合并，使英国几乎独占整个英伦群岛，强大的国力足以应对国内出现的各种矛盾和危机。此外，随着欧洲罗马教皇势力迅速衰落，都铎王朝时期猖獗的天主教反叛势力被肃清，仅存的部分"非国教徒"不足以威胁国王安全。在安定的国内外环境下，传统上危害王位与国王安全的叛逆行为已经大为减少，加之《王位继承法》实现了王权传承制度化，中世纪以来颁布的叛逆法已经明显无法适应现实政治的需要。

相比之下，18 世纪，英国开始在欧洲大陆以及殖民地区进行称霸战争，与法德等国的关系日渐紧张。英国统治者需要投入更多法律资源抵御外国军队入侵、防止英格兰与苏格兰关系破裂、防范反叛势力渗透。由此，英国"叛逆"的内涵也相应地从"叛逆"转变到"叛国"，以适应新的时代要求。从近代英国历史看，"詹姆斯党人"和法德两国的军事入侵促使英国更加重视"叛国"立法问题。

（1）"詹姆斯党人"问题及相关叛逆法的颁布

"詹姆斯党人"问题起源于"光荣革命"时期，最初是英国王位争夺引发的内政问题。为了复辟王权，流亡在海外的"詹姆斯党人"试图联合外国势力影响英国政局，将英国的内政问题演变为国际性的外交和军事问题，严重危害了英国的国家安全。

17 世纪末 18 世纪初，"詹姆斯党人"先后五次①借英格兰—苏格兰矛盾、西班牙王位继承战争和英法争霸战争等时机入侵英国。其中 1744～1745 年英法战争时期的入侵影响较为严重。为了取得战争胜利，法国扶持詹姆斯二世的孙子查尔斯·爱德华·斯图亚特（Prince Charles Edward Stuart）"充当入侵英格兰的前锋"。② 他们煽动苏格兰人反叛，借助苏格兰人的支持向英格兰发动进攻，一直打到德比郡地区，与欧洲战场上的法国军队相呼应，对英国造成了极大威胁。此时，7 万英军在欧洲大陆作战，难以在短时间内返回国内，乔治二世被迫仓促颁布《1744 年叛逆

---

① 分别是 1689 年、1708 年、1715 年、1719 年和 1745 年。*The Statutes of the Realm*，Vol. 6，New Aberdeen：University of Marischal College，1820，p. 294.

② 〔英〕约翰·坎农主编《牛津英国历史辞典》，孙立田等译，人民出版社，2018，第771 页。

法》，试图在危急时期动用重典维持稳定，分化叛乱力量。该法在援引威廉三世和安妮女王打击"詹姆斯党人"法律①的基础上规定："假冒国王（即查尔斯·爱德华·斯图亚特）入侵英国，构成叛逆罪。英国臣民若与之进行通信，向其传递情报，为其提供经济方面的支持，或受雇于假冒国王及其继承人，都将构成叛逆罪。"②

　　该法令产生了积极的效果。据次年的法令文件记载，英国确实依据该法逮捕了大量的反叛苏格兰人，削弱了"詹姆斯党人"的力量。同时，由于"詹姆斯党人"在英格兰地区早已失去民心，参与其叛乱者寥寥无几，因此"叛军抵达德比郡时，发现没有一个英格兰人希望复辟斯图亚特王朝"③。此后，"詹姆斯党人"再未进行类似反叛，失去了对英国的威胁。与之相应，英国统治者处理类似事件时更倾向于防范外敌入侵"国家"，而非打击国内臣民叛逆"王权"。

　　（2）法德军事威胁与"叛国"问题的凸显

　　1793～1815 年英法两国再次爆发战争，法国曾三次试图入侵英国，④对英国的海防造成巨大压力。为了防止国内民众支持或投靠法国，英国先后颁布过两部叛逆法。1793 年，乔治三世颁布《通敌法》，主要规定三方面的内容：严禁英国臣民向法国及其领地提供武器装备、军需物资、金银货币、粮食草料和服装衣帽等；严禁英国臣民不经国王许可前往法国或法国的领地；严禁居住在法国或法国领地的英国臣民擅自返回英国。⑤ 1795 年，法国占领荷兰共和国，建立了亲法的巴达维亚共和国。为了防止法国军队借道荷兰入侵英国，1798 年 4 月 5 日，议会再次颁布《通敌法》，将

---

① 威廉三世的《1701 年叛逆法》（13°&14°Wil. III. c. 3.）和安妮女王的《1708 年叛逆法》（7°Anne c. 4.）。*The Statutes of the Realm*，Vol. 7，New Aberdeen：University of Marischal College，1820，p. 739；*The Statutes of the Realm*，Vol. 8，New Aberdeen：University of Marischal College，1820，pp. 93-94.

② *The Statutes of the Realm*，Vol. 4，New Aberdeen：University of Marischal College，1820，pp. 265-266.

③ 〔英〕约翰·坎农主编《牛津英国历史辞典》，孙立田等译，人民出版社，2018，第771 页。

④ 〔英〕肯尼思·O. 摩根主编《牛津英国通史》，王觉非等译，商务印书馆，1993，第452 页。

⑤ *The Statutes of the Realm*，Vol. 13，New Aberdeen：University of Marischal College，1820，pp. 308-311.

1793 年法令的规定扩展到了荷兰等地区。①

上述两部《通敌法》仍然沿用"叛逆罪"称谓，并没有明确提出"叛国罪"这一概念，但此时的"叛逆罪"已经明显有别于中世纪及近代早期的叛逆罪，而带有明显的"叛国罪"性质。根据法令内容，"叛国"无疑已经取代"叛逆"成为该法的重点打击对象。该转变或多或少继承了英国 17 世纪革命时期的法律成果，并随着英国 18 世纪近代国家观念的兴起以及国际政局的变化而不断加强。此后，英国颁布的叛逆法改变了臣民只对君主效忠的观念，加强了对国家公共秩序和政治体制的保护。

二　"保护王权"罪名弱化

由于英国王权在 18 世纪之后依然存在，因此保护王权、打击"叛逆"仍然有其存在的意义。但在 1714 年以来英国议会颁布的新叛逆法②中，"保护王权"的程度相较于都铎王朝和斯图亚特王朝时期有所弱化，主要体现在三个方面。

首先，叛逆法中罪名的数量大幅度减少，主要保留《1352 年叛逆法》中的基本罪名。从都铎王朝时期开始，英国国王为了保护"至尊王权"而增加了大量叛逆罪名，"放弃效忠罪""投毒罪""危害国王婚姻罪""违背公告罪""拒绝至尊宣誓罪"等相继出现。18 世纪以后，随着近代以来英国政治局势的缓和和法治水平的不断提升，上述各种罪名陆续被废除，英国再次回归到《1352 年叛逆法》，并在司法方面有意限制国王滥用权力。

英国也充分发挥了英国法"以旧瓶装新酒"的特点，赋予《1352 年叛逆法》中传统罪名新的内涵，以适应保护王权的时代背景。乔治三世在《1796 年叛逆法》中对"危害国王和王室安全罪"和"发动战争罪"

---

① *The Statutes of the Realm*, Vol. 13, New Aberdeen: University of Marischal College, 1820, pp. 725-727.

② 分别是：乔治三世的《1796 年叛逆法》（36° Geo. Ⅲ. c. 7.）、《1800 年叛逆法》（39° & 40° Geo. Ⅲ. c. 93.），维多利亚女王的《1842 年叛逆法》（5° & 6° Vic. c. 51.）、《1848 年叛逆法》（11° & 12° Vic. c. 12.）。

做了新的解释,加入"故意监禁国王""拒绝承认国王""胁迫国王改变国家政策"等新罪名,[①] 乔治三世的《1800 年叛逆法》在"危害国王和王室安全罪"中增加了"故意使国王致残,亦是叛逆罪"的规定。维多利亚女王的《1842 年叛逆法》将"用枪瞄准女王""向女王投掷爆炸物"等归入"危害国王和王室安全罪",[②] 以便适应热兵器时代的特点。曾经在都铎王朝时期重要的罪名如"危害至尊宣誓"和"放弃效忠"等都已不复存在。

其次,对侵害王权的处罚程度降低。《1352 年叛逆法》将"伪造和变造货币"确定为叛逆罪,会对叛逆者处以死刑,并罚没其土地和房屋。而在近代的英国,伪造货币仍然被确定为叛逆罪,但一般不会被处以死刑。在威廉四世的《1832 年货币法》中,伪造货币处以七年至终身流放或四年以下监禁。[③] "伪造国玺、国王私玺和签名罪"在维多利亚女王的《1861 年打击伪造法》中降为重罪,处以劳役和监禁等处罚。[④] 此外,《1352 年叛逆法》中"发动战争罪"也是叛逆罪,但在维多利亚女王的《1848 年叛逆法》中,"采用武力手段迫使英国上下两院改变施政方针,勾结外国势力入侵英国或女王的领地,将被判定为重罪,被处以终身流放"[⑤]。对于降低处罚程度的原因,《英国议会议事录》的辩论中有所提及,即在 19 世纪中期英国开始大幅度减少死刑,陪审团在裁定刑事案件时往往不会轻易判决嫌疑人死刑,转而将犯人流放到澳大利亚等殖民地,以减少司法审判的阻力,提高定罪率。[⑥] 法庭在审判叛逆案件时亦是如此,适当减轻处罚反而更加务实有效,处理效率也更高。

---

① John Raithby, *The Statues of the United Kingdom of Great Britain and Ireland*, Vol. 13, London, 1816, p. 255.

② John Raithby, *The Statutes of the United Kingdom of Great Britain and Ireland*, Vol. 16-part. 1, pp. 268-269.

③ N. Simons, *The Statues of the United Kingdom of Great Britain and Ireland*, Vol. 12, London, 1880, pp. 697-698.

④ N. Simons, *The Statues of the United Kingdom of Great Britain and Ireland*, Vol. 12, London, 1880, pp. 393-399.

⑤ House of Commons Hansard, http://hansard.millbanksystems.com/commons/1848/apr/07/security-of-the-crown.

⑥ House of Commons Hansard, http://hansard.millbanksystems.com/commons/1848/apr/10/crown-and-government-security-bill.

最后，叛逆罪立法活动逐步减缓。1714 年以来，英国经历了汉诺威王朝、萨克森-科堡-哥达王朝、温莎王朝共 12 位国王或女王的统治，颁布了 40 部叛逆法。其中，汉诺威王朝（1714～1901 年）统治 187 年，共颁布了 37 部叛逆法，占总立法量的 92.5%。而萨克森-科堡-哥达王朝和温莎王朝共统治了 119 年①，只颁布了 3 部叛逆法，并且没有对"保护王权"做出新的规定。从 1870 年到 1940 年长达 70 年间，英国几乎停止了相关立法，没有新的叛逆法出台。直到二战爆发后的 1940 年，英国才顺应"国家紧急状态"颁布了一部处罚较为严厉的叛逆法，但在 1945 年二战结束后予以废除，将量刑与处罚标准都降低到二战之前的水平。总体来看，在王室地位日渐式微的背景下，英国议会默认已不再为仅具"象征性意义"的王权提供过多保护。

三　规范国家政治经济秩序

中世纪叛逆法在处罚伪造货币、打击伪造国玺和签名、规范王位继承等方面有较多规定。这些规定在近现代得到了进一步调整，为维护国家政治和经济秩序提供了法律依据。

在伪造货币方面，《1352 年叛逆法》规定"伪造货币罪"构成叛逆罪，历代统治者依此打击各类假币犯罪，维护国王的铸币权。在 17 世纪英国革命之后，英国商品经济发展迅速，假币犯罪有所增多，客观上要求叛逆法在相关方面进行更多立法。乔治二世的《1732 年货币法》和《1741 年货币法》、乔治三世的《1766 年叛逆法》和《1797 年货币法》、威廉四世的《1832 年货币法》等都对伪造货币罪做出了规定。与中世纪及近代早期的立法不同，此时叛逆法对伪造货币罪的量刑标准总体降低，更倾向于维护经济秩序，而非打击"侵害王权"行为。但在特殊历史时期，也存在加重处罚现象。乔治二世的《1741 年货币法》中规定，采用"镀金和改色"方式伪造货币可以构成叛逆罪，② 以打击新的货币伪造技术，防止假币扰乱社会秩序。乔治三世时期，面对假铜币等"贱金属货

---

① 计算时间截至 2020 年。
② *The Statutes of the Realm*, Vol. 6, New Aberdeen: University of Marischal College, 1820, pp. 256-257.

币"泛滥,《1797 年货币法》打破了中世纪以来仅对伪造金银等贵金属货币进行治罪的传统,将伪造铜币也确定为叛逆罪,① 以适应商品经济下货币流通的特点。

为了改善打击伪造货币犯罪的效果,叛逆法首次规定了"污点证人"和举报奖励措施。《1732 年货币法》、《1741 年货币法》和《1797 年货币法》都规定,"因伪造货币被定罪的,若能够检举其他两个伪造货币者,若此二人都被定罪,则检举人罪名可获得赦免","举报伪造货币叛逆的,可获得 40 英镑的奖励"。② 借此,英国可以更有效地打击伪造货币行为,同时提高侦破相关犯罪的能力和效率。

在伪造国玺、国王私玺和签名方面,英国共颁布了两部叛逆法,即乔治四世的《1830 年造假法》和维多利亚女王的《1861 年打击伪造法》。法律规定,"伪造国王在苏格兰和爱尔兰使用的印玺,将构成叛逆罪"③,"伪造国玺、国王私玺和签名的罪行由叛逆罪改为重罪,不再判处死刑,依据犯罪情节,处以终身劳役、三年以下劳役和两年监禁"④。上述规定适应了 18~19 世纪英国权力核心向议会转移的特点,不再为"国玺"和"国王签名"等国王权威的象征物提供过度保护。

在保护王位继承安全方面,英国补充了关于摄政、王室婚姻和王位继承方面的规定。王位继承问题曾长期困扰都铎王朝和斯图亚特王朝的统治者,经过多次立法后,英国在维护国家利益的框架下基本规范了摄政、长子继承制和限制天主教徒等相关事宜。威廉四世在《1830 年摄政法》中规定:"国王或女王在 18 岁以前结婚属于非法行为。国王或女王在 18 岁之前与任何人订立婚约,必须经过摄政签名授权。未经摄政授权的婚约视为无效。任何人未经摄政同意,在国王或女王未满 18 岁之前操办、帮助、

---

① *The Statutes of the Realm*, Vol. 6, New Aberdeen: University of Marischal College, 1820, p. 294.

② *The Statutes of the Realm*, Vol. 6, New Aberdeen: University of Marischal College, 1820, pp. 256-257.

③ N. Simons, *The Statues of the United Kingdom of Great Britain and Ireland*, Vol. 12, London, 1880, pp. 212-213.

④ N. Simons, *The Statues of the United Kingdom of Great Britain and Ireland*, Vol. 12, London, 1880, pp. 393-399.

诱导国王或女王与任何人缔结婚约，将构成叛逆罪。"① 维多利亚女王在
《1840 年摄政法》中再次确认了上述规定，并规定"国王或女王与天主教
徒结婚，则王位自动被废除"②。通过相关立法，英国进一步确认了王室
婚姻和限制天主教原则，保证了王位继承的安全性。

1714 年至今，伴随着议会改革，英国不断探索叛逆法内容的革新。
通过在叛逆法中加入保护国家和议会的内容，基本确立了以保护国家利益
为主、保护王权为辅的原则。减轻叛逆罪处罚的严酷程度，逐步减少立法
数量，顺应了刑罚人道化的趋势。加强经济与政治方面的立法，凸显了叛
逆法在英国政治和社会治理中的作用。经过 300 多年的发展变革，叛逆法
已经实现了在保护国家利益与保护王权之间的平衡，实现了由叛逆罪向叛
国罪的转型。

第二节　审判法的发展完善

近代英国叛逆法向"叛国法"的转变，不仅体现在法律方面，还体
现在司法方面。在中世纪和近代早期，国王往往对违背效忠原则的叛逆者
采取极为敌视的态度，奉行"有罪推定"原则，不愿在叛逆罪审判中给
予被告人合法权利，甚至故意使用虚假证据、刑讯逼供、限制辩护等手段
为叛逆者定罪，造成了大量冤假错案。随着 17 世纪末 18 世纪初英国政治
制度和司法制度的发展，英国开始颁布专门的诉讼法，赋予被告人相对正
当的权益和平等的地位，逐渐确立起叛逆罪审判的法院制度、陪审制度、
对抗式审判制度和刑罚制度等。

一　法院制度的规范

英国的法院制度历史悠久，同时也较为混乱和复杂。"各类法院之间
虽有大致分工，但权限划分并不严格，多有交错重叠之处，在司法实践中

---

① N. Simons, *The Statues of the United Kingdom of Great Britain and Ireland*, Vol. 12, London, 1832, p. 391.

② N. Simons, *The Statues of the United Kingdom of Great Britain and Ireland*, Vol. 13, London, 1840, p. 185.

经常发生冲突。"① 在叛逆罪审判方面亦是如此。

在都铎王朝之前,法院对叛逆罪的审判权并不明确,不仅听审判决法庭、王座法院、骑士法庭等法院都拥有审判权,甚至议会、枢密院等机构也都可以借助剥夺法案和星室法庭等为叛逆者定罪量刑。到都铎王朝时期,国王为了加强王权,禁止各类地方法庭参与叛逆案件审理,将叛逆罪审判权收归中央,使听审判决法庭、上院贵族审判法院和王座法院成为审理叛逆案件的主要法庭。听审判决法庭由国王派遣法官前往地方听讼,负责审理平民叛逆案件;② 上院贵族审判法院主要负责审理贵族叛逆案件,方便国王遵循"同等审判"原则召集各地贵族做出裁决;③ 王座法院作为英国的中央刑事法庭,主要负责发放叛逆罪审判的令状、审理"否认王权至尊"等特殊的叛逆案件。④ 涉及王室成员和大贵族等特殊群体的叛逆案件,都铎王朝往往绕开法庭,直接以"剥夺法案"的形式进行定罪。都铎王朝在叛逆罪审判法院方面规定得如此详细,主要是为了便于国王控制审判结果,有效打击各类叛逆行为。相关规定虽然提高了审判效率,但也造成司法缺乏公正性,导致大量冤假错案出现,广受后世诟病。

到了近代,英国逐步对叛逆罪审判法庭的权限进行规范,禁止议会和枢密院等机构对叛逆罪审判进行干预,优先将审判工作交给案发地的听审判决法庭或王座法庭审理。为了提高叛逆罪的审判效率,法案对审判期限进行了限定,《1741 年货币法》规定伪造货币叛逆罪必须在六个月之内进行起诉,⑤ 《1821 年叛逆法》明确要求叛逆案件必须在三年之内审理完毕。⑥

18 世纪中期,英国一度放弃"叛逆罪在案发地审判"的原则。为了

---

① 程汉大、李培锋:《英国司法制度史》,清华大学出版社,2007,第 2 页。
② *The Statutes of the Realm*, Vol. Ⅲ, Buffalo: William S. Hein & Co., INC., 1993, p. 509.
③ *The Statutes of the Realm*, Vol. Ⅳ, Buffalo: William S. Hein & Co., INC., 1993, p. 366.
④ *The Statutes of the Realm*, Vol. Ⅳ, Buffalo: William S. Hein & Co., INC., 1993, p. 707.
⑤ *The Statutes of the Realm*, Vol. 6, New Aberdeen: University of Marischal College, 1820, pp. 256-257.
⑥ John Raithby, *The Statues of the United Kingdom of Great Britain and Ireland*, Vol. 8, London, 1816, pp. 318-319.

应对苏格兰地区频发的叛逆案件，乔治一世颁布的《1714 年叛逆法》要求苏格兰地区的叛逆罪案件可以在英格兰任何法庭接受审判。① 乔治二世时期颁布的《1747 年苏格兰警察法》以在苏格兰地区找不到足够数量的陪审员为由，允许听审判决法庭在案发地之外的地区开庭。该法案还对法庭的组织工作进行了规范，要求"法庭中应有三名法官，且一名法官为'法定人数法官'。若英国国王或王位继承人通过加盖国玺的文书要求苏格兰大法官将案件移交给苏格兰高等法庭审理，则大法官应向听审判决法庭签发'诉讼文件移送令状'（Writ of Certiorari），将案件移交给苏格兰高等法庭。苏格兰高等法庭应按照英国王座法庭的诉讼形式进行庭审和判决"②。但上述法令都是在英国面临外敌入侵或国家分裂的情况下才出台的，且很快被废除。③ 在正常的政治环境下，英国坚持听审判决法庭和王座法庭相互配合的叛逆罪法庭制度，防止王权过度干预叛逆罪审判，体现了国家和议会对司法审判的有效控制。

二　陪审制度的完善

中世纪以来，英国在审理叛逆罪案件时普遍使用陪审制度。从表面上看，该制度赋予 12 位陪审员裁决权，排除了国王对审判工作的影响。实际上，国王能够轻易控制陪审团的运行，使案件的判决结果有利于王权。亨利八世在《1541 年叛逆罪审判法》中明确规定陪审员需要满足一定的财产资格，即要求土地年收入超过 40 先令的守法良民才能充当陪审员，④ 从而将大批无产者排除在外，确保拥护国王的工商业者成为陪审员主体。他又通过《1541 年叛逆罪审判法》剥夺了叛逆罪被告人有权要求某些陪审员回避的权利，⑤ 方便国王在陪审团中安插亲信，将审判主导权牢牢控

---

① *The Statutes of the Realm*, Vol. 7, New Aberdeen: University of Marischal College, 1820, pp. 747-750.

② *The Statutes of the Realm*, Vol. 6, New Aberdeen: University of Marischal College, 1820, pp. 405-407.

③ Norman Gibb Scorgie, *Treason Act of 1945*, *Controller of His Majesty's Stationery Office and King's Printer of Acts of Parliament*, p. 3328.

④ *The Statutes of the Realm*, Vol. III, Buffalo: William S. Hein & Co., INC., 1993, p. 864.

⑤ *The Statutes of the Realm*, Vol. III, Buffalo: William S. Hein & Co., INC., 1993, p. 864.

制在自己手中。

1678～1688 年，英国政局动荡，"天主教阴谋"案、"莱伊宅阴谋"案和"蒙默斯叛乱"案等大案接连发生。为了震慑叛逆行为，法庭在审理相关案件时不顾被告人的合法权益，忽视诉讼程序的正义性，引发严重的司法信任危机。在"光荣革命"之后，英国进行了叛逆罪审判制度改革，颁布了《1695 年叛逆罪审判法》，要求陪审团在开庭之前的 20 天内召集完毕，经过宣誓之后进行案件的裁决工作。在裁决过程中，只有 12 名陪审员一致同意被告人有罪，方可判决被告人叛逆罪名成立。为了保证被告人的合法权益。法案要求郡长必须在开庭前两天将陪审员名单送达每一位被告人。① 不过，该法案并未对被告人行使要求陪审员回避的权利做出具体规定。直到 1821 年，乔治四世颁布的《1821 年叛逆法》才明文规定被告人有 35 次机会要求陪审员回避。② 此后，该制度一直延续下来，成为英国叛逆罪审判的一项基本规则。

叛逆罪陪审制度将司法裁判权一分为二，由法官和陪审员共同行使，打破了法官独揽大权的局面，在一定程度上也减少了国王对司法审判的干预。"1794 年叛逆罪审判"案中，托马斯·哈迪等 11 人因"煽动议会改革和反对与法国的战争"而被逮捕，接受叛逆罪审判。英国检方组建了庞大的起诉律师团队，搜集了大量证据，但经过 9 天的庭审，陪审团仍然裁决托马斯·哈迪等人无罪，③ 在一定程度上体现出陪审团在叛逆罪审判中的重要作用。此时，虽然英国的叛逆罪陪审制度存在效率低、专业性不足等缺点，但在保证审判公正性、维护法律尊严和社会正义等方面确实发挥了积极的作用。

三 对抗式审判制度的确立

对抗式审判是由控辩双方当事人及其律师主导，且在严格规则规范下的审判。④ 从 17 世纪末期开始，英国逐渐在叛逆罪审判中发挥律师群体

---

① *The Statutes of the Realm*, Vol. 7, New Aberdeen: University of Marischal College, 1820, pp. 6-7.

② John Raithby, *The Statues of the United Kingdom of Great Britain and Ireland*, Vol. 8, London, 1816, pp. 318-319.

③ Manoah Sibly, *Trial of Mr. Thomas Hardy, for High Treason*, Dublin, 1794, p. 54.

④ 李昌盛：《论对抗式刑事审判》，中国人民公安大学出版社，2009，第 6 页。

的积极作用，不断完善证据规则，确立起对抗式审判制度，保证了叛逆罪审判的公平性和独立性。

在对抗式审判制度建立之前，国王为了便于给叛逆者定罪，往往在审判中坚持纠问式审判制度。治安官及法官在预审、审前羁押、起诉、庭审等多个关键环节上极力限制被告人的权益，使控辩双方的地位严重失衡。1685 年"血腥巡回审判"中，王座法庭首席法官杰弗里在詹姆斯二世的支持下公开售卖减刑和赦免资格，同时频频滥用政治权力对陪审团施压，在证据不充分的情况下判决 200 多人构成叛逆罪，导致民众对斯图亚特王朝的司法体系深恶痛绝，称法官等人是"邪恶的顾问、法官和大臣"①。这一司法恶行也使本就充满危机的斯图亚特王朝进一步丧失民心，间接引发了接下来的"光荣革命"。

1688 年"光荣革命"之后，新君威廉三世和玛丽二世决心进行刑事司法审判改革。然而其改革措施遭到了法官、检察官以及部分议员的强烈反对。经过反复的讨论，最终议会在 1696 年 1 月通过了《1695 年叛逆罪审判法》。该法以赋予叛逆罪被告人平等地位为基本原则，建立起对抗式审判制度，允许他们拥有律师辩护和证人出庭等方面的权利。

在辩护律师方面，《1695 年叛逆罪审判法》规定，叛逆罪被告人可以获得最多两次咨询律师的机会。在没有受到胁迫的情况下，被告人也可以自愿选择不咨询律师。但如果被告人拒绝接受审判，或者在预审阶段保持沉默，则法庭将剥夺他咨询律师的权利。为了及时了解控方所掌握的证据，以便被告人在庭审过程中有所准备，被告人及其律师都可以提前五天获得控方的起诉书，但需要为此支付五先令。② 此外，法令还特别规定，以投毒方式谋害国王的叛逆行为因其犯罪情节过于恶劣，将剥夺他们咨询律师的权利。③

在证人出庭方面，《1695 年叛逆罪审判法》赋予被告人邀请证人出庭做

---

① 〔美〕兰博约：《对抗式刑事审判的起源》，王志强译，复旦大学出版社，2010，第 77 页。

② *The Statutes of the Realm*, Vol. 7, New Aberdeen: University of Marischal College, 1820, p. 6.

③ *The Statutes of the Realm*, Vol. 7, New Aberdeen: University of Marischal College, 1820, pp. 6-7.

证的权利，规定被告人可以邀请两名证人为其出庭做证，被告人邀请的证人必须出庭做证。若被告人涉及多项叛逆罪指控，两名证人可以同时为其中一项叛逆行为做证，也可以分别为两项不同的叛逆行为做证。该规定改变了以往证人不愿为被告人出庭做证的局面，使陪审员能够在法庭上同时听取来自控辩双方的证词，有利于他们更加公正地进行裁决。同时，法案对检方的行为进行限制，要求"未经合法程序获得的证据不得列入起诉书"①，在一定程度上降低了检方非法获取证据为被告人罗织罪名的可能性。

《1695 年叛逆罪审判法》的相关规定基本构建起对抗式审判制度。到了近代，多位统治者对该制度进行修订和完善，使之更加符合近代司法制度的要求。安妮女王时期，英国颁布《1708 年英格兰和苏格兰叛逆法合并法》，进一步完善了律师辩护和证人制度，规定被告人可以提前 10 天获得起诉书。为了防止控方故意不执行该规定，法令还规定控方必须"在两名证人的见证下将起诉书递交给叛逆罪被告人"。② 在证人方面，控辩双方都需要"向陪审团陈述出庭证人的姓名、职业和居住地"③，以便陪审团能够对证人证言的可信度进行判断。

对于剥夺法案中涉及的叛逆罪案件，乔治二世颁布《1747 年被弹劾叛逆者辩护法》，规定在议会遭到弹劾并被判定为叛逆罪的人，同样可以获得律师代为辩护的机会，被弹劾者可以获得最多两次的法律援助，"在下院颁布弹劾法案之后，被弹劾者可获得进行辩护的权利"④。

乔治三世颁布《1821 年叛逆法》，规定叛逆罪的诉讼程序遵循谋杀罪审判的相关规定，同时特别要求在叛逆罪审判中"禁止刑讯逼供"和"遵循'无罪推定'原则"。⑤ 该法基本消除了叛逆罪审判中控辩双方地

---

① *The Statutes of the Realm*, Vol. 7, New Aberdeen: University of Marischal College, 1820, pp. 6–7.

② *The Statutes of the Realm*, Vol. 8, New Aberdeen: University of Marischal College, 1820, p. 93.

③ *The Statutes of the Realm*, Vol. 8, New Aberdeen: University of Marischal College, 1820, p. 94.

④ *The Statutes of the Realm*, Vol. 6, New Aberdeen: University of Marischal College, 1820, p. 361.

⑤ John Raithby, *The Statues of the United Kingdom of Great Britain and Ireland*, Vol. 8, London, 1861, pp. 318–319.

位严重不平等的状况，标志着英国叛逆罪审判制度已经定型。

总之，对抗式审判制度赋予辩方出庭质疑控告人及其证人的机会，约束了控方在证据和起诉方面的行为，为被告人争取到合法权益。该制度在一定程度上拉平了控辩双方的诉讼关系，① 改变了叛逆罪审判中检方占据主导地位的局面，使英国的叛逆罪审判更加公开、公平。同时，该制度后来逐步在重罪等其他刑事审判中推广，推动了英国整个司法审判体制的改革，对英国法制化发展具有积极意义。

四　刑罚制度的变革

中世纪及近代早期，英国对叛逆犯的处决以残忍而著称。根据英国的法律习惯，男性叛逆者的处决方式为"分尸刑"，女性为斩首刑或火刑。贵族若获得国王的宽赦，可免予分尸，代之以斩首刑。此外，叛逆者还会受到附加处罚，其一为"没收所有财产、土地和保有物"②，其二为"败坏血统"（corruption blood），即剥夺叛逆者子女继承土地、财产、爵位、荣誉、职务等的权利，使叛逆者家族由"高贵"血统变为"低贱"血统。③

在封建王权下，英国国王往往本着报复、惩罚和恐吓的态度处决叛逆者，他们认为"越残酷的刑罚就越能起到杀一儆百的作用"④。随着英国政治在"光荣革命"之后走上稳定发展的道路，英国政府的社会治理能力不断提高，法律制度不断完善，刑罚人道主义思想逐步兴起，英国开始在叛逆罪刑罚制度方面进行改革。

乔治三世颁布《1790 年女叛逆者处罚法》，减轻了女性叛逆者的刑罚。法令规定，"被判为叛逆罪的女性，不会被执行绞首、剖腹、分尸"，"女性叛逆者被判为火刑的，在获得国务大臣许可后，可改为执行绞刑"。但法令并未减轻附加刑，"女性叛逆者仍须执行罚没财产和败坏血统的附

---

① 程汉大、李培锋：《英国司法制度史》，清华大学出版社，2007，第 326 页。

② *The Statutes of the Realm*，Vol. I，Buffalo：William S. Hein & Co.，INC.，1993，p. 320.

③ George Kettilby Rickards, *The Statues of the United Kingdom of Great Britain and Ireland*, London，1866，pp. 197-205.

④ 王晓辉：《死刑的终结——英国废除死刑问题的历史考察》，中央民族大学出版社，2016，第 26 页。

加处罚"。① 1814 年，英国颁布《叛逆法》（即《1814 年叛逆法》），废除了残酷的"分尸刑"，对所有叛逆者统一执行绞刑。② 在附加刑方面，《1870 年叛逆罪审判法》规定，叛逆罪不再被罚没土地、"败坏血统"，③使得叛逆罪的处决方式与谋杀罪完全相同。

从 19 世纪中期开始，英国兴起了"废除死刑运动"，不时有议员、政治家提出彻底废除死刑的提议，但遭到绝大多数议员和政治人物的否定，理由是"死刑仍然对犯罪具有最大的威慑力"④。此后，经过长达一个世纪的反复探讨，英国在 1969 年 12 月通过了《杀人罪法》，规定"谋杀罪不再适用死刑，但叛逆罪仍然执行死刑"。直到 1998 年，英国才在《犯罪与骚乱法》中废除了叛逆罪的死刑处罚。⑤

纵观近代早期以来英国叛逆罪审判法的发展历程，英国不断试图通过司法改革淡化叛逆罪审判的政治色彩，防止统治者通过牺牲民众合法权益来维护国王的统治秩序和政治稳定。为此，英国通过多次改革，以"小步走"的形式逐步减少叛逆罪审判法庭的数量，提高审判效率，规范法院审判的流程；完善陪审制度，打破法官独揽大权的局面，减少王权对司法审判的干预；建立对抗式审判制度，拉平控辩双方的地位，扭转检方在审判中占据主导地位的局面；减轻叛逆罪的刑罚，不再通过血腥场面震慑民众，实现处决方式的文明化。到了近代，虽然叛逆罪仍然没有改变其政治属性，但通过上述改革措施，英国不断摆脱传统的束缚，融入近代化和现代化的元素，逐步实现司法与政治之间的平衡，既保护了民众的权益，又达到打击犯罪的目的，有利于从司法层面助推叛逆法实现从惩处"叛逆王权"向打击"叛逆国家"的转型。

---

① *The Statutes of the Realm*, Vol. 12, New Aberdeen: University of Marischal College, 1820, pp. 57-58.

② John Raithby, *The Statues of the United Kingdom of Great Britain and Ireland*, Vol. 6, London, 1861, pp. 882-883.

③ George Kettilby Rickards, *The Statues of the United Kingdom of Great Britain and Ireland*, London, 1866, pp. 197-205.

④ 王晓辉：《死刑的终结——英国废除死刑问题的历史考察》，中央民族大学出版社，2016，第 79 页。

⑤ *Crime and Disorder Act 1998*, https://www.legislation.gov.uk/ukpga/1998/37/contents.

第三节　英国叛逆法转型的历史经验

"传统、变革与转型"是每个国家在发展过程中都会经历的，如何处理三者之间的关系，将考验统治者的政治智慧和执政能力。近代以来，英国在叛逆法立法与司法实践中遵循"渐进式发展"，既尊重传统又善于变革，中间经历革命和动荡，最终顺利完成了叛逆法的转型。英国在叛逆法转型中获得的历史经验具有鲜明的特点，可以为后世进行类似改革提供参考和借鉴。

一　尊重惯例与先例，保持法律的连贯性

英国在立法和司法实践中一贯尊重惯例和先例，表现出强烈的"经验理性"。英国法官相信只有遵循实践检验过的法令与判例，才能带来社会的稳定。在该立法思想的指导下，英国法的变革都是循序渐进的、安静的。① 作为英国刑法重要分支的叛逆法也同样具备这一特征。

1352 年爱德华三世颁布了英国历史上第一部叛逆法，在总结普通法中"叛逆"内涵的基础上，将"危害国王及王室安全""发动战争""伪造国玺和钱币""谋杀法官"等行为确立为叛逆罪，并基于普通法审判上述罪名。随着法院援引该法听讼"国家审判"，英国特有的"法官立法"传统和"遵循先例"原则又进一步增强了《1352 年叛逆法》的权威性。因此后世在颁布其他叛逆法时，都将该法作为重要的法律参考。立法者往往倾向于在该法的基础上增减罪名、完善诉讼程序、修改刑罚方式、改变保护对象等，较少从内容和形式上完全否定该法。从某种意义上说，"《1352 年叛逆法》是后世叛逆法的基石"②，它发挥了模板的作用，纠正了过激的立法行为，使叛逆法始终保持立法和司法的连贯性。

近代早期以来，叛逆法在激烈的社会变革中多次出现背离传统的情

---

① 曾尔恕主编《社会变革之中的传统选择——以外国法律演进为视角》，中国政法大学出版社，2007，第 171 页。

② Lisa Steffen, *Defining a British State: Treason and National Identity, 1608-1820*, New York: Palgrave, 2001, p. 11.

况，但在经历了震荡与反复之后又重新回归传统。都铎王朝时期，亨利八世试图以叛逆法为王权的保护盾，发动宗教改革，挑战罗马教廷的权威，解决英国的王位继承、政治和信仰自主化等问题。为此，他颁布了大量叛逆法，创制出"投毒罪""言语叛逆罪""妨碍法令执行""王后淫乱罪""拒绝宣誓罪""非法集会罪"等全新的罪名。但在政局稳定之后，特别是随着"普通法复兴"运动兴起，叛逆法又重新回归到《1352 年叛逆法》。英国内战时期，奥利弗·克伦威尔处死国王查理一世，并取而代之成为"护国公"，颁布叛逆法保护共和国、"护国公"和议会，但在斯图亚特王朝复辟之后，其所颁布的叛逆法被全部废除。18~20 世纪，英国为了应对"詹姆斯党人"叛乱、拿破仑战争等也适当降低叛逆罪的量刑标准，加大对叛逆行为的惩处力度，但在危机解除后均回归正常。

英国以《1352 年叛逆法》为主体，保持叛逆法的长期稳定性，依靠的不是统治者的"自觉"，而是法律对社会的适应、立法者的谨慎态度以及对历史经验的信任。梅特兰指出，英国的法律制度具有"早熟性"特点。[1] 所谓"早熟性"是指英国法律对社会需求有良好的预判，减少了日后不必要的变革。在《1352 年叛逆法》颁布过程中，立法者充分考虑到国王与臣民之间利益的平衡，既没有刻意限制王权，又没有过度损害臣民的权益。并且，在长期适用过程中该法充分证明了其在维持君臣关系方面的价值。因此，历任统治者本着相信历史、尊重权威的原则，不会轻易打破平衡关系，始终沿袭旧法。对此，英国法学家爱德华·柯克将《1352 年叛逆法》比喻为英国的"另一部《大宪章》"[2]，认为这是一部应该长期通行的法律。

总之，在立法过程中尊重惯例与先例，将成功的历史经验应用到法律之中，保持法律的连贯性，既是对法律的尊重，也是对立法者的尊重，有

---

① 〔英〕F. 波洛克、F. W. 梅特兰：《英国法律史》第 1 卷，剑桥大学出版社，1895，第 224 页，转引自程汉大《12—13 世纪英国法律制度的革命性变化》，《世界历史》2000 年第 5 期。

② Lisa Steffen, *Defining a British State: Treason and National Identity, 1608-1820*, New York: Palgrave, 2001, p. 10.

利于增强法律的确定性、安全性和可预见性，对于维护社会稳定和政治秩序有积极作用。

二　顺势而变，适应时代发展要求

英国法尊重惯例与先例，并不代表法律一成不变，也不是故步自封和缺乏创造力。英国立法者深谙"尊古"与"变革"之间的逻辑关系，他们本着"实用法学"精神，以法律服务社会为目的，根据社会发展的需要适时进行立法。正如英国法学家詹宁斯所指出的，"英国的法治史是一种为了满足不断变化文明的需要而对机构加以发展和修正的持续实验过程。促使英国实现这种变化的并不是政治理论，而是政治经验、逻辑及某些偶然事件"①。就叛逆法而言，其发展创新往往与政治事件、社会环境或权力重心转移等有密切关系。

自《1352 年叛逆法》颁布以来，英国共颁布了 102 部叛逆法。将《1352 年叛逆法》与伊丽莎白一世《1571 年叛逆法》、维多利亚女王《1842 年叛逆法》、乔治六世《1945 年叛逆法》等叛逆法进行对比可见，英国叛逆法在保证法律连贯性的前提下，主要在三个方面进行了创新。

其一，注重解析《1352 年叛逆法》法条，适应社会发展的需要。梅特兰在研究了叛逆法之后发现，《1352 年叛逆法》的用语"极富弹性"，②为后世国王和法学家进行创新留下了足够的空间。以"危害国王安全罪"为例，《1352 年叛逆法》仅交代了叛逆罪造成的后果，即"侵害国王或王位继承人人身安全的行为，图谋杀死国王、女王或其长子的行为"③，对具体的犯罪没有解释。在《1571 年叛逆法》中，法令将该罪名的犯罪行为详细界定为"采用书写、印刷、暗号、演讲或言语等形式，恶意、故意虚构、设计或造成女王死亡，或谋杀、伤害女王"④。到了《1842 年叛

---

① 〔英〕W. Ivor. 詹宁斯：《法与宪法》，龚祥瑞、侯健译，三联书店，1998，第 7 页。
② 〔英〕梅特兰：《英格兰宪政史》，李海红译，中国政法大学出版社，2010，第 147 页。
③ *The Statutes of the Realm*, Vol. I, Buffalo：William S. Hein & Co., INC., 1993, p. 320.
④ *The Statutes of the Realm*, Vol. IV‑part two, Buffalo：William S. Hein & Co., INC., 1993, p. 529.

逆法》，法令特别强调用枪指向、瞄准女王，向女王投掷爆炸物的行为，构成叛逆罪①。再到《1945 年叛逆法》，增加了致残国王构成叛逆罪的条款。② 在四部叛逆法中，"危害国王安全罪"的犯罪主体、犯罪客体和犯罪主观方面的内容都没有变化，而犯罪客观方面的相关内容根据时代特点进行及时补充，弥补了可能存在的法律漏洞，使叛逆法的内容更加完善。

其二，顺应时代要求，面向社会需求变革叛逆法。"英国法治成长的每一步几乎都没有现成理论作指导，都是应对现实需要的实用主义。"③ 在《1352 年叛逆法》和《1571 年叛逆法》中，"伪造货币罪"是非常严重的罪行，构成叛逆罪。然而随着"废除死刑运动"的兴起，英国在《1842 年叛逆法》中删除"伪造货币罪"，将其降为普通的重罪，符合减轻经济类犯罪刑罚的要求以及社会变革的需求。在《1352 年叛逆法》中，"发动战争罪"主要是依附于国王的敌人、为国王的敌人提供帮助，体现出强烈的封建效忠色彩。到了近代，在保留原有条款的基础上，"发动战争"更多是指投靠英国的敌对国家、勾结敌对国家入侵英国等，保护国家安全的意图更加明显。可见，随着英国政治中心由国王转向议会，英国的叛逆法更加细化有关"叛逆国家"的法条，对"叛逆国王"的内容有所减少。

其三，发挥"法官造法"的作用，适时对先例进行变通。"遵循先例"虽然是英国法中的基本原则，但法官在运用先例方面仍然有较强的主观能动性。法官可以依照他所在的社会中所摄取的价值观念做出选择，把新的社会内容注入其判决中，赋予先例新的时代意义。④ 在不超越现有成文法的基础上，法官可以通过解释法律程序间接地限制或扩大成文法的适用范围，推动法律的发展。⑤ 在 1817 年"彭特里奇叛乱"（Pentridge

---

① John Raithby, *The Statutes of United Kingdom of Great Britain and Ireland*, Vol. 16 - part. 1., pp. 268 - 269.

② Norman Gibb Scorgie, *Treason Act of 1945*, Controller of His Majesty's Stationery Office and King's Printer of Acts of Parliament, p. 3328.

③ 李栋：《英国法治的道路与经验》，中国社会科学出版社，2014，第 143 页。

④ 曾尔恕主编《社会变革之中的传统选择——以外国法律演进为视角》，中国政法大学出版社，2007，第 186 页。

⑤ 〔英〕戴雪：《公共舆论的力量：19 世纪英国的法律与公共舆论》，戴鹏飞译，上海人民出版社，2014，第 366 页。

Rebellion）案中，叛乱者为了降低物价、消除债务而进行武装叛乱，虽然他们没有"向国王发动战争"，但陪审团和法院仍然以"向国家发动战争罪"判定三名叛乱首领构成叛逆罪。① 该案发挥了"法官造法"的作用，排除了旧有法律中对叛逆罪犯罪客体的限制，将叛逆对象由"国王"扩展到"国家"。

总体来看，英国在立法中以提高法律的适应性为目标，没有为了创新而创新，而是由立法机构和法官顺应社会和法制发展的要求，在承认和吸收传统与先例基础上不断丰富叛逆法，提升了法律应用的效果，使每次创新都能够满足服务社会需求。

三　遵守"正当法律程序"，维护司法公正

作为普通法国家，英国遵守"正当法律程序"，坚持"程序优先于权利"的法律精神和法律理念。在英国的法律观念中，任何法律行为结果必须经过公开和正当的法律程序，做到"正义不但要伸张，而且必须眼见着被伸张"②。

"正当法律程序"原则起源于普通法，随后被1215年《大宪章》、爱德华三世的《自由律》等成文法重新确认，③ 成为英国司法制度中的基本原则。不过，在英国叛逆法审判中，"正当法律程序"原则直到近代早期才逐步建立起来。

叛逆罪审判的"正当法律程序"主要涉及法官制度、陪审制度（前文已述）、刑事取证、刑罚制度（前文已述）等方面。近代早期以来，英国在上述几个方面不断进行改革，使"正当法律程序"原则得到彰显。

在法官制度方面，英国实现了法官的"中立性"和"被动性"。按照自然主义观念，"正当法律程序"主要是指"任何人不得担任自己的诉讼

---

① Lisa Steffen, *Defining a British State: Treason and National Identity, 1608-1820*, New York: Palgrave, 2001, pp. 145-150.

② 胡传省：《司法公正的实现途径》，合肥工业大学出版社，2006，第105页。

③ 〔英〕戴维·M. 沃克：《牛津法律大辞典》，李双元等译，法律出版社，2003，第419、345页；〔英〕丹宁勋爵：《法律的正当程序》，李克强、杨百揆、刘庸安译，法律出版社，1984，第1页。

案件的法官，听取双方的陈述"①。在中世纪时期，叛逆罪审判却难以做到这一点，国王往往既是"受害人"又是法官。表面上看，国王虽然不亲自担任法官，但他"有权任命法官，而且不需任何理由就可以罢黜他们"②，致使法官在审理此类案件中无法做到不偏不倚，肆意剥夺被告人抗辩的机会，急于为被告人定罪，维护国王的个人利益。随着近代英国"普通法复兴"运动的兴起，"正当法律程序"重新受到重视。威廉三世颁布《1701 年王位继承法》，禁止国王随便罢黜法官，促使英国在 1761年实现法官终身制，最终确立起法官的"中立性"地位。根据该原则，法官在审理叛逆案件时保持"被动"，不主动询问和调查，不先入为主地评判，在完整听取双方辩论和意见之后，依据陪审员的裁决做出判决。法官"中立"地居于国王和被告人之间，名义上不袒护任何一方，在一定程度上保证了整个审判结果的公平正义。

在刑事取证方面，英国颁布人身保护法令，禁止非法监禁和刑讯逼供等行为，保障了被告人的基本权益。刑讯逼供在都铎王朝时期普遍存在，叛逆案件的检察官为了获得起诉证据，特别是口供，往往对犯罪嫌疑人进行肉体、体力和精神上的折磨，直到"嫌疑人供认所有的罪行"③，严重破坏了"正当法律程序"原则。在都铎王朝之后，为了杜绝上述行为，英国颁布了 1640 年《人身权利保护法》和 1679 年《人身保护修正案》，赋予叛逆罪嫌疑人申请"人身保护令状"获得保释的权利，且规定保释金数额不得过高，获得保释后嫌疑人不得因同一罪名再次被监禁，嫌疑人不应受刑讯逼供等。④ 该法规范了英国的拘禁行为，防止司法权力滥用，保护了民众的合法权益不受侵犯，对维护"正当法律程序"原则起到积极作用。

纵观英国叛逆法从中世纪到近代的发展，叛逆法在缓慢的历史发展过程中实现了从"叛逆"到"叛国"的转变，即从维护"至尊王权"

---

① 黄捷、刘晓广、杨立云等：《法律程序关系论》，湖南师范大学出版社，2009，第 31 页。

② 〔美〕兰博约：《对抗式刑事审判的起源》，王志强译，复旦大学出版社，2010，第 76 页。

③ John Bayley, *The History and Antiquities of the Tower of London*, London, p. 487.

④ 〔英〕戴维·M. 沃克：《牛津法律大辞典》，李双元等译，法律出版社，2003，第 419、494 页。

到保护英国民族国家的核心利益。在法律演进过程中，出现了"至尊王权"与"国家利益"之间的冲突，甚至因此处决了国王查理一世。在"光荣革命"之后，"王权"与国家逐步妥协，叛逆法逐步把民族和政府作为它们共同的效忠对象，叛逆法逐步蜕变为"叛国法"。从某种意义上说，叛逆法从中世纪至近代的这种变迁正是英国政治发展之路的一个缩影。

余　论

　　自 19 世纪末"宪政主义"史学派开创现代意义上的叛逆法研究以来，西方学者对叛逆法的研究从未中断过。"宪政主义"史学派过于推崇某些宪政原则，却忽视了对叛逆法内容的分析。在宏大的宪政视角下，他们认为叛逆法只是国王镇压民众反抗的"专制工具"，这样的论断无疑是缺乏依据的，带有强烈的主观臆断色彩。从梅特兰的"法律史学派"开始，学者们越来越重视研究叛逆法的具体内容，对叛逆法的宪政意义形成了更为多样化的认识，也取得了较多的科研成果。但总体而言，叛逆法作为英国法的一个分支，在研究水平上始终无法与普通法、土地法、公司法、信托法等部门法相提并论。时至今日，如何破除斯塔布斯关于叛逆法的"专制工具"论，如何准确定位叛逆法及其宪政意义，都需要在研究中做出进一步回答。

　　通过研究可见，中世纪以来叛逆法并未达到成为王权"专制工具"的程度。由于叛逆法牵扯到贵族、教会、议会等的政治经济利益，因此其往往在立法、执法和司法过程中与王权进行博弈，防止国王随意扩大王权，杜绝国王利用叛逆法强化"专制王权"，以维护自身的合法权益。具体表现在以下几个方面。

　　首先，叛逆法的颁布和执行受到国王自身实力的制约，国王并不能随意使用叛逆法为自己服务。在现实中，国王只有具备一定的经济和政治实力才能掌控叛逆法的变革。一般而言，当英国因某些历史事件而引发国内外大规模反叛时，国王会利用自身的权威排除异议颁布新的叛逆法，以加强对叛逆行为的管制。相反，如果国王没有足够的权威，便难以推动法律的颁布和执行，不仅无法平定反叛，还可能引发更大规模的叛乱。因此，在英国"稳重守成"的政治传统下，国王往往只有在迫不得已时才会利用叛逆法保护自身安全。

在叛逆法史中，严酷的叛逆法主要出现在都铎王朝时期，都铎王朝诸位国王拥有强大的实力利用叛逆法维护统治。亨利八世和伊丽莎白一世为了推行宗教政策，仰仗"至尊王权"和雄厚的财力颁布过多部叛逆法。他们不仅频繁地适用"言语叛逆罪"，大量出台剥夺法案，还直接干预司法审判，将原本不构成叛逆罪的行为升格为叛逆罪，创制出"投毒叛逆罪""拒绝宣誓叛逆罪"等新罪名。在执法过程中，都铎王朝依据新法处决了大量"叛逆者"，包括托马斯·莫尔、安妮·博林和玛丽·斯图亚特等重要人物，保护了王权在宗教改革时期的安全。不过，叛逆法在服务王权的同时对王权也有一定的"反作用"，并消耗大量的政治经济资源。都铎王朝的玛丽女王为了颠覆亨利八世的宗教改革成果，利用叛逆法为其宗教政策服务，但结果并不理想，反而对女王名誉造成危害，被臣民指责为"暴君""异教徒"，不利于其巩固统治。因此，吸取了这方面的教训后，各王朝统治者都不会长期推行严酷的叛逆法，在政局缓和时便实施宽容政策，拉拢民心。都铎王朝后期，宗教改革基本完成后，伊丽莎白一世也主动放弃了激进的立法措施，逐步回归传统，在其统治的最后 20 年没有颁布新的叛逆法。

约克王朝时期国王颁布的叛逆法最少，但并不代表该王朝社会矛盾最少、统治危机最小。相反，约克王朝时期爆发了玫瑰战争，理论上国王急需利用叛逆法作为"专制工具"来镇压叛乱。但事实上，约克王朝并没有颁布过任何一部叛逆法，只零星出台了一些剥夺法案，勉强能够打击个别叛逆行为。其原因在于，约克王朝王权羸弱，地方独立性增强，国王失去了统治全国的能力，每个拥有城堡的贵族都是独立的。民众也只能通过地方联盟，主要是城市之间的联盟控制混乱局面。[1] 国王即便颁布叛逆法也不具有普遍的约束力，无法将其用于维护统治。相比之下，国王更倾向

---

① 〔德〕利奥波德·冯·兰克著，〔德〕斯特凡·约尔丹、耶尔恩·吕森编《历史上的各个时代——兰克史学文选之一》，杨培英译，北京大学出版社，2010，第86页。

于使用军事手段直接消灭"叛逆者"。

其次，叛逆法服务于政治需求，但只有其顺应政治和社会发展方向时才能持续发挥作用，否则便会遭到抵制。国王是叛逆法的主要颁布者和推行者，他的施政方针会对叛逆法产生较大的影响。如果国王合理利用叛逆法，他不仅不会遭到民众反抗，反而会促进民众更加拥护王权。安妮女王是斯图亚特王朝时期颁布叛逆法最多的君主，她在位 12 年（1702～1714年）共颁布了 8 部叛逆法，涉及王位继承、军队效忠、伪造货币、苏格兰和英格兰合并等多方面内容。这些叛逆法不仅不是"专制工具"，而且激发民众抵抗"王党"复辟、支持对法战争，推动英国走向近代民族国家。同样，亨利八世的叛逆法虽然严酷，但法学家认为他颁布的叛逆法有其必要性，[①] 帮助英国赢得了政治、宗教和法律上的自主地位，为英国走向自主化开辟了道路。相反，如果国王脱离政治现实，不合理地利用叛逆法，不仅无法巩固王权，而且往往适得其反，斯图亚特王朝便是典型。詹姆斯一世和查理一世继承了都铎王朝雄厚的经济实力，继续推行"至尊王权"，鼓吹"君权神授"，引起英国主流社会群体的反对。查理一世纵然继承了都铎王朝时期的大量叛逆法，但该法并没有保护他的生命，反而将国王本人判为叛逆者。查理二世复辟之后，吸取其父的统治教训，严格地执行叛逆法。他在 25 年（1660～1685 年）的统治中，先后以叛逆罪之名处死了三四百人，是英国历史上处决叛逆者最多、制造叛逆罪冤案最多的国王之一。查理二世及其弟弟詹姆斯二世仿效法国，重新扶植天主教势力，将叛逆法作为"专制工具"打击辉格党精英，处决蒙默斯叛乱者，短期内起到加强王权的作用，却因此逐步丧失民心。当国王进一步追求欧洲大陆式的"专制王权"时，"光荣革命"爆发，催生出限制王权的君主立宪制度。因此，无论国王权力强弱，其都不能偏执地动用叛逆法谋得"专制王权"，只有其统治符合历史发展规律和趋势，才能发挥叛逆法的应有作用。

最后，叛逆法虽然严酷，但也必须体现法律理性，否则将破坏公共秩序，危害整个社会群体的利益。叛逆法的犯罪客体是国王，犯罪主体是叛

---

① G. R. Elton, *Policy and Police*, Cambridge: Cambridge University Press, 1985, p. 265.

逆者，两者之间的关系可以抽象为"权力"与"权利"之间的对抗。在不同历史时期，"权力"和"权利"的强弱关系不断交替，直至两者回归理性，达成平衡。在都铎王朝时期，王权不断膨胀，建立起"至尊王权"。这时的叛逆法处处保护"至尊王权"，展现出"权力"完全压制"权利"的局面，叛逆法失去了其公平公正的原则。到了共和国时期，作为革命者的"权利"压倒"权力"，使英国陷入无政府状态，国王被处死，议会被"护国公"解散，英国同样进入动荡和混乱的时期。到了17世纪末，君主立宪政体逐步确立起来，叛逆法才最终恢复了法律理性。

　　"光荣革命"后颁布的叛逆法，在一定程度上维持了"权力"和"权利"之间的平衡。一方面，叛逆法重新树立国王的权威，厘清王权的"活动领域"，防止王权无限扩张；另一方面，收缩叛逆法的打击范围，保障民众享有的公正权益，使民众主动遵守叛逆法的规定。其中，较有代表性的有：威廉三世颁布的《1695年叛逆罪审判法》限制了国王干预司法审判的能力，给予民众充分的抗辩权利，减少叛逆罪冤案的产生；威廉三世颁布的《1701年王位继承法》限制了国王在指定王位继承人上的权力，给予议会监督王位继承的权力，防止天主教徒继承王位后颠覆英国的国教信仰；安妮女王颁布的《1707年保护女王及其政府法》第一次在叛逆法中提到保护"政府"，降低了国王"政治身体"的权威性，引导法律保护由国王和民众共同构成的"政府"。《叛逆罪合并法》颁布后，民族国家成为国王和民众共同的效忠对象，[①] 传统叛逆法中"权力"和"权利"之间的矛盾在社会发展中逐步消解，新叛逆法转而维护整个社会群体的利益。

　　综上所述，王权"专制工具"并不能概括叛逆法的主要特征。叛逆法的内容具有较强的弹性，其发展也复杂多变，不同历史时期表现出不同的特点。君主立宪制建立之前，"叛逆法在国王和臣民之间划了一条界线"[②]，把国王和臣民对立起来，使"权力"和"权利"的争夺呈现残酷

---

① 〔美〕里亚·格林菲尔德：《民族主义：走向现代的五条道路》，王春华等译，上海三联书店，2010，第73页。

② J. G. Bellamy, *The Law of Treason in England in the Later Middle Ages*, Cambridge：Cambridge University Press, 1970, p. 210.

性、反复拉锯式的变化特点。君主立宪制建立后，"权力"和"权利"之间的关系逐步达到平衡，助推了英国民族国家的形成和发展。可以说，在国王与臣民的冲突中锤炼而成的叛逆法是英国法制史发展的一个缩影，也反映了英国政治史和王权史的变迁过程。

附　录

附录一　《国家审判集》中收录的重要案件

审判时间	被告人	起诉罪名	审判机构或地点	审判结果
1388 年 2 月 3 日	爱尔兰（Ireland）公爵	叛逆罪	议会上院贵族审判庭	逃跑
1388 年 2 月 3 日	布兰贝尔（Bramber）	叛逆罪	议会上院贵族审判庭	分尸
1388 年 2 月 3 日	约克大主教内维尔（Nevil）	叛逆罪	议会上院贵族审判庭	逃跑
1388 年 2 月 3 日	萨福克（Suffolk）伯爵	叛逆罪和犯罪情节严重的轻罪	议会上院贵族审判庭	逃跑
1388 年 2 月 3 日	特瑟林（Tresilian）	叛逆罪	议会上院贵族审判庭	分尸
1407 年 7 月 3 日	索普（Thorpe）	异端罪	大主教法庭	监禁
1413 年 9 月 23 日	奥尔德卡斯尔（Oldcastle）	异端	主教法院	绞刑和火刑
1535 年 5 月 7 日	大法官托马斯·莫尔	叛逆罪	威斯敏斯特	斩首
1554 年 4 月 17 日	斯洛克莫顿（Throckmorton）	叛逆罪	行会会馆	宣告无罪
1567 年 4 月 12 日	博思韦尔（Bothwell）伯爵	谋杀苏格兰国王	苏格兰	宣告无罪
1571 年 1 月 16 日	诺福克（Norfolk）公爵	叛逆罪	议会上院贵族审判庭	斩首
1571 年 2 月 9 日	希克福德（Hickford）	叛逆罪	王座法庭	未知

审判时间	被告人	起诉罪名	审判机构或地点	审判结果
1584 年 2 月 25 日	帕里（Parry）	叛逆罪	未知	分尸
1586 年 10 月 12 日	苏格兰玛丽	图谋反对伊丽莎白一世	未知	斩首
1586 年 9 月 13 日	萨维奇（Savage）	叛逆罪	威斯敏斯特	分尸
1586 年 9 月 14 日	巴宾顿（Babington）	叛逆罪	威斯敏斯特	分尸
1586 年 9 月 14 日	巴恩韦尔（Barnwell）	叛逆罪	威斯敏斯特	分尸
1586 年 9 月 14 日	巴拉德（Ballard）	叛逆罪	威斯敏斯特	分尸
1586 年 9 月 14 日	唐（Donn）	叛逆罪	威斯敏斯特	分尸
1586 年 9 月 14 日	萨利斯伯里（Salisbury）	叛逆罪	威斯敏斯特	分尸
1586 年 9 月 14 日	蒂彻伯恩（Titchburne）	叛逆罪	威斯敏斯特	分尸
1586 年 9 月 15 日	贝拉米（Bellamy）	叛逆罪	威斯敏斯特	分尸
1586 年 9 月 15 日	阿宾顿（Abington）	叛逆罪	威斯敏斯特	分尸
1586 年 9 月 15 日	约翰·查诺克（John Charnock）	叛逆罪	威斯敏斯特	分尸
1586 年 9 月 15 日	盖奇（Gage）	叛逆罪	威斯敏斯特	分尸
1586 年 9 月 15 日	爱德华·琼斯（Edward Jones）	叛逆罪	威斯敏斯特	分尸
1586 年 9 月 15 日	蒂尔尼（Tilney）	叛逆罪	威斯敏斯特	分尸
1586 年 9 月 15 日	特拉弗斯（Travers）	叛逆罪	威斯敏斯特	分尸
1589 年 4 月 18 日	阿伦德尔（Arundel）伯爵	叛逆罪	议会上院贵族审判庭	死于狱中
1590 年 7 月 24 日	尤德尔（Udal）	重罪	巡回法庭	被赦免
1592 年 8 月 27 日	约翰·佩罗特（John Perrot）	叛逆罪	威斯敏斯特	死于狱中
1600 年 2 月 19 日	埃塞克斯（Essex）伯爵	叛逆罪	议会上院贵族审判庭	斩首
1600 年 2 月 19 日	南安普顿伯爵	叛逆罪	议会上院贵族审判庭	死刑缓期执行
1600 年 3 月 5 日	克里斯托弗·布伦特（Christopher Blunt）爵士	叛逆罪	未知	斩首
1600 年 3 月 5 日	吉利·梅里克（Gilly Merrick）	叛逆罪	未知	分尸
1600 年 5 月 5 日	卡斯特（Custe）	叛逆罪	未知	分尸

续表

审判时间	被告人	起诉罪名	审判机构或地点	审判结果
1600 年 5 月 5 日	查尔斯·戴维斯（Charles Davies）爵士	叛逆罪	未知	斩首
1600 年 5 月 5 日	戴维斯（Davies）	叛逆罪	未知	分尸
1603 年 11 月 7 日	沃尔特·雷利（Walter Raleigh）	叛逆罪	温顿（Winton）	斩首
1605 年 1 月 27 日	贝茨（Bates）	火药阴谋（叛逆罪）	威斯敏斯特	分尸
1605 年 1 月 27 日	埃弗拉德·迪格比（Everard Digby）	火药阴谋（叛逆罪）	威斯敏斯特	分尸
1605 年 1 月 27 日	福克斯（Fawkes）	火药阴谋（叛逆罪）	威斯敏斯特	分尸
1605 年 1 月 27 日	格兰特（Grant）	火药阴谋（叛逆罪）	威斯敏斯特	分尸
1605 年 1 月 27 日	罗伯特·基斯（Robert Keys）	火药阴谋（叛逆罪）	威斯敏斯特	分尸
1605 年 1 月 27 日	安布罗斯·卢克伍德（Ambrose Rookwood）	火药阴谋（叛逆罪）	威斯敏斯特	分尸
1605 年 1 月 27 日	罗伯特·温特（Robert Winter）	火药阴谋（叛逆罪）	威斯敏斯特	分尸
1605 年 1 月 27 日	托马斯·温特（Thomas Winter）	火药阴谋（叛逆罪）	威斯敏斯特	分尸
1606 年 5 月 28 日	加内特（Garnet）	火药阴谋（叛逆罪）	中央刑事法庭	分尸
1608 年 4 月 4 日	科顿（Cotton）	叛逆罪	中央刑事法庭	分尸
1608 年 8 月 12 日	斯普罗特（Sprot）	叛逆罪	苏格兰	绞刑
1613 年	埃塞克斯伯爵和伯爵夫人	未知	未知	离婚
1615 年 10 月 19 日	维斯顿（Weston）	谋杀 T. 奥弗顿爵士	行会会馆	绞刑
1615 年 11 月 10 日	约翰·霍利斯（John Hollis）	轻罪	星室法庭	罚款
1615 年 11 月 10 日	拉姆斯登（Lumsden）	轻罪	星室法庭	罚款
1615 年 11 月 10 日	约翰·温特沃斯（John Wentworth）	轻罪	星室法庭	罚款

审判时间	被告人	起诉罪名	审判机构或地点	审判结果
1615 年 11 月 16 日	杰维斯·埃尔维斯（Jervis Elvis）	谋杀 T. 奥弗顿爵士	行会会馆	绞刑
1615 年 11 月 27 日	富兰克林（Franklin）	谋杀 T. 奥弗顿爵士	王座法庭	绞刑
1615 年 11 月 7 日	安妮·特纳（Anne Turner）	谋杀 T. 奥弗顿爵士	王座法庭	绞刑
1615 年 12 月 4 日	蒙森（Monsőn）	谋杀奥弗比	行会会馆	没有审判
1616 年 5 月 24 日	萨默赛特伯爵夫人	谋杀 T. 奥弗顿爵士	议会上院贵族审判庭	被赦免
1616 年 5 月 25 日	萨默赛特伯爵	谋杀 T. 奥弗顿爵士	议会上院贵族审判庭	被赦免
1620 年 5 月 19 日	培根（Bacon）勋爵	贪污罪	议会上院贵族审判庭	罚款和监禁
1631 年 4 月 25 日	奥德里（Audley）勋爵	强奸罪	议会上院贵族审判庭	斩首
1631 年 6 月 27 日	布罗德韦（Brodway）	强奸罪	王座法庭	绞刑
1631 年 6 月 27 日	斐兹·帕特里克（Fitz Patrick）	强奸罪	王座法庭	绞刑
1632 年 2 月 6 日	谢菲尔德（Sherfield）	轻罪	星室法庭	罚款
1633 年 2 月 7 日	巴克纳（Buckner）	诽谤罪	星室法庭	批评教育
1633 年 2 月 7 日	普瑞恩（Prynn）	诽谤罪	星室法庭	罚款、残肢等
1633 年 2 月 7 日	斯帕克斯（Sparkes）	诽谤罪	星室法庭	批评教育
1634 年 12 月 3 日	巴尔梅里诺（Balmerino）勋爵	叛逆性诽谤	苏格兰	被赦免
1637 年	约翰·汉普登（John Hampden）	私运货币	未知	宣布有罪
1637 年 6 月 14 日	巴斯蒂克（Bastwick）	诽谤罪	星室法庭	戴枷示众、割耳和监禁
1637 年 6 月 14 日	波顿（Burton）	诽谤罪	星室法庭	戴枷示众、割耳和监禁
1637 年 6 月 14 日	普瑞恩（Prynn）	诽谤罪	星室法庭	戴枷示众、割耳和监禁
1638 年	哈里森（Harrison）	轻罪	王座法庭	罚款和监禁
1640 年 3 月 22 日	斯特拉福德伯爵	叛逆罪	议会上院贵族审判庭	斩首
1643 年 12 月 14 日	费恩斯（Fiennes）	惧战	战争法庭	被赦免

审判时间	被告人	起诉罪名	审判机构或地点	审判结果
1643 年 3 月 12 日	兰德大主教	叛逆罪	议会上院贵族审判庭	斩首
1644 年 2 月 10 日	麦圭尔（MacGuire）勋爵	叛逆罪	王座法庭	分尸
1649 年 1 月 27 日	查理一世（Charles I）	叛逆罪	高等法院	处死
1648 年 2 月 9 日	汉普登（Hampden）公爵	叛逆罪	高等法院	斩首
1649 年 10 月 24 日	李尔本（Lilburne）	叛逆罪	行会会馆	宣告无罪
1651 年 6 月 20 日	拉夫（Love）	叛逆罪	高等法院	斩首
1651 年 7 月 18 日	吉本斯（Gibbons）	叛逆罪	高等法院	斩首
1653 年 11 月	斯雷特（Streater）	侵犯人身保护令	Up. B.	被开除
1653 年 8 月 20 日	李尔本（Lilburne）的陪审团	未知	未知	未知
1654 年 6 月 30 日	福克斯（Fox）	叛逆罪	高等法院	被赦免
1654 年 6 月 30 日	格哈德（Gerhard）	叛逆罪	高等法院	斩首
1654 年 6 月 30 日	沃尔（Vowel）	叛逆罪	高等法院	分尸
1654 年 9 月 18 日	帕迪支（Pordage）	渎职	未知	被开除
1655 年 8 月 19 日	彭拉多克（Penruddock）	叛逆罪	未知	斩首
1656 年 12 月	内勒（Naylor）	亵渎上帝罪	高等法院	鞭刑、戴枷示众和烙刑
1658 年 5 月 25 日	斯林斯比（Slingsby）爵士	叛逆罪	高等法院	斩首
1658 年 6 月 1 日	休伊特（Hewet）	叛逆罪	高等法院	斩首
1658 年 6 月 1 日	莫登特（Mordant）	叛逆罪	高等法院	宣告无罪
1660 年 10 月 10 日	弗利特伍德（Fleetwood）	弑君罪（叛逆罪）	中央刑事法庭	死刑缓期执行
1660 年 10 月 10 日	哈德瑞斯·沃勒（Hardress Waller）	弑君罪（叛逆罪）	中央刑事法庭	死刑缓期执行
1660 年 10 月 11 日	哈里森（Harrison）	弑君罪（叛逆罪）	中央刑事法庭	分尸
1660 年 10 月 12 日	卡鲁（Carew）	弑君罪（叛逆罪）	中央刑事法庭	分尸
1660 年 10 月 12 日	克莱门特（Clement）	弑君罪（叛逆罪）	中央刑事法庭	分尸
1660 年 10 月 12 日	约翰·琼斯（John Jones）	弑君罪（叛逆罪）	中央刑事法庭	分尸
1660 年 10 月 12 日	斯科特（Scot）	弑君罪（叛逆罪）	中央刑事法庭	分尸
1660 年 10 月 12 日	斯克罗普（Scroop）	弑君罪（叛逆罪）	中央刑事法庭	分尸

审判时间	被告人	起诉罪名	审判机构或地点	审判结果
1660 年 10 月 13 日	约翰·库克（John Cook）	弑君罪（叛逆罪）	中央刑事法庭	分尸
1660 年 10 月 13 日	休·彼得斯（Hugh Peters）	弑君罪（叛逆罪）	中央刑事法庭	分尸
1660 年 10 月 15 日	阿克斯特尔（Axtell）	弑君罪（叛逆罪）	中央刑事法庭	分尸
1660 年 10 月 15 日	汉克（Hacker）	弑君罪（叛逆罪）	中央刑事法庭	分尸
1660 年 10 月 15 日	休莱特（Hewlet）	弑君罪（叛逆罪）	中央刑事法庭	死刑缓期执行
1660 年 10 月 16 日	道尼斯（Downes）	弑君罪（叛逆罪）	中央刑事法庭	死刑缓期执行
1660 年 10 月 16 日	加兰（Garland）	弑君罪（叛逆罪）	中央刑事法庭	死刑缓期执行
1660 年 10 月 16 日	哈维（Harvey）	弑君罪（叛逆罪）	中央刑事法庭	死刑缓期执行
1660 年 10 月 16 日	黑文宁汉（Heveningham）	弑君罪（叛逆罪）	中央刑事法庭	死刑缓期执行
1660 年 10 月 16 日	罗伯特·李尔本（Robert Lilburne）	弑君罪（叛逆罪）	中央刑事法庭	死刑缓期执行
1660 年 10 月 16 日	亨利·马顿（Henry Marten）	弑君罪（叛逆罪）	中央刑事法庭	死刑缓期执行
1660 年 10 月 16 日	梅尼（Meyne）	弑君罪（叛逆罪）	中央刑事法庭	死刑缓期执行
1660 年 10 月 16 日	米灵顿（Millinton）	弑君罪（叛逆罪）	中央刑事法庭	死刑缓期执行
1660 年 10 月 16 日	宾宁顿（Penington）	弑君罪（叛逆罪）	中央刑事法庭	死刑缓期执行
1660 年 10 月 16 日	波特（Potter）	弑君罪（叛逆罪）	中央刑事法庭	死刑缓期执行
1660 年 10 月 16 日	欧文·罗（Owen Row）	弑君罪（叛逆罪）	中央刑事法庭	死刑缓期执行
1660 年 10 月 16 日	亨利·史密斯（Henry Smith）	弑君罪（叛逆罪）	中央刑事法庭	死刑缓期执行
1660 年 10 月 16 日	詹姆斯·坦普尔（James Temple）	弑君罪（叛逆罪）	中央刑事法庭	死刑缓期执行
1660 年 10 月 16 日	彼得·坦普尔（Peter Temple）	弑君罪（叛逆罪）	中央刑事法庭	死刑缓期执行
1660 年 10 月 16 日	罗伯特·提波（Robert Tichborne）	弑君罪（叛逆罪）	中央刑事法庭	死刑缓期执行
1660 年 10 月 16 日	维特（Waite）	弑君罪（叛逆罪）	中央刑事法庭	死刑缓期执行
1661 年 1 月 23 日	阿盖尔（Argyle）侯爵	叛逆罪	苏格兰	斩首
1662 年 11 月 14 日	詹姆斯（James）	叛逆罪	王座法庭	分尸
1662 年 12 月 11 日	吉布斯（Gibbs）	叛逆罪	中央刑事法庭	分尸
1662 年 12 月 11 日	欣德（Hind）	叛逆罪	中央刑事法庭	死刑缓期执行
1662 年 12 月 11 日	菲利普（Pillips）	叛逆罪	中央刑事法庭	分尸
1662 年 12 月 11 日	塞雷斯（Sellers）	叛逆罪	中央刑事法庭	死刑缓期执行

审判时间	被告人	起诉罪名	审判机构或地点	审判结果
1662 年 12 月 11 日	斯塔布斯（Stubbs）	叛逆罪	中央刑事法庭	分尸
1662 年 12 月 11 日	汤奇（Tonge）	叛逆罪	中央刑事法庭	分尸
1662 年 6 月 25 日	博尔顿（Bolton）	拒绝宣誓	中央刑事法庭	监禁
1662 年 6 月 25 日	克罗克（Croker）	拒绝宣誓	中央刑事法庭	监禁
1662 年 6 月 25 日	格雷（Grey）	拒绝宣誓	中央刑事法庭	监禁
1662 年 6 月 2 日	亨利·瓦内（Henry Vane）	叛逆罪	王座法庭	斩首
1663～1667 年	克拉伦登（Clarendon）公爵	叛逆罪	议会	流放
1663 年 1 月 15 日	特纳（Turner）等人	盗窃罪	中央刑事法庭	绞刑
1663 年 2 月 20 日	图尔（Twyn）	叛逆罪	中央刑事法庭	分尸
1663 年 2 月 22 日	布鲁克斯（Brooks）	诽谤罪	中央刑事法庭	戴枷示众、罚款和监禁
1663 年 2 月 22 日	布鲁斯特（Brewster）	诽谤罪	中央刑事法庭	戴枷示众、罚款和监禁
1663 年 2 月 22 日	多弗（Dover）	诽谤罪	中央刑事法庭	戴枷示众、罚款和监禁
1663 年 6 月 3 日	莫德斯（Moders）	再婚罪	中央刑事法庭	宣告无罪
1664 年 10 月 8 日	基齐（Keach）	诽谤罪	巡回法庭	戴枷示众、罚款和监禁
1668 年 3 月 11 日	霍金斯（Hawkins）	重罪	巡回法庭	宣告无罪
1668 年 4 月 4 日	安普尔特里（Appletree）	叛逆罪	中央刑事法庭	被赦免
1668 年 4 月 4 日	贝德尔（Beadle）	叛逆罪	中央刑事法庭	宣告无罪
1668 年 4 月 4 日	贝斯利（Beasley）	叛逆罪	中央刑事法庭	分尸
1668 年 4 月 4 日	厄尔斯（Earles）	叛逆罪	中央刑事法庭	宣告无罪
1668 年 4 月 4 日	法雷尔（Farrel）	叛逆罪	中央刑事法庭	宣告无罪
1668 年 4 月 4 日	福特（Ford）	叛逆罪	中央刑事法庭	宣告无罪
1668 年 4 月 4 日	威廉·格林（William Green）	叛逆罪	中央刑事法庭	宣告无罪
1668 年 4 月 4 日	拉蒂默（Latimer）	叛逆罪	中央刑事法庭	被赦免
1668 年 4 月 4 日	利默里克（Limerick）	叛逆罪	中央刑事法庭	分尸
1668 年 4 月 4 日	梅辛杰（Messenger）	叛逆罪	中央刑事法庭	分尸
1668 年 4 月 4 日	理查德森（Richardson）	叛逆罪	中央刑事法庭	宣告无罪
1668 年 4 月 4 日	维尔克斯（Wilks）	叛逆罪	中央刑事法庭	宣告无罪

审判时间	被告人	起诉罪名	审判机构或地点	审判结果
1668 年 4 月 4 日	伍德沃德（Woodward）	叛逆罪	中央刑事法庭	宣告无罪
1670 年 9 月 1 日	威尔·米德（Will Mead）	暴乱罪	中央刑事法庭	宣告无罪
1670 年 9 月 1 日	威廉·佩恩（William Penn）	暴乱罪	中央刑事法庭	宣告无罪
1677 年 1 月 7 日	米切尔（Mitchel）	图谋杀害圣安德鲁斯大主教	苏格兰	绞刑
1677 年 6 月 29 日	沙斯特斯伯里（Shastesbury）伯爵	侵犯人身保护令	王座法庭	未知
1678 年	康瓦利斯（Cornwallis）勋爵	谋杀书记官	议会上院贵族审判庭	宣告无罪
1678 年 11 月 21 日	斯特雷（Stayley）	叛逆罪	王座法庭	分尸
1678 年 11 月 27 日	科尔曼（Coleman）	叛逆罪	王座法庭	分尸
1678 年 12 月	丹比（Danby）伯爵	叛逆罪	议会	被赦免
1678 年 12 月 17 日	格罗夫（Grove）	叛逆罪	中央刑事法庭	分尸
1678 年 12 月 17 日	爱尔兰（Ireland）	叛逆罪	中央刑事法庭	分尸
1678 年 12 月 17 日	皮克林（Pickering）	叛逆罪	中央刑事法庭	分尸
1678 年 2 月 10 日	贝里（Berry）	谋杀 E.B.G. 爵士	王座法庭	绞刑
1678 年 2 月 10 日	罗伯特·格林（Robert Green）	谋杀 E.B.G. 爵士	王座法庭	绞刑
1678 年 2 月 10 日	希尔（Hill）	谋杀 E.B.G. 爵士	王座法庭	绞刑
1678 年 2 月 11 日	塞缪尔·阿特金斯（Samuel Atkins）	谋杀 E.B.G. 爵士	王座法庭	宣告无罪
1678 年 4 月 4 日	彭布罗克（Pembroke）伯爵	谋杀康尼	议会上院贵族审判庭	过失杀人
1679 年	柯蒂斯（Curtis）	诽谤罪	行会会馆	认罪
1679 年 11 月 25 日	诺克斯（Knox）	轻罪	王座法庭	罚款和监禁
1679 年 11 月 25 日	莱恩（Lane）	轻罪	王座法庭	戴枷示众、罚款和监禁
1679 年 1 月 17 日	安德森（Anderson）	天主教布道罪	中央刑事法庭	死刑缓期执行
1679 年 1 月 17 日	凯米西（Kemish）	罗马天主教牧师	中央刑事法庭	批评教育
1679 年 1 月 17 日	考克（Corker）	罗马天主教牧师	中央刑事法庭	死刑缓期执行
1679 年 1 月 17 日	拉姆斯登（Lumsden）	罗马天主教牧师	中央刑事法庭	死刑缓期执行
1679 年 1 月 17 日	威廉·马歇尔（William Marshal）	罗马天主教牧师	未知	死刑缓期执行

续表

审判时间	被告人	起诉罪名	审判机构或地点	审判结果
1679 年 1 月 17 日	帕里斯（Parris）	罗马天主教牧师	中央刑事法庭	死刑缓期执行
1679 年 1 月 17 日	罗素（Russel）	罗马天主教牧师	中央刑事法庭	死刑缓期执行
1679 年 1 月 17 日	斯达克（Starkey）	罗马天主教牧师	中央刑事法庭	死刑缓期执行
1679 年 2 月 11 日	加斯科因（Gascoigne）	叛逆罪	王座法庭	宣告无罪
1679 年 2 月 3 日	安妮·普赖斯（Anne Price）	教唆伪证罪	王座法庭	罚款
1679 年 2 月 3 日	坦斯伯罗（Tasborough）	教唆伪证罪	王座法庭	罚款
1679 年 2 月 5 日	哈里斯（Harris）爵士	诽谤罪	议会上院贵族审判庭	戴枷示众、罚款和监禁
1679 年 2 月 7 日	弗朗西斯·史密斯（Francis Smith）	诽谤罪	行会会馆	罚款
1679 年 3 月 28 日	刘易斯（Lewis）	叛逆罪	巡回法庭	分尸
1679 年 4 月 24 日	雷丁（Reading）	轻罪	未知	戴枷示众、罚款和监禁
1679 年 6 月 13 日	约翰·芬威克（John Fenwick）	叛逆罪	议会	分尸
1679 年 6 月 13 日	加文（Gavan）	叛逆罪	中央刑事法庭	分尸
1679 年 6 月 13 日	哈考特（Harcourt）	叛逆罪	中央刑事法庭	分尸
1679 年 6 月 13 日	安东尼·特纳（Anthony Turner）	叛逆罪	中央刑事法庭	分尸
1679 年 6 月 13 日	怀特布莱德（Whitebread）	叛逆罪	中央刑事法庭	分尸
1679 年 6 月 14 日	兰霍恩（Langhore）	叛逆罪	中央刑事法庭	分尸
1679 年 6 月 18 日	威廉·马歇尔（William Marshal）	叛逆罪	中央刑事法庭	宣告无罪
1679 年 7 月 18 日	考克（Corker）	叛逆罪	中央刑事法庭	宣告无罪
1679 年 7 月 18 日	拉姆雷（Rumley）	叛逆罪	中央刑事法庭	宣告无罪
1679 年 7 月 18 日	韦克曼（Wakeman）爵士	叛逆罪	中央刑事法庭	宣告无罪
1679 年 8 月 13 日	布鲁梅奇（Brommich）	罗马天主教牧师	巡回法庭	认罪
1679 年 8 月 13 日	威廉·阿特金斯（William Atkins）	罗马天主教牧师	巡回法庭	认罪
1679 年 8 月 4 日	肯尼（Kerne）	叛逆罪	巡回法庭	宣告无罪

续表

审判时间	被告人	起诉罪名	审判机构或地点	审判结果
1680 年 11 月 30 日	斯坦福德伯爵	叛逆罪	议会上院贵族审判庭	斩首
1680 年 6 月 11 日	希尔和（Celher）	叛逆罪	王座法庭	宣告无罪
1680 年 6 月 23 日	帕尔默（Palmer）	叛逆罪	王座法庭	宣告无罪
1680 年 7 月 14 日	吉尔斯（Giles）	试图谋杀阿诺德先生	中央刑事法庭	戴枷示众和罚款
1680 年 7 月 17 日	帕赖斯克斯（Pressicks）	叛逆罪	巡回法庭	宣告无罪
1680 年 7 月 24 日	斯温（Thwing）	叛逆罪	巡回法庭	分尸
1680 年 7 月 2 日	卡尔（Carr）	诽谤罪	行会会馆	认罪
1680 年 9 月	希尔和（Celher）	诽谤罪	中央刑事法庭	戴枷示众和罚款
1681 年 10 月 5 日	贝瑟尔（Bethel）	斗殴	南威尔士	罚款
1681 年 11 月	阿盖尔（Argyle）伯爵	叛逆罪	苏格兰	斩首
1681 年 11 月 24 日	沙斯特斯伯里（Shastesbury）伯爵	叛逆罪	中央刑事法庭	未知
1681 年 2 月 28 日	伯罗斯基（Borosky）	谋杀希恩先生	中央刑事法庭	绞刑
1681 年 2 月 28 日	科纳斯马克（Conaingsmark）	谋杀希恩先生	中央刑事法庭	宣告无罪
1681 年 2 月 28 日	斯特恩（Sterne）	谋杀塞尼（Thynn）爵士	中央刑事法庭	绞刑
1681 年 2 月 28 日	魏瑞茨（Vratz）	谋杀塞尼（Thynn）爵士	中央刑事法庭	绞刑
1681 年 5 月 25 日	斐兹·哈里斯（Fitz Harris）	叛逆罪	王座法庭	分尸
1681 年 6 月 18 日	迈尔斯·斯特普尔顿（Miles Stapleton）	叛逆罪	巡回法庭	宣告无罪
1681 年 6 月 8 日	普拉凯特（Plunket）	叛逆罪	王座法庭	分尸
1681 年 7 月 25 日	巴斯比（Busby）	罗马天主教牧师	巡回法庭	死刑缓期执行
1681 年 8 月 17 日	克莱齐（Colledge）	叛逆罪	牛津郡	分尸
1682 年 11 月 23 日	格雷（Grey）等人	轻罪	王座法庭	没有审判
1682 年 6 月 20 日	菲尔威尔（Farewell）	诽谤罪	议会上院贵族审判庭	戴枷示众和罚款
1682 年 6 月 20 日	佩因（Pain）	诽谤罪	行会会馆	罚款

审判时间	被告人	起诉罪名	审判机构或地点	审判结果
1682 年 6 月 20 日	汤普森（Thompson）	诽谤罪	行会会馆	戴枷示众和罚款
1683 年	伦敦市	权利调查令	王座法庭	特许状被没收
1683 年 11 月 21 日	西德尼（Sidney）	叛逆罪	王座法庭	斩首
1683 年 2 月 14 日	山姆·巴纳德斯通（Sam Barnardiston）爵士	轻罪	行会会馆	罚款
1683 年 2 月 6 日	约翰·汉普登（John Hampden）	犯罪情节严重的轻罪	王座法庭	罚款
1683 年 2 月 7 日	布雷登（Braddon）	轻罪	王座法庭	罚款
1683 年 2 月 7 日	斯佩克（Speke）	轻罪	王座法庭	罚款
1683 年 5 月 19 日	佩兴斯·沃德（Patience Ward）	伪证罪	王座法庭	逃跑
1683 年 5 月 6 日	舒特（Shute）等人	叛乱者	行会会馆	罚款
1683 年 5 月 8 日	科尼什（Cornish）等人	叛乱	行会会馆	罚款
1683 年 5 月 8 日	皮尔金顿（Pilkington）等人	叛乱	行会会馆	罚款
1683 年 7 月 12 日	赫恩（Hone）	叛逆罪	中央刑事法庭	分尸
1683 年 7 月 12 日	劳斯（Rouse）	叛逆罪	中央刑事法庭	分尸
1683 年 7 月 12 日	瓦科特（Walcot）	叛逆罪	中央刑事法庭	分尸
1683 年 7 月 13 日	布拉盖（Blague）	叛逆罪	中央刑事法庭	宣告无罪
1683 年 7 月 13 日	罗素（Russel）爵士	叛逆罪	中央刑事法庭	斩首
1684 年 11 月 18 日	罗斯维尔（Rosewell）	叛逆罪	王座法庭	被赦免
1684 年 11 月 21 日	海斯（Hayes）	叛逆罪	王座法庭	宣告无罪
1684 年 11 月 6 日	普里查德（Pritchard）和巴比隆（Papillon）	非法拘留罪	行会会馆	认罪
1684 年 12 月 3 日	贝利（Baillie）	叛逆罪	苏格兰	分尸
1684 年 4 月 21 日	霍洛韦（Holloway）	叛逆罪	王座法庭	分尸
1684 年 5 月 2 日	萨谢弗雷尔（Sacheverell）	叛乱罪	王座法庭	罚款
1684 年 6 月 14 日	阿姆斯特朗（Armstrong）	叛逆罪	王座法庭	分尸
1684 年 6 月 18 日	奥茨（Oates）	Scand' Magu'	王座法庭	经济赔偿
1685 年 10 月 19 日	康瓦尔等人	叛逆罪	中央刑事法庭	分尸
1685 年 10 月 19 日	芬利（Fernley）	叛逆罪	中央刑事法庭	死刑缓期执行
1685 年 10 月 19 日	冈特（Gaunt）	叛逆罪	中央刑事法庭	火刑

审判时间	被告人	起诉罪名	审判机构或地点	审判结果
1685 年 10 月 19 日	林（Ring）	叛逆罪	中央刑事法庭	死刑缓期执行
1685 年 12 月 30 日	约翰·汉普登（John Hampden）	叛逆罪	中央刑事法庭	被赦免
1685 年 12 月 9 日	贝特曼（Bateman）	叛逆罪	王座法庭	分尸
1685 年 1 月 14 日	德拉米尔（Delamere）伯爵	叛逆罪	议会上院贵族审判庭	宣告无罪
1685 年 5 月 8 日	奥茨（Oates）	伪证罪	王座法庭	戴枷示众、鞭刑和罚款等
1685 年 5 月 9 日	奥茨（Oates）	伪证罪	王座法庭	戴枷示众、鞭刑和罚款等
1685 年 8 月 27 日	利莉（Lille）（女）	叛逆罪	威斯敏斯特	斩首
1686 年 8 月	伦敦主教	蔑视罪	未知	延缓宣判
1687 年 2 月 6 日	斯坦斯菲尔德（Standsfield）	叛逆轻罪	苏格兰	分尸
1687 年 4 月	剑桥大学（Cambridge Univercity）	蔑视罪	未知	副校长被免职
1687 年 6 月	玛格德琳学院（Magdalen College）	蔑视罪	未知	参与者被开除
1688 年 3 月 7 日	卡夫纳（Cavenagh）等人	偷牛	爱尔兰	绞刑
1688 年 5 月 6 日	约翰·普赖斯（John Price）等人	叛逆罪	爱尔兰	没有审判
1688 年 6 月 29 日	七主教	诽谤罪	王座法庭	宣告无罪
1689 年 10 月 26 日	帕尔默（Palmer）	叛逆罪	高等法院	被保释
1690 年 1 月 17 日	阿什顿（Ashton）	叛逆罪	中央刑事法庭	绞刑
1690 年 1 月 17 日	埃利奥特（Elliot）	叛逆罪	中央刑事法庭	没有审判
1690 年 1 月 17 日	普雷斯顿（Preston）勋爵	叛逆罪	中央刑事法庭	被赦免
1692 年 1 月 31 日	莫恩（Mohun）勋爵	谋杀蒙特福德	议会上院贵族审判庭	宣告无罪
1692 年 4 月 6 日	亨利·哈里森（Henry Harrison）	谋杀克劳奇先生	中央刑事法庭	绞刑
1692 年 9 月 2 日	科尔（Cole）	谋杀罪	中央刑事法庭	宣告无罪
1695 年 10 月 31 日	肯德尔（Kendal）和罗伊（Roe）	侵犯人身保护令	王座法庭	被保释

续表

审判时间	被告人	起诉罪名	审判机构或地点	审判结果
1695 年 3 月 11 日	罗伯特·查诺克（Robert Charnock）	叛逆罪	中央刑事法庭	分尸
1695 年 3 月 11 日	托马斯·基斯（Thomas Keys）	叛逆罪	中央刑事法庭	分尸
1695 年 3 月 11 日	金（King）	叛逆罪	中央刑事法庭	分尸
1695 年 3 月 23 日	约翰·弗伦德（John Friend）	叛逆罪	中央刑事法庭	分尸
1695 年 3 月 24 日	威廉·佩金斯（William Pekkins）	叛逆罪	中央刑事法庭	分尸
1696 年 10 月 19 日	道森（Dawson）等人	海盗罪	中央刑事法庭	绞刑
1696 年 11 月	约翰·芬威克（John Fenwick）爵士	叛逆罪	议会	斩首
1696 年 11 月 6 日	温格翰（Vanghan）	叛逆罪	中央刑事法庭	分尸
1696 年 4 月 21 日	克兰伯恩（Cranburne）	叛逆罪	威斯敏斯特	分尸
1696 年 4 月 22 日	洛维克（Lowick）	叛逆罪	威斯敏斯特	分尸
1696 年 4 月 2 日	安布罗斯·卢克伍德（Ambrose Rookwood）	叛逆罪	威斯敏斯特	分尸
1696 年 5 月 20 日	奈特利（Knightley）	叛逆罪	王座法庭	被赦免
1696 年 5 月 9 日	彼得·库克（Peter Cook）	叛逆罪	中央刑事法庭	被赦免
1699 年 10 月 12 日	巴特勒（Butler）	伪造罪	中央刑事法庭	罚款
1699 年 2 月	诺福克公爵和公爵夫人	通奸罪	议会	离婚
1699 年 3 月 28 日	沃里克（Warwick）伯爵	谋杀库特	议会上院贵族审判庭	过失杀人
1699 年 3 月 29 日	莫恩（Mohun）勋爵	谋杀库特	议会上院贵族审判庭	宣告无罪
1699 年 7 月 16 日	考珀（Cowper）等人	谋杀斯托特	巡回法庭	宣告无罪
1701 年	哈利法克斯（Halifax）爵士	犯罪情节严重的轻罪	议会上院贵族审判庭	宣告无罪
1701 年	哈弗莎姆（Haversham）伯爵	未知	议会上院贵族审判庭	宣告无罪
1701 年	牛津伯爵	犯罪情节严重的轻罪	议会上院贵族审判庭	宣告无罪
1701 年	波特兰（Portland）伯爵	犯罪情节严重的轻罪	议会上院贵族审判庭	宣告无罪

续表

审判时间	被告人	起诉罪名	审判机构或地点	审判结果
1701 年	斯莫斯(Smoers)勋爵	犯罪情节严重的轻罪	议会上院贵族审判庭	死刑缓期执行
1701 年 2 月 19 日	贝亚德(Bayard)	叛逆罪	纽约	死刑缓期执行
1701 年 5 月 31 日	赫尔利(Hurly)	伪证罪(Perjury)	爱尔兰	罚款
1701 年 5 月 8 日	基德(Kidd)等人	谋杀罪和海盗罪	中央刑事法庭	绞刑
1702 年 10 月 8 日	科拜(Kirkby)等人	逃离部队罪	未知	枪毙
1702 年 11 月 25 日	贝恩顿(Baynton)	抢婚	王座法庭	死刑缓期执行
1702 年 11 月 25 日	哈雷维尔(Harewell)	抢婚	王座法庭	宣告无罪
1702 年 11 月 25 日	斯珀尔(Spurr)	抢婚罪	王座法庭	宣告无罪
1702 年 11 月 25 日	斯温森(Swensen)	抢婚罪	王座法庭	绞刑
1702 年 3 月 24 日	哈撒韦(Hathaway)	诈骗罪	巡回法庭	戴枷示众等
1702 年 5 月 20 日	福勒(Fuller)	欺诈罪	行会会馆	戴枷示众等
1703 年 2 月 28 日	鲍奇尔(Bouchier)	叛逆罪	王座法庭	死刑缓期执行
1704 年 11 月 4 日	图特辰(Tutchin)	诽谤罪	行会会馆	没有审判
1704 年 5 月 14 日	格林(Green)为首的犯罪团伙	海盗罪	苏格兰	绞刑
1704 年 8 月 19 日	林赛(Lindsay)	叛逆罪	未知	死刑缓期执行
1706 年 12 月 4 日	菲尔丁(Fielding)	重婚罪	中央刑事法庭	被赦免
1707 年 6 月 25 日	菲尔丁(Fielding)	与克利夫兰女公爵结婚	未知	无效
1708 年 11 月 15 日	斯特灵(Stirling)等人	叛逆罪	苏格兰	宣告无罪
1709 年 2 月 27 日	萨谢弗雷尔(Sacheverell)	犯罪情节严重的轻罪	议会上院贵族审判庭	3 年沉默
1715 年 2 月 9 日	卡恩沃思(Carnwath)伯爵	叛逆罪	议会上院贵族审判庭	被赦免
1715 年 2 月 9 日	德文特沃特(Derwentwater)伯爵	叛逆罪	议会上院贵族审判庭	斩首
1715 年 2 月 9 日	肯马尔(Kenmare)子爵	叛逆罪	议会上院贵族审判庭	斩首
1715 年 2 月 9 日	奈恩(Nairn)勋爵	叛逆罪	议会上院贵族审判庭	被赦免
1715 年 2 月 9 日	尼斯代尔(Nithisdale)伯爵	叛逆罪	议会上院贵族审判庭	逃跑
1715 年 2 月 9 日	韦特灵顿(Widdrington)勋爵	叛逆罪	议会上院贵族审判庭	被赦免

审判时间	被告人	起诉罪名	审判机构或地点	审判结果
1715 年 3 月 15 日	温顿（Winton）伯爵	叛逆罪	议会上院贵族审判庭	逃跑
1716 年 1 月 22 日	弗朗西亚（Francia）	叛逆罪	中央刑事法庭	宣告无罪
1717 年 6 月 24 日	牛津伯爵	叛逆罪等	议会上院贵族审判庭	宣告无罪
1718 年 10 月 13 日	邦纳（Bonner）等人	海盗	卡罗来纳	绞刑
1719 年 7 月 28 日	吉尔伯特（Gilbert）等人	蔑视罪	爱尔兰	监禁
1721 年 2 月 3 日	雷森（Reason）	谋杀鲁特莱尔（Lutterel）	王座法庭	过失杀人
1721 年 2 月 3 日	特兰特（Tranter）	谋杀鲁特莱尔（Lutterel）	王座法庭	过失杀人
1721 年 3 月 13 日	阿伦德尔·科克（Arundel Coke）	伤害罪（叛逆轻罪）	巡回法庭	绞刑
1721 年 3 月 13 日	伍德伯恩（Woodburn）	割掉克里斯皮（Crispe）爵士的鼻子	巡回法庭	绞刑
1722 年 11 月 21 日	莱尔（Layer）	叛逆罪	王座法庭	分尸
1723 年 5 月	阿特伯里（Atterbury）	叛逆未遂	议会	流放
1723 年 5 月	凯利（Kelly）	叛逆阴谋	议会	监禁
1723 年 5 月	约翰·普拉凯特（John Plunket）	叛逆阴谋罪	议会	监禁
1725 年 5 月 6 日	麦克尔斯菲尔德（Macclesfield）	犯罪情节严重的轻罪	行会会馆	罚款

附录二　《1649年版逆共和国法》书影

(337)

AN ACT

Declaring what Offences shall be adjudged

TREASON.

Whereas the Parliament hath Abolished the Kingly Office in England and Ireland, and in the Dominions and Territories thereunto belonging, and hath Resolved & Declared, That the People shall for the future be Governed by its own Representatives, or National Meetings in Council, Chosen and entrusted by them for that purpose,

B 1

附录三　《赔偿和赦免法》中不被赦免的人员名单

排序	姓名	基本罪行	是否自首及排序	判决结果
1	约翰·李斯勒 （John Lisle）	担任审判查理一世的法官，但并未在判决书上签字。"护国政体"时期，担任议会议员、海军委员会成员等职务	否	出逃瑞士洛桑，1664年遭爱尔兰王党刺杀
2	威廉·赛伊 （William Say）	在查理一世死刑判决书上签字的法官	否	出逃瑞士
3	哈德瑞斯·沃勒爵士 （Sir Hardresse Waller）	在查理一世死刑判决书上签字的法官	是 6	出逃法国，后返回国内自首，遭终身监禁
4	瓦伦丁·沃尔顿 （Valentine Walton）	在查理一世死刑判决书上签字的法官	否	出逃德国
5	托马斯·哈里森 （Thomas Harrison）	在查理一世死刑判决书上签字的法官	否	叛逆罪处决
6	爱德华·哈雷 （Edward Whalley）	在查理一世死刑判决书上签字的法官	否	出逃北美
7	威廉·黑文宁汉 （William Heveningham）	担任审判查理一世的法官，但并未在判决书上签字。后担任"护国政体"时期国务会议成员、副海军大臣等职务	是 12	被判为叛逆罪，获得宽恕改判为终身监禁
8	艾萨克·宾宁顿 （Isaac Penington）	担任审判查理一世的法官，但并未在判决书上签字。后担任伦敦市长	是 13	终身监禁
9	亨利·马顿 （Henry Marten）	在查理一世死刑判决书上签字的法官	是 5	终身监禁
10	约翰·巴克斯坦德 （John Barkstead）	在查理一世死刑判决书上签字的法官	否	出逃荷兰，被英国大使逮捕，1662年被处死
11	吉尔伯特·米灵顿 （Gilbert Millington）	在查理一世死刑判决书上签字的法官	是 16	被判为死刑，后减刑为终身监禁
12	埃德蒙·拉德洛 （Edmund Ludlow）	在查理一世死刑判决书上签字的法官	否	出逃瑞士伯尔尼
13	迈克尔·里弗斯爵士 （Sir Michael Livesey）	在查理一世死刑判决书上签字的法官	否	出逃荷兰
14	罗伯特·提波 （Robert Tichborne）	在查理一世死刑判决书上签字的法官	是 7	被判为死缓，并未执行死刑，监禁至死
15	欧文·罗 （Owen Row）	在查理一世死刑判决书上签字的法官	是 1	终身监禁

续表

排序	姓名	基本罪行	是否自首及排序	判决结果
16	罗伯特·李尔本（Robert Lilburne）	在查理一世死刑判决书上签字的法官	是 15	被判为死刑，后减刑为终身监禁
17	艾德里安·斯克罗普（Adrian Scrope）	在查理一世死刑判决书上签字的法官	自首，但由于"不思悔改"而受到重罚	叛逆罪处决
18	约翰·奥凯（John Okey）	在查理一世死刑判决书上签字的法官	否	出逃德国，被英国大使逮捕，被判为叛逆罪
19	约翰·休森（John Hewson）	在查理一世死刑判决书上签字的法官	否	出逃荷兰阿姆斯特丹
20	威廉·高菲（William Goffe）	在查理一世死刑判决书上签字的法官	否	出逃美国
21	科尼利厄斯·霍兰（Cornelius Holland）	参与起草起诉查理一世的起诉书，后担任国务会议成员	否	出逃瑞士洛桑
22	托马斯·卡隆那（Thomas Challoner）	在查理一世死刑判决书上签字的法官	否	出逃德国米德堡
23	约翰·卡鲁（John Carew）	在查理一世死刑判决书上签字的法官	否	叛逆罪处决
24	约翰·琼斯（John Jones）	在查理一世死刑判决书上签字的法官	否	叛逆罪处决
25	米勒斯·科伯特（Miles Corbet）	在查理一世死刑判决书上签字的法官	否	逃亡荷兰，被英国大使逮捕，1662 年被判为叛逆罪
26	亨利·史密斯（Henry Smith）	在查理一世死刑判决书上签字的法官	是 4	被判为死刑，后减刑为终身监禁
27	格雷戈里·克莱门特（Gregory Clement）	在查理一世死刑判决书上签字的法官	否	叛逆罪处决
28	托马斯·沃根（Thomas Wogan）	在查理一世死刑判决书上签字的法官	是 18	终身监禁，在约克堡监禁至 1664 年，后出逃瑞士
29	埃德蒙·哈维（Edmund Harvey）	担任审判查理一世的法官，但并未在判决书上签字。1654 年起担任国务会议成员	是 3	终身监禁
30	托马斯·斯科特（Thomas Scot）	在查理一世死刑判决书上签字的法官	否	出逃布鲁塞尔，后返回英国，被判为叛逆罪
31	威廉·卡雷（William Cawley）	在查理一世死刑判决书上签字的法官	否	出逃瑞士
32	约翰·道尼斯（John Downes）	在查理一世死刑判决书上签字的法官	是 19	终身监禁
33	尼古拉斯·拉夫（Nicholas Love）	担任审判查理一世的法官，但并未在判决书上签字。后担任国务会议成员	否	逃亡德国汉堡，1682 年死于瑞士韦威

排序	姓名	基本罪行	是否自首及排序	判决结果
34	文森特·波特 （Vincent Potter）	在查理一世死刑判决书上签字的法官	是 17	被判为死刑，上诉前死亡
35	奥古斯丁·加兰 （Augustine Garland）	在查理一世死刑判决书上签字的法官	是 2	终身监禁
36	约翰·迪克斯维尔 （John Dixwell）	在查理一世死刑判决书上签字的法官	否	出逃美国
37	乔治·弗利特伍德 （George Fleetwood）	在查理一世死刑判决书上签字的法官	是 8	终身监禁
38	西蒙·梅尼 （Simon Meyne）	在查理一世死刑判决书上签字的法官	是 11	被判为死刑，执行前去世
39	詹姆斯·坦普尔 （James Temple）	在查理一世死刑判决书上签字的法官	是 9	终身监禁
40	彼得·坦普尔 （Peter Temple）	在查理一世死刑判决书上签字的法官	是 14	被判为死刑，后减刑为终身监禁
41	丹尼尔·布拉格雷 （Daniel Blagrave）	在查理一世死刑判决书上签字的法官	否	出逃德国亚琛
42	托马斯·维特 （Thomas Waite）	在查理一世死刑判决书上签字的法官	是 10	终身监禁
43	约翰·库克 （John Cook）	起诉查理一世的副总检察长	否	叛逆罪处决
44	安德鲁·布劳顿 （Andrew Broughton）	担任审判查理一世时担任书记官，曾任国务会议成员	否	逃亡瑞士
45	爱德华·丹迪 （Edward Dendy）	担任审判查理一世时担任警卫官，后任国务会议警卫官	否	1663 年逃亡瑞士
46	威廉·休利特 （William Hewlet）	担任押送查理一世行刑的卫队队长	否	被判为"弑君者"，但并未执行死刑
47	休·彼得斯 （Hugh Peters）	并未直接参与审判查理一世。但"共和国"和"护国政体"时期在宗教、法制改革中发挥重要作用，是克伦威尔的主要顾问之一，被查理二世认定为极端危险分子	否	叛逆罪处决
48	弗朗西斯·汉克 （Francis Hacker）	担任押送查理一世行刑的卫队长官	否	1660 年 10 月，被绞刑处决
49	丹尼尔·阿克斯特尔 （Daniel Axtell）	担任押送查理一世行刑的卫队长官	否	叛逆罪处决

附录四　中世纪和都铎王朝时期的叛逆法

王朝	序号	国王	叛逆法名称（含英文全称）及其编号	罪名或核心内容	具体规定
金雀花王朝	1	爱德华三世	1352年叛逆法（Treason Act 1352）（25°Edw. III. Stat. 5. c. 2.）	危害国王及王室安全罪	侵害国王或女王人身安全的行为，图谋杀死国王、女王或其长子的行为，构成叛逆罪；侵害王室婚姻的行为，玷污王后、国王的未婚长女、国王长子的配偶，构成叛逆罪
				发动战争罪	在王国内对国王发动战争，依附于国王的敌人，或者给予他们帮助、方便等，构成叛逆罪
				伪造罪	伪造国王玺、私玺或钱币；将伪造的英国货币运回国内，例如运回自英国货币的卢泰堡币等；或者明知是上述假币，却在买、卖中欺诈国王或其臣民，构成叛逆罪
				谋杀法官罪	谋杀法官的行为，谋杀大法官、财政大臣、王座法庭的法官、巡回法庭的法官，或者其他正在执行公务的所有审、判决法官，构成叛逆罪
				审判方式	叛逆罪由国王，或王座法庭，或在当地组建审判决法庭进行审理
				罚没相关规定	叛逆者将被没收土地和房屋给国王
	2	爱德华三世	1360年叛逆罪罚没法（The Forfeitures Act 1360）（25°Edw. III. c. 12.）	罚没相关规定	所有叛逆罪和重罪案件，只有审判时尚在世的叛逆者才会被罚没土地和房屋。在本法案颁布时已经去世的叛逆者，其继承人不再被追讨
	3	理查二世	1381年叛逆法（The Treason Act 1381）（15°Ric. II. c. 6.）	叛乱罪	任何叛乱和造谣行为，都将构成叛逆罪

续表

王朝	序号	国王	叛逆法名称（含英文全称）及其编号	罪名或核心内容	具体规定
金雀花王朝	4	理查二世	1397年叛逆法（The Treason Act 1397）（21°Ric. II. c. 3.）	危害国王及王室安全罪	图谋和试图制造成国王死亡的，构成叛逆罪
				放弃效忠罪	试图放弃对国王效忠的，构成叛逆罪
				发动战争罪	教唆民众对国王发动战争的，构成叛逆罪
				废除法律罪	试图废除本届议会法案的，构成叛逆罪
	5	亨利四世	1399年叛逆法（The Treason Act 1399）（1°Hen. IV. c. 10.）	废除旧叛逆法	废除《1381年叛逆法》和《1397年叛逆法》
	6	亨利五世	1414年安全通行法（The Safe Conducts Act 1414）（2°Hen. V. st. 1. c. 10.）	破坏休战和安全通行权罪	通过杀害、抢劫或破坏行为破坏休战协定或安全通行的，不论实施者、煽动者、资助者，都构成叛国罪
兰开斯特王朝	7	亨利五世	1415年叛逆法（The Treason Act 1415）（3°Hen. V. st. 2. c. 6.）	损害货币罪	剪削、磨损、锉切货币的，构成叛逆罪
	8	亨利六世	1423年叛逆法（The Treason Act 1423）（2°Hen. VI. c. 21.）	叛逆嫌疑人出逃罪	叛逆罪嫌疑人在英国关押期间从监狱出逃的，构成叛逆罪
	9	亨利六世	1429年叛逆法（The Treason Act 1429）（8°Hen. VI. c. 6.）	敲诈勒索罪	以烧毁房屋的方式向英国臣民进行敲诈勒索的，构成叛逆罪
	10	亨利六世	1435年叛逆法（The Treason Act 1435）（14°Hen. VI. c. 8.）	破坏休战和安全通行权罪	通过杀害、抢劫或破坏行为破坏休战协定或安全通行的，不论实施者、煽动者、资助者，都构成叛国罪

续表

王朝	序号	国王	叛逆法名称（含英文全称）及其编号	罪名或核心内容	具体规定
兰开斯特王朝	11	亨利六世	1441年叛逆法（The Treason Act 1441）（20°Hen. VI. c. 11.）	破坏休战和安全通行权罪	再次确认：通过杀害、抢劫或破坏行为破坏休战协定安全通行的，不论实施者、资助者、煽动者，都构成叛国罪
	12	亨利六世	1442年叛逆法（The Treason Act 1442）（20°Hen. VI. c. 3.）	抢劫罪	任何威尔士人抢走或扣留任何英国人的牲畜或货物的，构成叛国罪
	13	亨利六世	1448年叛逆罪（The Treason Act 1448）（27°Hen. VI. c. 4.）	抢劫罪	重新确认：任何威尔士人抢走或扣留任何英国人的牲畜或货物的，构成叛国罪
	14	亨利六世	1450年叛逆法（The Treason Act 1450）（29°Hen. VI. c. 2.）	蔑视法庭罪	被大法官传唤到法庭，却没有按期出庭的，构成叛逆罪
都铎王朝	15	亨利七世	1489年禁止伪造外国货币的法令（An Act Against Counterfeiting of Foreign Coin）（4°Hen. VII. c. 18.）	伪造或变造外国货币叛逆罪	伪造或变造外国货币（按：可流通于英国的金银货币），构成叛逆罪
	16	亨利七世	听审判决法庭（Commission of Oyer and Terminer）的案例	破坏停战协定和安全通行权罪	在停战协定期间，于海洋中或在英国的港口及沿岸进行谋杀、抢劫、损毁等破坏休战协定和安全通行权，对外国商人进行谋杀、抢劫、损毁其财物，构成叛逆罪
					在停战协定期间，对外国人进行谋杀、抢劫、隐蔽、雇佣、资助和供应上述行为人，构成叛逆罪
					自愿接纳、帮助、获取、隐蔽、雇佣、资助和供应上述行为人，构成叛逆罪

续表

王朝	序号	国王	叛逆法名称（含英文全称）及其编号	罪名或核心内容	具体规定
都铎王朝	17	亨利八世	1531年投毒法（An Act for Poisoning）（22°Hen. VIII. c. 9.）	投毒罪	以投毒方式恶意（maliciously）谋杀他人，构成叛逆罪
	18	亨利八世	1534年第一继承法（An Act for the Establishment of the King's Succession）（25°Hen. VIII. c. 22.）	危害国王及王室安全罪	利用书写、印刷等形式恶意危害国王身体安全，或者客观上导致国王身体受到危害，构成叛逆罪
					利用书写、印刷等形式危害、诽谤或者剥夺王位继承人的人身安全和继承权的，构成叛逆罪
				危害国王婚姻罪	利用书写、印刷等形式恶意扰乱或中止王权，构成叛逆罪
					利用书写、印刷等形式恶意侵害、诽谤、扰乱或者客观上破坏国王与安妮·博林的合法婚姻，或者客观上造成相同结果，构成叛逆罪
				危害王位继承罪	利用书写、印刷等形式违背规定扰乱该法摄政规定，构成叛逆罪
	19	亨利八世	1534年叛逆法（An Act whereby Divers Offences Be Made High Treason, and Taking away All Sanctuaries for All Manner of High Treason）（26°Hen. VIII. c. 13.）	危害国王和其他王室安全罪	利用言语、书写或虚构想象（images invent）或实际行为企图伤害国王、王后或王位继承人，构成叛逆罪
					利用言语、书写形式恶意煽动或传播国王为异教徒、宗教分裂者、暴君、无信仰者或篡位者，构成叛逆罪
				危害王位继承罪	剥夺王位继承人的尊严，封号、命名或封地，构成叛逆罪
				占据、扣押军事设施和军事物资罪	任何人在王国内或者国王的其他领地内，叛逆性地扣押国王以及王位继承人的船舶、火炮或其他军火，或者具有军事意义的防御工事，自要求其他们归还的公告发布六天内不归还的，构成叛逆罪
					伪造国王亲笔签名和王玺，构成叛逆罪

王朝	序号	国王	叛逆法名称（含英文全称）及其编号	罪名或核心内容	具体规定
	20	亨利八世	1535 年关于伪造国王亲笔签名和王玺的法令（An Act Concerning the Forging of the King's Sign Manual, Signet & Privy Signet）（27°Hen. VIII. c. 2.）	伪造国王签名和王玺罪	伪造国王签名以及私玺和国玺，构成叛逆罪
都铎王朝	21	亨利八世	1536 年第二继承法（An Act for the Establishment of the Succession of the Imperial Crown of This Realm）（28°Hen. VIII. c. 7.）	危害王位继承罪	王位继承人（按：合法子女）或国王的其他子女（按：不合法子女），为篡夺王位而谋害其他王位继承人或国王成叛逆罪
					王位继承人或国王的其他子女，不遵循本法令规定谋求王位或反对王位继承顺序，构成叛逆罪
				煽动与共谋罪	煽动、支持、拥护、商议、援助上述行为，构成叛逆罪
				危害国王和其他王玺安全罪	利用或更正在利用言语、书写或印刷等形式，直接或间接地恶意危害国王或王位继承人身体安全，构成叛逆罪
				妨害法令执行罪	利用或更正在利用言语、书写或印刷等形式或其中任何部分，构成叛逆罪
				危害国王婚姻罪	利用或更正在利用言语、书写或印刷等形式，反对、诽谤、扰乱、诋毁国王与简·西摩王后的神圣婚姻或国王以后的合法婚姻，构成叛逆罪
					利用或更正在利用言语、书写或印刷等形式，直接或间接承认或接受、判断或相信国王与凯瑟琳或安妮·博林的婚姻合法、有效、良好，构成叛逆罪
					怀疑、否认或改变坎特伯雷大主教和其他大主教对国王婚姻的判决，构成叛逆罪

续表

王朝	序号	国王	叛逆法名称（含英文全称）及其编号	罪名或核心内容	具体规定
				危害王位继承罪	利用或正在利用言语、书写或印刷等形式，直接、间接或虚伪地接受、承认或命名（name or call）国王不合法婚姻所生子女有继承权，构成叛逆罪
					利用任何隐晦方式设想、抨击或企图剥夺国王王位，以及王后和王位继承人的头衔（titles）、尊号（styles）、姓名（names）、等级（degrees）封地（royal estates）或权力（regal power），构成叛逆罪
				否认王权至尊罪	利用或正在利用言语、书写或印刷等形式，直接、间接或扰乱摄政执行，构成叛逆罪
					任何人敦劝国王、国王派出的人或者是王位继承人要求进行宣誓，或者回答相关问题，却意拖延或恶意拖延进行宣誓，或者故意拒绝回答法令中的相关问题，构成叛逆罪
都铎王朝	22	亨利八世	1536年取消教皇权威法（An Act Extinguish the Authority of the Bishop of Rome）（28°Hen. VIII. c. 10.）	否认国权至尊罪	应法令规定向国王宣誓者，拒绝宣誓承认英国国王至尊地位，构成叛逆罪
	23	亨利八世	1536年剥夺托马斯·霍华德的法案（An Act Concerning the Attainder of the Lord Thomas Howard）（28°Hen. VIII. c. 24.）	危害王位继承罪	未经国王以书面形式许可并加盖国玺批准，擅自与国王的子女或国王的兄弟、姐妹、姑姑等未婚的合法子女缔结婚姻，或者奸污他们未婚的合法子女，构成叛逆罪
	24	亨利八世	1539年公告法（An Act that Proclamation Made by the King Shall Be Obeyed）（31°Hen. VIII. c. 8.）	违背公告罪	任何人违背《公告法》规定的内容和权威，却不到庭接受审判，而是故意轻蔑地逃离英国，逃避应该受到的审判，构成叛逆罪

续表

王朝	序号	国王	叛逆法名称（含英文全称）及其编号	罪名或核心内容	具体规定
都铎王朝	25	亨利八世	1540年解除与克里维斯的安妮维持的婚约的法案（The Dissolution of the Pretended Marriage with the Lady Anne of Cleves）（32°Hen. VIII. c. 25.）	危害国王婚姻罪	利用书写、印刷、言语或实际行为等形式，直接或间接承认或判断或相信国王与克里维斯的安妮的婚姻良好、合法或有效，构成叛逆罪
				妨害法令执行罪	利用言语、书写、印刷等形式扰乱本法案或终止本法案或其任何部分，构成叛逆罪
	26	亨利八世	1541年剥夺英国前王后凯瑟琳·霍华德及其同谋者的法案（The Bill of Attainder of Mistress Catherine Howard Late Queen of England, and Divers Other Persons Her Accomplices）（33°Hen. VIII. c. 21.）	危害国王及王室安全罪	与国王或王位继承者缔结婚姻者，为了迎合国王或王位继承者的主张而隐瞒自己过去不守贞洁行为，构成叛逆罪
				王后淫乱罪	王后或王位继承人的配偶，采用口或信号（token）的方式向任何人传递淫乱信号或进行淫乱行为，构成叛逆罪；采用书写、传递口或信号（token）的方式向配偶传递淫乱信号或进行淫乱行为，构成叛逆罪
				煽动与同谋罪	煽动、商议或教唆上述行为，构成叛逆罪
				拒绝宣誓罪	按要求对本法令拒绝进行宣誓，拒绝宣誓，构成叛逆罪
	27	亨利八世	1543年第三继承法（An Act Concerning the Establishment of the King's Majesty's Succession in the Imperial Crown of the Realm）（35°Hen. VIII. c. 1.）	妨害法令执行罪	利用或正在利用言语、书写或印刷等形式，扰乱本法令（按：国王以特许状或遗嘱的形式规定继承人，特许状需加盖国玺、遗嘱由亨利八世亲笔签名）规定中任何部分，或其他以终止本法令或其任何部分，构成叛逆罪
				危害王位继承人安全罪	伤害、诽谤本法令中规定的王位继承人，或剥夺夺他们的继承权，构成叛逆罪
				煽动与共谋罪	商议、煽动、支持上述罪行，构成叛逆罪

续表

王朝	序号	国王	叛逆法名称（含英文全称）及其编号	罪名或核心内容	具体规定
都铎王朝	28	爱德华六世	1547年叛逆法（An Act for the Repeal of Certain Statutes Concerning Treasons, Felonies & c.）(1°Edw. VI. c. 12.)		除《1352年叛逆法》规定的叛逆罪名外，采用言语、书写、暗号（ciphering）、实际行动或其他形式实施的犯罪的行为均不构成叛逆罪
				否认王权至尊罪	通过布道、言语等形式宣称国王或王位合法继承人不是英国教会的最高首脑达到三次，构成叛逆罪
					宣称国王或王位合法继承人不是直接在上帝之下，而是罗马与主教管辖达到三次，构成叛逆罪
					宣称英国教会的最高首脑是罗马主教或英王之外其他人达到三次，构成叛逆罪
					认为伊丽莎白公主及其未来的继承者不是英国王位合法继承人达到三次，构成叛逆罪
					通过布道、言语等方式宣布废除或剥夺令国王或王位合法继承人达到三次，构成叛逆罪
					宣称除国王以外的任何人是英国国王，或宣称其拥有同国王相同权威达到三次，构成叛逆罪
				煽动与共谋罪	通过书写、印刷等形式断言或宣布上述行为，构成叛逆罪
					煽动、帮助言语否认王权至尊行为，或参与协商、提供便利达到三次，构成叛逆罪
					煽动、帮助言语行为为王权至尊行为，或参与协商、提供便利，构成叛逆罪
				伪造或变造货币罪	伪造或变造任何英国货币，可以在英国境内流通的外国货币，构成叛逆罪
					剪切、磨洗或擦掉英国货币或者可以在英国流通的外国货币，构成叛逆罪
					将假货币带入英国国内，构成叛逆罪

续表

王朝	序号	国王	叛逆法名称（含英文全称）及其编号	罪名或核心内容	具体规定
				伪造国王签名和王玺罪	伪造国王的亲笔签名、王玺或私玺，构成叛逆罪
				煽动与共谋罪	煽动、蛊惑他人实施伪造货币的行为，或为上述行为的人提供帮助，参与筹划，构成叛逆罪
					煽动、蛊惑他人实施伪造国王签名和王玺的行为，或为上述行为的人提供帮助，参与筹划，构成叛逆罪
				危害王位继承罪	王位继承人，以篡夺其他王位继承人，构成叛逆罪
					王位继承人，对已经获得王位的继承人提出索要王位要求，构成叛逆罪
				投毒罪	投毒罪改为谋杀罪（按：属于重罪的一种）
都铎王朝	29	爱德华六世	1549～1550 年集会法（An Act for the Punishment of Unlawful Assembles and Rising of the King's Subjects）（3°& 4°Edw. VI. c. 5.）	非法集会罪	十二人或者十二人以上，图谋杀死或拘禁国王的枢密院成员，或者图谋改变宗教立法而进行非法聚会，若他们所在郡、自治市、市镇治安法官、司法官或者国王发布公告命令要求解散一小时后，仍然没有解散，构成叛逆罪
					四十人或者四十人以上，为了降低租金或食物价格而进行非法集会，并损坏围墙、猎场的围墙，或者破坏水区的堤坝等非法行为，在上述场所破坏建筑物，猎杀养动物，烧毁粮食等，在郡、自治市、市镇治安法官、司法官员或者国王发布公告命令要求解散一小时后，仍然没有解散，构成叛逆罪
					非法集会参与者的配偶或仆人，在不受胁迫的条件下为非法集会参与者提供金钱、武器或食品等帮助，构成叛逆罪

续表

王朝	序号	国王	叛逆法名称（含英文全称）及其编号	罪名或核心内容	具体规定
都铎王朝	30	爱德华六世	1549~1550年禁止非法预言法案（An Act against Fond and Fantastical Prophesy）（3° & 4°Edw. VI. c. 15.）	危害王国安全罪	宣传虚假信息，第一次监禁一年，罚款10英镑；第二次终身监禁，没收所有物品
	31	爱德华六世	1552年叛逆法（An Act for the Punishment of Dives Treason）（5° & 6°Edw. VI. c. 11.）	危害国王人身安全罪	采用公开的言论形式直接或故意宣称国王是异教徒、宗教分裂者、暴君、无信仰者或篡位者达到三次，构成叛逆罪
					采用公开的言论形式直接或故意宣称，依照《第三继承法》取得王位的人是异教徒、宗教分裂者、暴君、无信仰者或篡位者达到三次，构成叛逆罪
					采用书写、印刷、图画、雕刻形式直接或故意宣称国王及其后来继承人是异教徒、宗教分裂者、暴君、无信仰者或篡位者，构成叛逆罪
				煽动与共谋罪	煽动以言论危害国王名誉达到三次，或煽动以实际行为危害国王名誉罪，构成叛逆罪
				占据、扣押军事物资罪	以反叛为目的占据或扣押国王、王位继承人的城堡、要塞、外堡、监狱，或船舶、兵器、火炮及其他军事防御设施，在国王、王位继承人的命令发出六天后仍不归还，构成叛逆罪
				煽动与共谋罪	煽动、支持、拥护、商议、援助他人占据、扣押军事物资，构成叛逆罪
	32	玛丽一世	1553年叛逆法（An Act Repealing Certain Felonies and Premunire）（1°Mary, St. 1. c. 1.）		除《1352年叛逆法》规定的行为构成叛逆罪外，其他任何言语、书写、暗号等行为不构成叛逆罪

续表

王朝	序号	国王	叛逆法名称（含英文全称）及其编号	罪名或核心内容	具体规定
都铎王朝	33	玛丽一世	1553年禁止伪造外国货币、女王签名或私玺法案（An Act against Counterfeiting of Strange Coins Being Current Within this Realm, or the Queen Highness Sign Manuel Signet or Privy Seal）（1°Mary, St. 2. c. 6.）	伪造或变造货币罪	伪造、变造经女王或其王位继承者特许在英国流通的金银外国货币,构成叛逆罪
				伪造国王签名和王玺罪	伪造、变造女王的签名、王玺、私玺,构成叛逆罪
				煽动与共谋罪	煽动、支持、拥护、商议、援助他人伪造货币、国王签名和王玺,构成叛逆罪
	34	腓力与玛丽一世	1555年禁止言语叛逆女王法案（An Act for the Punishment of Traitorous Words against the Queen's Majesty）（1°&2°Phil. & Mary, c. 9.）	危害女王安全罪	采用言语祷告、期望或宣布上帝会减少女王的寿命或改变她的信仰,或进行类似祷告,构成叛逆罪
				煽动与共谋罪	煽动、支持、拥护、商议、援助他人言语危害女王安全,构成叛逆罪
	35	腓力与玛丽一世	1555年叛逆法（An Act whereby Certain Offence Be Made Treasons, and also for the Government of the King's and Queen's Majesties' Issue）（1°&2°Phil. & Mary, c. 10.）	危害女王及王室安全罪	在腓力与玛丽女王婚姻期间,国图剥夺腓力国王不应或国王头衔,构成叛逆罪或国王的称号、荣誉
					故意伤害女王、同女王婚姻期间的国王或他们的子嗣,构成叛逆罪
					发动战争反叛或废除女王、腓力国王的子嗣,构成叛逆罪
				煽动与共谋罪	煽动、策划、协商,或明知他人实施行为的行为的行为人实施行为的子嗣,提供帮助,构成叛逆罪
				危害王位安全罪	采用言语形式恶意,故意或直接宣布,同女王共得统治者的称号,荣誉或直接宣布,除女王之外的任何人应该具有国王或女王称号达到两次,构成叛逆罪
					采用言语形式恶意,故意或直接宣布,当今女王不是或无权是国王的女王;或在女王去世后,其子嗣不应继承国王或女王王位达到两次,构成叛逆罪

续表

王朝	序号	国王	叛逆法名称（含英文全称）及其编号	罪名或核心内容	具体规定
都铎王朝	36	伊丽莎白一世	1558年至尊法案（An Act Restoring to the Crown Ancient Jurisdiction over the State Ecclesiastical and Spiritual, and Abolishing All Foreign Power Repugnant to the Same.）（1°Eliz. c. 1.）	煽动与共谋罪	煽动、策划、协商，或明知行为人实施危害女王和国王王位安全的行为仍提供帮助达到两次，构成叛逆罪
				危害王位继承	在摄政期间，采用书写、印刷或公开的行为等恶意，故意直接或地试图伤害国王，剥夺或终止对国王的管理、教育，构成叛逆罪
					否认由玛丽女王和排力国王的子嗣继承国王王位或女王王位，构成叛逆罪
				煽动与共谋罪	煽动或教唆他人实施妨害摄政执政的行为，构成叛逆罪
				否认国权至尊罪	采用书写、印刷、教育、布道、言语或直接地断言或宣布外国势力（按：主要是指罗马教皇）在英国具有最高司法审判权，或为这一观点辩护达到三次，构成叛逆罪
					故意、恶意或直接施予任何赞同、促进、支持任何协助我国势力篡夺英国最高司法审判权的行为达到三次，构成叛逆罪
				煽动与共谋罪	煽动、帮助、密谋、支持他人实施支持他人实施否认王权至尊的行为达到三次，构成叛逆罪
	37	伊丽莎白一世	1559年叛逆法（An Act whereby Certain Offences Be Made Treason）（1°Eliz. c. 5.）	否认王权至尊罪	采用言语布道等形式恶意，故意或直接地企图剥夺女王继承者的王位，构成叛逆罪
					企图剥夺女王子嗣的称号（style）、荣誉、头衔，构成叛逆罪
					伤害女王子嗣安全，构成叛逆罪
					在英国或英国领地内对女王或女王未来的王位继承者发动战争，构成叛逆罪

续表

王朝	序号	国王	叛逆法名称（含英文全称）及其编号	罪名或核心内容	具体规定
都铎王朝				煽动与共谋罪	煽动、支持、密谋或明知行为人触犯"否认王权至尊罪"仍提供帮助，构成叛逆罪
				危害女王安全罪	恶意、故意或直接表达、宣布或坚持认为女王不是或不应该是王国的统治者达到两次，构成叛逆罪
					恶意、故意或直接表达、宣布或坚持认为，在女王去世后，女王子嗣不应该继承王位达到两次，构成叛逆罪
					认为除女王外，任何其他人应该获得王位达到两次，构成叛逆罪
					认为在女王去世后，除女王的子嗣外，任何其他人应该获得王位达到两次，构成叛逆罪
				危害女王安全罪	采用书写、画画或公开的行为表示女王不是或不应该是王国的统治者，构成叛逆罪
					采用书写、画图或公开的行为认为除女王外，任何其他人应该获得王位，构成叛逆罪
					采用书写、画图或公开的行为认为，女王去世后，女王子嗣不应该继承王位，构成叛逆罪
					采用书写、画图或公开的行为认为，女王去世后，除女王的子嗣外，任何其他人应该获得王位，构成叛逆罪
				煽动与共谋罪	煽动、支持、密谋或明知行为人行为形式触犯"危害女王和国王人身安全罪"达到两次，或以实际行动触犯"危害女王和国王人身安全罪"，构成叛逆罪

续表

王朝	序号	国王	叛逆法名称（含英文全称）及其编号	罪名或核心内容	具体规定
都铎王朝	38	伊丽莎白一世	1562年至尊法案（An Act for Assurance of the Queen Majesty Royal Power over All Estates and Subjects with Her Highness Dominions）（5°Eliz. c. 1.）	否认王权至尊罪	采用书写、画图、布道或教育的形式故意坚持认为，罗马教皇拥有英国的最高审判权，构成叛逆罪
					采用公开演讲的方式故意要求将英国最高司法审判权归还罗马教主，构成叛逆罪
					第一次拒绝宣誓承认女王至尊的，在随后的三个月内再次拒绝宣誓，构成叛逆罪
				煽动叛逆罪	煽动、促进、密谋或帮助上述行为，构成叛逆罪
都铎王朝	39	伊丽莎白一世	1571年叛逆法（An Act whereby Certain Offences Be Made Treason）（13°Eliz. c. 1.）	危害女王安全罪	采用书写、印刷、暗号、演讲或言语等形式、恶意、故意、虚构、设计或造成女王死亡、伤害杀、或谋害女王，构成叛逆罪
					在王国内发动对女王战争、荣誉等国王的称号，构成叛逆罪
					动员任何外国人以武力入侵英国或英国任何领地，构成叛逆罪
					动员任何外国人以武力入侵英国或英国任何领地，构成叛逆罪
				否认国权至尊罪	以演讲或言语等形式认为伊丽莎白女王之外，任何其他人是或应该是英国及英国领地的女王，构成叛逆罪（加重处罚）
					以演讲或言语等形式认为该该是英国及英国领地的女王，构成叛逆罪（加重处罚）
				危害王位继承罪	以书写、印刷、布道、演讲或言语恶意、故意宣言认为伊丽莎白女王是异端教徒、分裂者、暴君、无信仰者或篡位者，构成叛逆罪
					任何人以任何形式认为未经议会修改的普通法不能保护王权，构成叛逆罪

续表

王朝	序号	国王	叛逆法名称（含英文全称）及其编号	罪名或核心内容	具体规定
都铎王朝	40	伊丽莎白一世	1571年禁止带人或执行罗马主教区训令法案（An Act against the Bringing in and Putting in Execution of Bulls and Other Instruments from the See of Rome）（13°Eliz. c. 2.）	煽动与共谋罪	任何人认为女王在英国议会的权威下，不能制定具有足够权威的公告来指定王位继承人，构成叛逆罪
					违背王位继承公告，篡夺王位，构成叛逆罪
				非法持有或接受教皇训令罪	为断言伊丽莎白女王是异端教徒、分裂者、暴君、无信仰者或篡位者的人提供帮助达到两次，构成叛逆罪
					在英国使用任何手写或印刷的教皇训令，构成叛逆罪
					获取教皇代理人或未来继任教皇的人颁发的训令，构成叛逆罪
					使用赦免训令（Absolution）赦免他人的罪过，或使用和解训令（Reconciliation）接受他人信仰和解，构成叛逆罪
					采用演说、布道、书写或其他公开的形式授予英国臣民过赦免罪免或和解信仰和解，构成叛逆罪
					故意获取上述赦免或和解信仰和解，构成叛逆罪
					在玛丽女王一年议会的最后一天之前已经获得罪过赦免其继任者或和解训令的人，若继续从教皇或其继任者那里里获取训令，构成叛逆罪
	41	伊丽莎白一世	1572年禁止扣押女王的城堡、要塞或军事物资法案（An Act for The Punishment of such as Shall Rebelliously Take or Detain, or Conspire to Take or Detain from the Queen's Majesty, Any of Her Castles Towers Fortress Holds, & c.）（14°Eliz. c. 1.）	占据、扣押军事物资设施和军事物资罪	以反叛为目的的占据或扣押国王、王位继承人的城堡、要塞、外堡、监狱（holds），或船舶、军火和军事防御设施，在国王、王位继承人的命令或盖有国玺的素要公告发出六天后仍不归还，构成叛逆罪
					以反叛为目的的占据或扣押国王、王位继承人的船舶、军火和军事防御设施，在国王、王位继承人的命令或盖有国玺的素要公告发出六天后烧毁、破坏，或导致军事物资烧毁、破坏，构成叛逆罪

续表

王朝	序号	国王	叛逆法名称（含英文全称）及其编号	罪名或核心内容	具体规定
都铎王朝	42	伊丽莎白一世	1572年禁止非法释放在押候审人员或罪犯法案（An Act against such as shall Conspire of Practise the Enlargement of Any Prisoner Committed for High Treason）（14°Eliz. c. 2.）	非法释放在押候审人员或罪犯罪	恶意策划或实施非法释放在押叛逆罪罪犯，构成叛逆罪
					采用言语、书写等形式阐述或断言实施上述行为，构成叛逆罪
	43	伊丽莎白一世	1580~1581年女王臣民服从法案（An Act to Retain the Queen Majesty Subjects in Their Due Obedience）（23°Eliz. c. 1.）	放弃效忠罪	进行、试图进行或意图充用有能力实施各种形式的放弃对女王的效忠，或鼓动他人放弃对女王效忠，构成叛逆罪
					放弃对英国国教的信仰，而改信罗马天主教，构成叛逆罪
					放弃对女王的效忠，而改忠于或许诺效忠于罗马天主教或其他外国国王及其代理人，构成叛逆罪
				煽动叛逆罪	故意帮助或支持他人放弃对女王效忠，构成叛逆罪
					明知他人触犯"放弃效忠罪"而故意隐瞒不报，构成叛逆罪
					在得知他人触犯"放弃效忠罪"后，20天内故意隐瞒不报，构成叛逆罪
	44	伊丽莎白一世	1584~1585年驱逐耶稣会士法（An Act against Jusuits Seminary and Such Other Like Disobedient Persons）（27°Eliz. c. 2.）	天主教信徒非法留居罪	在英国或英国其他领地出生的耶稣会士等天主教组织的信徒，应在驱逐公告发出四十天后仍在英国或英国其他领地停留，构成叛逆罪
				否认国权至尊罪	在任何即将建立耶稣会的国家接受教育的英国臣民，应在以伦敦市的名义发布并加盖国玺的公告发出后，六个月内回到英国。在返回英国四十天内，向所在主教或所在郡的两名和平法官宣誓服从女王及其法律，宣誓承认女王权至尊。回到英国后，拒绝进行宣誓，构成叛逆罪

附录五　斯图亚特王朝及之后的叛逆法

序号	王朝	国王	叛逆法名称（含英文全称）及法案编号	主要内容
1	斯图亚特王朝	詹姆斯一世	1605年镇压拒绝服从的天主教徒法案（An Act for the Better Discovering and Repressing of Popish Recusants）（3°Jac. I. c. 4.）	无论在英国国内还是在英国国王及其王位继承人效忠的臣民者解除效忠，或劝说，拉拢他人解除效忠的，或者顺从罗马教皇的，或向其他国家的王公贵族，君主宣布效忠的，都将构构成向罗马教皇宣誓效忠的叛逆罪，其介绍人（procurer），建议人（counsellor），支持者（aider），供养者（maintainer）也同样构构成叛逆罪
2	共和国时期	无	1649年叛逆法（Act Declaring What Offences Shall Be Adjudged Treason）	以书面或口头的方式宣称共和国政府是专横的，篡夺的或非法的，或者议会下院不是个国家（nation）最高权力机关的，策划，谋求或煽动发动对共和国政府叛乱的，伪造或假冒共和国国玺的，伪造、变造、剪切共和国的货币或将伪造外国国货币带入英国境内的，策划或煽动叛变，鼓动，邀请、帮助协助任何外国势力入侵英格兰和爱尔兰，投靠共和国议会及政府的敌人，都构成叛逆罪
3	斯图亚特王朝（续）	查理二世	1661年叛逆法（An Act for Safety and Preservation of His Majesties Person and Government against Treasonable and Seditious Practices and Attempts）（13°Char. II. c. 1.）	在英国境内外，图谋或意图杀死国王，图谋或意图以致死或致致残为目的伤害国王的身体，图谋或意图剥夺国王在英国以及其他领地的王位，向国王发动战争，勾结外国人武装入侵英国及其领地，若上述行为以恶意以印刷、书写、布道的形式传播，经两名合法证人宣誓证明之后，即可判定为"叛国者"，将受到叛逆罪的惩处 叛逆罪审判需要在两名合法证人在宣誓之后出庭做证，做证需面对面进行，证人将起诉书中有关证词的内容在法庭上重新说一遍

续表

序号	王朝	国王	叛逆法名称（含英文全称）及法案编号	主要内容
4	斯图亚特王朝（续）	威廉三世与玛丽二世	1691年通敌法（An Act against Corresponding with Their Majesties Enemies）（3°Wil. III. & Mar. c. 13）	在英国与法国发生战争期间，英国任何臣民向法国国王以及法国国王管辖的领地运送装备、军火、炸药、子弹、沥青、焦油、绳索、桅杆、麻绳、皮革、煤炭、铁、硝石等，受到叛逆罪惩处，将被认定为"叛逆者" 任何人向法国运输其他商品，构成蔑视王权罪（premunire） 未经国王允许，擅自乘坐船只等交通工具进入法国的领地，构成叛逆罪 未经国王允许，擅自从法国及其领地返回英国，将被监禁
5	斯图亚特王朝（续）	威廉三世	1695年叛逆罪审判法（An Act for Regulateing of Trials in Cases of Treason and Misprision of Treason）（7° & 8° Will. III. c. 3.）	被告人可提前五天获得起诉书，但不能获得起诉人的名单。在审判之前，被告人可以咨询律师，征求法律方面的意见，但不超过两次，辩护律师也可以获得起诉书，为此支付的费用不得高于五先令 被告人可以邀请两名证人为其出庭做证，两名证人可以同时是一个叛逆事件的证人，也可以分别是两个叛逆案件的证人。被告人可以在没有被暴力胁迫的情况下自愿放弃咨询律师。若被告人拒绝接受审判，或保持沉默，将得不到法律援助。被告人拥有35次要求陪审团成员回避的权利 被逐出法外的，享有上述权利接受叛逆审判和推定叛逆审判 面临多项叛逆罪指控的，两个证人应分别证明两个不同的叛逆罪名，而不是两个证人共同证明一项罪名 在叛逆罪发生后，大陪审团（Grand Jury）应在三年内提起诉讼 图谋或意图以投毒方式危害国王安全的，不适用于该诉讼规定 在叛逆罪审判之前的两天，郡长须将叛逆罪审判的陪审员名单速送给每一位被告人。被告人邀请的证人必须出庭做证，与原告要求证人必须出庭做证的法律程序相同 未经法庭程序获得的证据不得列入起诉书 陪审员须以一致同意的方式判定被告有罪或无罪。陪审员须在案件开庭之前的20天被召集，并进行宣誓

续表

序号	王朝	国王	叛逆法名称（含英文全称）及法案编号	主要内容
6	斯图亚特王朝（续）	威廉三世	1695年国王保护法（An Act for the Better Security of His Majesty to Royal Person and Government）(7° & 8° Will. III. c. 3.)	拒绝效忠宣誓（oath of supremacy and allegiance）的，处以罚款 公开通过书写，印刷，布道，教育（teaching）或提供建议等方式宣称国王不合法，前国王詹姆斯及其子女拥有王位继承权的，构成叛逆罪 在英国与法国发生战争期间，任何人未经国王签字许可在1696年3月1日之前从法国或途经法国国王管辖地区进入英国及英国王管辖地区的，构成叛逆罪 在1696年9月1日之前，未经枢密院六位国务大臣批准，所有叛逆罪嫌疑人不得被保释
7	斯图亚特王朝（续）	威廉三世	1696年货币法(An Act for the Better Preventing the Counterfeiting the Current Coin of this Kingdom) (8° & 9° Will. III. c. 26.)	伦敦塔或其他地区皇家铸币厂雇用的铁匠，雕刻师，浇筑工等人员，未经财政大臣批准，故意使用任何专用机械设备生产制造能够铸造正在英国流通货币的铸币机（puncheon）或专用染料（dye），或制造能够用于铸造货币的生产设备，或者未经合法授权购买，出售，隐藏生产铸币机，专用染料，生产设备的，都构成叛逆罪 未经合法授权，故意将铸币设备运出皇家铸币厂，或为运输者提供帮助，建议或教唆的，都构成叛逆罪 非法在英国当前流通货币的边缘刮削，以减轻货币的重量（按：破坏货币以求得金银等贵金属），或消磨货币上的字母，数字，花纹和标记等，都构成叛逆罪 通过镀金等方式仿造英国正在流通的金银货币，或使用金银铸造英国流通货币币外形,大小,花纹相似的假币，都构成叛逆罪

续表

序号	王朝	国王	叛逆法名称（含英文全称）及法案编号	主要内容
8	斯图亚特王朝（续）	威廉三世	1697 年打击前国王詹姆斯及其追随者法（An Act against Corresponding with the Late King James and His Adherents）（9° Will. III. c. 1.）	在目前英法战争期间，英国臣民未经国王许可进入法国或法国国王管辖的属地，或为前英国国王管辖服务的人，未经国王通过盖有私玺的文件许可，进入英国或英国国王管辖的属地，都将构成叛逆罪 英国臣民为前国王詹姆斯出谋划策，提供情报的，或者受雇于詹姆斯的，或通过书信、留言等方式为詹姆斯提供财力支持的，都将构成叛逆罪 重新确认（1691 年通敌法）（3° Will. III. &Mar. c. 13）：未经国王和女王许可，私自乘坐任何交通工具前往法国或英王在欧洲的任何附属地、头衔等，或以书信、汇票等形式向詹姆斯所要赦免，都将构成叛逆罪 在英国接受任何前国王詹姆斯授予的赦免、头衔等，都将构成叛逆罪
9	斯图亚特王朝（续）	威廉三世	1701 年私通伪威尔士亲王法（An Act for the Attainder of the Pretended Prince of Wales of High Treason）（13° & 14° Will. III. c. 3.）	前国王詹姆斯去世后，伪威尔士亲王自封为詹姆斯三世，严重危害了英国国王威廉三世王位的合法性 英国臣民为伪威尔士亲王提供帮助的，或通过书信、留言等方式为其出谋划策，提供情报的，或者受雇于伪威尔士亲王的，或通过汇票等形式为其提供财力支持的，都将构成叛逆罪
10	斯图亚特王朝（续）	威廉三世	1701 年王位继承法（An Act for the Further Security of His Majesties Person and the Succession of the Crown in the Protestant Line and for Extinguishing the Hopes of the Pretended Prince of Wales and All other Pretenders and Their Open and Secret Abettors）（13° & 14° Will. III. c. 6.）	伪威尔士亲王自封为詹姆斯三世，图谋剥夺或阻碍其继承英国及其附属地王位的，或故意为公开背叛死亡的，其实施者、参与者、帮助者、提议者和提供方便者都将构成叛逆罪 伪威尔士亲王对英国国王王位及王位继承构成了威胁，因此威廉三世要求全体英国臣民对其进行效忠宣誓，拒绝进行宣誓的将处以罚款 500 英镑

续表

序号	王朝	国王	叛逆法名称（含英文全称）反法案编号	主要内容
11	斯图亚特王朝（续）	安妮女王	1702 年国王保护法（An Act for Explaining a Clause in an Act Made at the Parliament Begun and Holden at Westminster the Two and Twentieth of November in the Seventh Year of the Reign of Our Sovereign Lord King William the Third Intimate An Act for the Better Security of His Majesties Royal Person and Government）（1°Anne St. 2. c. 2.）	重新确认了 1695 年国王保护法（7°& 8°Will. III. c. 3.）
12	斯图亚特王朝（续）	安妮女王	1703 年通敌兵变法（An Act for Punishing Mutiny and Defertion, and False Musters, and for the Better Payment of the Army and Their Quarters）（2° & 3°Anne c. 16.）	任何在女王军队中服役的士兵，无论在本土列颠之外的陆地以及海洋上，与反叛女王的人或女王的敌人进行联络，通过书信，情报，符号或物品等任何方式为女王的反叛者或敌人提供建议和帮助的，或在未获女王及女王将领授权下接待反叛者或敌人的，都将构成叛逆罪，并接受叛逆罪的惩处 任何在女王军队中服役的士兵，无论在本土列颠之外的陆地以及海洋上，不论以任何理由主动发动兵变，煽动士兵叛乱，拒绝服从上级指挥，阻碍上级执行公务，使用武器违抗上级，都将被判为重罪 上述叛逆罪和重罪犯人应在王座法庭接受审讯和审判，由王座法庭所在郡的守法公民组成陪审团裁决是否有罪
13	斯图亚特王朝（续）	安妮女王	1704 年通敌法（An Act to Prevent All Traiterous Correspondence with Her Majesties Enemies）（3°& 4°Anne c. 20.）	英国臣民未经女王许可进入法国或法国国王管辖的属地，构成叛逆罪 在英国与法国发生战争期间，任何人未经女王签字许可从法国或法国国王管辖地区进入大英国及英国女王管辖地区，构成叛逆罪

续表

序号	王朝	国王	叛逆法名称（含英文全称）及法案编号	主要内容
14	斯图亚特王朝（续）	安妮女王	1705年摄政法（An Act for the Better Security of Her Majesty's Person and Government, and of the Succession on the Crown of England, in the Protestant Line）（4°&5° Anne c. 20.）	通过书写,印刷等形式声称安妮女王不是英国的合法女王,或者声称假冒的威尔士来王,自封为詹姆斯三世的假国王有权继承英国王位,或者声称其他人有权继承英国王位,都将构成叛逆罪。女王去世后,若并未留下盖有私玺的遗嘱指定王位继承人,枢密院应迅速辅佐信仰新教的继承人,枢密院成员应承担公告的职责,将构成叛逆罪。若英国官员(officer)拒不执行枢密院的命令,拖延或拒绝发布王位继承公告,也将构成叛逆罪。任何法官(lord justice)试图废除查理二世时期颁布的《公开祈祷和执行圣礼法案》(The Uniformity of Public Prayers and Administration of Sacraments, 14°Cha. II. c. 4)将构成叛逆罪
15	斯图亚特王朝（续）	安妮女王	1707年保护女王及其政府法（An Act for the Security of Her Majesty's Person and Government, and of the Succession to the Crown of Great Britain in the Protestant Line）（6° Anne c. 7.）	任何人恶意书写,印刷或宣称,当今女王不是合法女王,或者假冒的威尔士来王是英国国王或者苏格兰国王,将构成叛逆罪。任何人认为威廉三世颁布的《王位继承法》没有足够的权威或合法性来约束当今女王位,王位世袭将构成叛逆罪
16	斯图亚特王朝（续）	安妮女王	1708年军队效忠法（An Act for Punishing Mutiny and Desertion, and False Musters, and for the Better Payment of the Army and Quarters）（7° Anne c. 4.）	重新确认了《1703年叛逆法》:任何在女王军队中服役的士兵,无论在大不列颠之外的陆地以及海洋上,通过书信,或以海洋上,通过书信,或情报,符号或物品等任何方式为反叛者或敌人提供建议和帮助的,都将构成叛逆罪未经女王及女王将领授权下接待反叛者或敌人的,都将构成叛逆罪任何在女王军队中服役的士兵,无论在大不列颠之外的陆地以及海洋上,不论以任何理由主动发动兵变,煽动士兵叛乱,拒绝服从上级指挥,阻碍上级执行公务,使用武器违抗上级,都将被判为重罪上述叛逆罪和重罪犯人应在王座法庭接受审讯和审判,由王座法庭所在郡的守法公民组成陪审团裁决是否有罪

续表

序号	王朝	国王	叛逆法名称（含英文全称）及法案编号	主要内容
17	斯图亚特王朝（续）	安妮女王	1708年英格兰和苏格兰叛逆法合并法（An Act for Improving the Union of the Two Kingdoms）（7° Anne c. 21.）	女王以其智慧与善良促进英格兰和苏格兰这两个王国的联邦关系，最重要的就是使两个王国的法律彼此相近，特别是关于叛逆罪及与该罪行性质相匹配的起诉、审判，罚没和刑罚等司法程序的法律。叛逆罪为王至所最为重视，也受到民众的广泛关注，对该罪进行立法时须经女王批准，从1709年7月1日起，在英格兰境内被判定叛逆罪或推定叛逆罪为叛逆罪，在苏格兰也将自动被认定为叛逆罪或推定叛逆罪，而在苏格兰原被判为叛逆罪或推定叛逆罪的，除非在英格兰也做出相同的判定，否则不被判为叛逆罪 女王及其王位继承人签发正式文件并加盖国玺后，向苏格兰派遣庭审判决定。该法庭的三名法官中必须有一名"法定人数法官"，由他们援引于英格兰的法律在苏格兰审判叛逆罪和推动叛逆罪 苏格兰议会无权再颁布新叛逆法，而仅能使用英格兰的法令。苏格兰的部分法令规定，签约地主家，违背信任进行谋杀（信任谋杀），在煤窑中纵火等行为都构成叛逆罪，根据英格兰法律，上述罪行即都改为死刑。今后，苏格兰的法律及法庭仪能审判死刑案件 任何人在苏格兰谋杀在法庭上正在执行公务的法官，将被判定为叛逆罪 任何人在苏格兰伪造女王使用的印玺，将被判定为叛逆罪 在叛逆罪或推定叛逆罪审判时，应在法庭上使用女王的印玺。在审判之前10天，在两名证人的见证下将起诉书递交给叛逆罪被告人，并向陪审团陈述出庭证人的姓名、职业、居住地。从本法案颁布起，该规定适用于爱尔兰
18	斯图亚特王朝（续）	安妮女王	1708年赦免法（An Act for the Queens Most Gracious General and Free Pardon）（7° Anne c. 22.）	触犯禁止通敌法种规定的叛逆行为，不在赦免之列 仍在法国领地上居住，但并不是因犯罪为法国王服务的人，不在赦免之列 为法国国王服务的，为流亡海外的詹姆斯国王服务的，不在赦免之列

续表

序号	王朝	国王	叛逆法名称（含英文全称）及法案编号	主要内容
19	斯图亚特王朝（续）	安妮女王	1714 年禁止为敌对势力服役法（An Act to Prevent the Listing Her Majesties Subjects to Serve as Soldiers without Her Majesties Licence）(13°Anne c. 10.)	近期，少数别有居心的英国臣民，公然触犯法律，在不列颠和爱尔兰违背对女王的效忠，听命于假冒的威尔士亲王。该假冒于假冒的威尔士亲王，为王国的和平带来极大破坏。自称为英国国王詹姆斯三世，因而他们的行为具有很强的隐秘性。为了杜绝此类事件，经英国议会的教俗贵族以及下院的批准，颁布法案规定：8 月 1 日后任何大不列颠和北爱尔兰的臣民，在未获得女王或其继承人许可下为外国君主服军役的，都将依法被判定为叛逆罪，并接受叛逆罪的罚没与刑罚
20	汉诺威王朝	乔治一世	1714 年叛逆法（An Act for the More Easy and Speedy Trial of such Persons as Have Levied or Shall Levy War against His Majesty）(1°Geo. I. Stat. 2. c. 33.)	根据普通法，叛逆罪通常必须在案件发生地的法院进行审判。为了提高审判效率，法案规定：今后因叛国罪而被拘押的人可以在英格兰任何地方受到审判
21	汉诺威王朝	乔治一世	1714 年叛逆者土地调查法（An Act for Appointing Commissioners to Enquire of the Estates of Certain Traitors and Popish Recusants, and of Estates Given to Superstitious Uses, in Order to Raise Money Out of Severally for the Use of the Public）(1° Geo. I. St. 2. c. 50.)	所有叛逆者的土地将被国王没收，用于政府的公共开支。叛逆者的所有头衔、头衔、荣誉以及名望等都被废除
22	汉诺威王朝	乔治二世	1732 年货币法（An Act to Prevent the Coining or Counterfeiting Any of the Gold Coins Commonly Called Broad Pieces）(6°Geo. II. c. 26.)	伪造、变造任何金币的行为构成叛逆罪。任何人举报该类叛逆罪的，将获得 40 英镑的奖励，任何因该类犯罪被定罪的叛逆者，若主动揭发其他人触犯该罪，则其举报罪名成立，将处以死刑，但不被"败坏血统"。因伪造、变造金币而被判定为叛逆罪的，将处以死刑，但不被"败坏血统"

续表

序号	王朝	国王	叛逆法名称（含英文全称）及法案编号	主要内容
23	汉诺威王朝	乔治二世	1741年货币法（An Act for the More Effectual Preventing the Counterfeiting of the Current Coin of this Kingdom, and the Uttering or Paying of False or Counterfeit Coin）（15°Geo. II. c. 28.）	采用锉削、镀金或改色等方式将令和六便士货币变造为基尼币（Guinea）的，将构成叛逆罪 伪造其他货币的，第一次实施犯罪的，判处六个月监禁，第二次两年，第三次重罪 货币犯罪不适用"败坏血统"处罚 假币犯罪的起诉期限为六个月 给予举报货币叛逆罪行的人奖励40英镑 任何实施该罪行的人，随后提供信息使两名以上罪犯定罪，将获得宽恕
24	汉诺威王朝	乔治二世	1744年叛逆法（An Act to Make It High Treason to Hold Correspondence with the Sons of Pretender to His Majesty's Crown and for Attaining Them of High Treason, in Case They Shall Land or Attempt to Land in Great Britain or Any of the Dominions thereunto belonging and for Suspending the Queen Anne for Improving the Union of the Two Kingdoms Relating to Forfeitures for High Treason until after the Decease of the Sons of the Said Pretender）（17°Geo. II. c. 39.）	重新确认了威廉三世的《1701年叛逆法》（13°Wil. III. c. 3）和安妮女王的《1708年叛逆法》（7°Anne c. 21） 鉴于假冒的詹姆斯三世从苏格兰出发前往法国，并获得了法国国王的庇护。因此要采取措施保证臣民效忠于英国国王。凡通过信件、情报或其他任何方式向假冒国王发送情报，或进行通信的，构成叛逆罪。受雇于假冒国王及其子女提供支持或服务的，构成叛逆罪 假冒国王的长子，或其他儿子，若乘坐船舶、马车等任何交通工具在英国以及英王管辖的区域登陆，将依据该法案剥夺其财产和公民权（attainted），判定其构成叛逆罪
25	汉诺威王朝	乔治二世	1745年人身保护令禁止令（Habeas Corpus Suspension Act）（19°Geo. II. c. 1.）	1746年4月19日之前（法律生效后的半年时间），非经下院批准，叛逆罪嫌疑人在被拘押期间禁止保释，同时扣押其马匹。在该法令有效期内，禁止非法监禁的相关规定将暂停失效

续表

序号	王朝	国王	叛逆法名称（含英文全称）及法案编号	主要内容
26	汉诺威王朝	乔治二世	1746年陪审员法（An Act for the More Easy and Speedy Trial of such Persons as Have Levied, or Shall Levy War against His Majesty; and for the Better Ascertaining the Qualifications of Jurors in Trials for High Treason or Misprision of Treason, in that Part of Great Britain Called Scotland）（19°Geo. II. c. 9.）	根据普通法，叛逆罪必须在犯罪发生地被起诉，并进行审判。但为了更安全地关押叛逆者，许多叛逆者被转移到伦敦等其他地区的监狱进行监禁，若将他们重新押解回犯罪发生地，将会产生诸多不便。因此法令规定，任何因叛逆罪被起诉的苏格兰人，无论在何地被起诉，都可以在英格兰任何地方接受审判
27	汉诺威王朝	乔治二世	1747年被弹劾叛逆者辩护法（An Act for Allowing Persons Impeached of High Treason, whereby any Corruption of Blood May Be Made, or for Misprision of such Treason, to Make Their Full Defence by Council）（20°Geo. II. c. 20.）	被下院以叛逆罪或隐匿叛逆罪弹劾（impeached）的人，若涉及"败坏血统"，将像其他叛逆罪案件一样享有辩护的权利。其被允许得到辩护律师的不多于两次法律援助，在下院颁布弹劾法案之后，被弹劾者可获得进行辩护的权利
28	汉诺威王朝	乔治二世	1747年苏格兰警察法（An Act for the More Effectual Trial and Punishment of High Treason and Misprision of High Treason, in the Highlands of Scotland, and for Abrogating the Practice of Taking Down the Evidence in Writing in Certain Criminal Prosecutions, and for Making Some Further Regulations Relating to Sheriffs Depute and Stewards Depute, and Their Substitutes, and for Other Purposes Therein Mentioned）（21°Geo. II. c. 19.）	按照现存的法律规定，在苏格兰发生的叛逆案件，可以由苏格兰高等法院（Court of Justiciary）进行起诉、审判和定罪，也可以在案件发生的郡进行起诉、审判和定罪。但鉴于目前苏格兰每个郡都找不到足够数量的陪审员，为了提高高叛逆罪的审判效率，法令规定苏格兰的叛逆审判，可以在使用本部之外其他郡、镇合法公正的陪审员其补到审判法庭（Oyer and Terminer）之中。禁止以陪审员属于其他郡的为由，要求该陪审员回避听审判决法庭中应有三名法官，且一名法官为"法定人数法官"。若英国国王或王位继承人通过加盖国玺的文书要求苏格兰大法官将案件移交给苏格兰高等法庭审理，则大法官应向所审判决法庭签发"诉讼文件移交令状"，将案件移交给苏格兰高等法庭。苏格兰高等法庭应按照英国国王座法庭的诉讼形式进行庭审和判决

续表

序号	王朝	国王	叛逆法名称（含英文全称）及法案编号	主要内容
29	汉诺威王朝	乔治二世	1748 年叛逆者逃出法外法案（An Act to Ascertain and Establish the Method of Proceeding to and upon Outlawries for High Treason, and Misprision of High Treason, in Scotland）（22° Geo. II. c. 48.）	对安妮（7° Anne c. 21）法律的进一步补充，以充分阐明苏格兰在英格兰布叛逆罪审判中的主要程序 若法庭以叛逆罪罪名起诉苏格兰人，而他当时并不在押，则法庭有权向案件审理地的郡长或治安官发布逮捕令状（Writ of Capias），要求逮捕被起诉人。若经证实，被起诉人在另外的郡，则法庭向该郡发布第二份逮捕令状，第一份逮捕法令需要退回法庭。若当地郡长或治安官持第二份逮捕令没有找到被起诉人，则法庭须发布两份其他令状：公告令状（Writ of Proclamation）和紧急事件令状（Writ of Exigent）。根据上述令状，郡长或治安官需要发布三次公告。第一次在郡或镇法庭，第二次在季审法庭，第三次在郡长或治安官将在该郡设立的五个法庭自首。若最终被诉人没有自首，同时将公告令状和紧急事件令状退给得到该令状回应的法院，并向法院说明他们已经尽了所有能力去通知去通知被诉人，但未签发该令状或隐匿叛逆罪被逐出法外，宣布被诉人叛逆罪成立，其将受到罚没土地、财产、"败坏血统"等处罚 为每天上午 10 点至下午 2 点，共张贴 28 天，要求被诉人前往郡长或治安官在该郡设立的五个法庭自首。若最终被诉人没有自首，则郡长或治安官将宣布被诉人"因叛逆罪或隐匿叛逆罪被逐出法外"，同时将公告令状和紧急事件令状通知去通知被诉人，但未得到回应后，宣布被诉人叛逆罪成立，其将受到罚没土地、财产、"败坏血统"等处罚 所被诉人在国外，在逐出法外发布一年后，向苏格兰高等法院中的法官自首。审判的程序无罪推定开庭进行审理，则其将获得开庭审判的机会。

续表

序号	王朝	国王	叛逆法名称（含英文全称）及法案编号	主要内容
30	汉诺威王朝	乔治三世	1766年叛逆法（An Act for Altering the Oath of Abjuration and the Assurance; and for Amending so much of an Act of the Seventh Year of Her Late Majesty Queen Anne, Intituled, An Act for the Improvement of the Union of the Two Kingdoms, as, after the Time Therein Limited, Requires the Delivery of Certain Lists and Copies Therein Mentioned to Persons Indicted of High Treason, or Misprision of Treason）（6°Geo. III. c. 53.）	废除1708年安妮女王的叛逆法条款：在叛逆罪审判前10天，将诉状交给被告人伪造和变造本国货币、国玺、国王私玺、国王签名、徽章的行为，构成叛逆罪，被告人在审判10天前获得诉状
31	汉诺威王朝	乔治三世	1777年叛逆法（An Act to Impower His Majesty to Secure and Detain Persons Charge with, or Suspected of, the Crime of High Treason, Committed in Any of His Majesty's Colonies or Plantations in American, or on the High Seas, or the Crime of Piracy）（17°Geo. III. c. 9.）	在英美战争期间，叛逆罪嫌疑人，以及在北美国以及公海上的海盗罪嫌疑人，未经国王或国务大臣批准，禁止获得保释
32	汉诺威王朝	乔治三世	1790年女叛逆者处罚法（An Act for Discontinuing the Judgement Which Has Been Required by Law to Be Given against Women Convicted of Certain Crimes, and Substituting Another Judgement in Lieu Thereof）（30°Geo. III. c. 48.）	被判为叛逆罪的女性，不会被执行绞首、剖腹、分尸，而是执行绞刑女性叛逆者被判为火刑的，在获得国务大臣许可后，可改为执行绞刑女性叛逆者仍须执行罚没财产和败坏血统的附加处罚

续表

序号	王朝	国王	叛逆法名称（含英文全称）及法案编号	主要内容
33	汉诺威王朝	乔治三世	1793 年通敌法（An Act More Effectually to Prevent, during the Present War between Great Britain and France, All Traitorous Correspondence with, or Aid or Assistance Being Given to, His Majesty's Enemies）（33°Geo. III. c. 27.）	在本次英法两国战争期间，任何英国国民或居住在英国的人，未获得英国国王或枢密院的正式授权，明知（knowingly）或故意（willfully）实施，或诱使他人为法国政府、法国军队、舰队、舰船或其他法国的城镇、领地、港口或其他法国王统治的地区，提供装备（arms）、军械（ordnance）、仓库、火药、子弹、沥青、焦油、麻绳、帆布、绳索、煤炭、硝石等军需物资，油漆桶等，具有军事用途的纽扣、扣、腰带扣、针、铅、铜等能够制作武器装备的金属，在英国或者其他任何国家可以进行市场流通的金银条块、金银货币、干柴、稻草、土豆等草料和粮食、小麦、小麦面粉、大麦、大麦面粉，武器装备，船舶和军舰等使用的布匹，以及马豌豆、大豆、土豆、鞋子、皮革等等，都将被认定为叛国者（traitor），将以叛逆罪进行处决 在本次英法两国战争期间，任何英国国民或居住在英国的人，明知或故意，或代表其他人进行，或诱使他人购买法国、法国国王管辖的欧洲领地等地区的土地、房产、世袭财产等动产或不动产，或达成购买为叛国者，或向购买者提供货币、金银、贷款、汇票、贷款的，都将被认定为叛国者，将以叛逆罪进行处决 在本次英法两国战争期间，居住在英国之外的英国臣民，若已经实施了上述行为，却擅自返回英国的，将被认定为叛国者，将以叛逆罪进行处决 未获得英国国王或枢密院的许可，任何英国臣民在本次战争期间擅自前往法国及其领地，将被判六个月以下监禁

续表

序号	王朝	国王	叛逆法名称（含英文全称）及法案编号	主要内容
34	汉诺威王朝	乔治三世	1794年叛逆罪嫌疑人关押法（An Act to Continue for A Limited Time An Act Made in the Last Session of Parliament Intituled, An Act to Empower His Majesty to Secure and Detain such Persons as His Majesty shall Suspect are Conspiring against His Person and Government）（35°Geo. III. c. 3.）	议会赋予国王超时长关押叛逆罪嫌疑人的权力，以获得足够的时间审判叛逆罪嫌疑人
35	汉诺威王朝	乔治三世	1796年叛逆法（An Act for the Safety and Preservation of His Majesty's Person and Government against Treasonable and Seditious Practices and Attempts）（36°Geo III. c. 7.）	在国王管辖的领地和国家，图谋、规划、实施或试图实施行动造成国王或王位继承人死亡，或致使国王或王位继承人身体受到伤害，或监禁扣压国王或王位继承人的，拒绝承认国王及其王位继承人的头衔、荣誉以及名望（kindly name）的，将构成叛逆罪对国王或王位继承人发动战争试图以武力胁迫改变国王既定政策，或采取相同方式胁迫议会上下两院的，或引导外国势力改变国家籍的国家和地区的，若其密谋，设计任等都是公开行为，且以印刷或书写侵害人的形式记录下来，或者在审判过程中由两位合法证人依法发誓证明其实施了上述行为的，经法庭合法审判都将被裁判为叛逆罪

续表

序号	王朝	国王	叛逆法名称（含英文全称）及法案编号	主要内容
36	汉诺威王朝	乔治三世	1797 年货币法（An Act to Prevent the Counterfeiting Any Copper Coin in This Realm Made, or to Be Made, Current by Proclamation, or Any Foreign Gold or Silver Coin; and to Prevent the Bringing into This Realm, or Uttering, Any Counterfeit Foreign Gold or Silver Coin）（37°Geo. III. c. 126.）	在英国国内伪造所有铜币,将构成犯罪。伪造外国的金币或银币构成重罪,将伪造的外国货币带入英国货币构成重罪。对上述伪造外国货币的行为,第一次将被判监禁两年,第二次将被判监禁六个月,第三次将被判为重罪
37	汉诺威王朝	乔治三世	1798 年通敌法（An Act to Prevent During the War, Persons Residing or Being in Great Britain from Advancing Money or Effects for the Purchase or on the Credit of Debts Owing to the Government of the United Province, or Any Bodies Politic or Corporate or Any Persons within the Said Provinces, without License for that Purpose and for Extending the Provisions of an Act, Made in the Thirty-third Year of the Reign fo His Present Majesty）（38°Geo. III. c. 28.）	法国于 1793 年对英国宣战。作为回应,英国议会通过了《1793 年通敌法》,以禁止与法国的贸易。1795 年,法国人侵了联合省（United Province）,并在联合省建立了巴达维亚共和国。1798 年 4 月 5 日,议会通过该法令,将 1793 年法令的规定扩展到了法国占领的荷兰。在本次英法两国战争期间,将《1793 年通敌法》适用范围扩大到荷兰枢密院的联合省,明知任何英国臣民或居民在英国境内的人,未获得英国国王或枢密院的正式授权,明知或故意实施,或代表他人向联合省提供军需物资、武器装备、饲料粮食、金银货币,或在联合省购买土地房屋等动产与不动产,都将被认定为叛国者,或未经国王允许,擅自从联合省返回英国,都将被认定为叛国者,将以叛逆罪进行处决

续表

序号	王朝	国王	叛逆法名称（含英文全称）及法案编号	主要内容
38	汉诺威王朝	乔治三世	1799 年叛逆法（An Act to Repeal So Much of an Act, Passed in the Seventh Years of the Reign of Queen Anne, and also So Much of an Act Passed in the Seventeenth Year of the Reign of His Late Majesty King George the Second, as Puts an End to the Forfeiture of Inheritances upon Attainder of Treason, after the Death of the Pretender and His Sons）（39°&40° Geo. III. c. 93.）	废除安妮女王的《1708 年叛逆法》（7° Anne c. 21.）和乔治二世的《1744 年叛逆法》（17° Geo. II. c. 39.）
39	汉诺威王朝	乔治三世	1800 年叛逆法（An Act to Regulate Trials for High Treason and Misprision of Treason in Certain Cases）（39°&40° Geo. III. c. 93.）	图谋或意图国王死亡或杀死（destruction）国王，以致死或致残为目的的伤害国王的身体，构成叛逆罪；侵犯国王的配偶，未婚的长女，长子和王位继承人的配偶，构成叛逆罪；在王国中发动对国王的战争；在王国中投靠国王的敌人；谋杀正在执行公务的大法官，财政大臣和法院法官（Sovereign's Justices）上述行为都将构成叛逆罪和隐匿叛逆罪
40	汉诺威王朝	乔治三世	1814 年叛逆法（An Act to Alter the Punishment in Certain Cases of High Treason）（54° Geo. III. c. 146.）	废除传统的叛逆犯处决方式。在获得国务大臣（Principal Secretaries of State）的批准和签字之后，叛逆犯被押解到刑场时，不再用绞刑绳，而是直接斩首
41	汉诺威王朝	乔治三世	1817 年人身保护令禁止令（An Act to Empower His Majesty to Secure and Detain Such Persons as His Majesty Shall Suspect Are Conspiring against His Person and Government）（57° Geo. III. c. 3.）	最近有暴乱发生，目的是建立新的政府，法律和制度。相关的暴乱已经在伦敦发生，并正在向其他地区蔓延。为了王国的秩序，法律和自由，未经枢密院六位国务大臣的签字，任何叛逆犯人不得在 1817 年 7 月 1 日之前被保释或被赦免

续表

序号	王朝	国王	叛逆法名称（含英文全称）及法案编号	主要内容
42	汉诺威王朝	乔治三世	1817 年叛逆法（An Act to Make Perpetual Certain Parts of an Act of the Thirty-sixth Year of His Present Majesty, for the Safety and Preservation of His Majesty's Person and Government against Treasonable and Seditious Practices and Attempts; and for the Safety and Preservation of the Person of His Royal Highness The Prince Regent against Treasonable Practices and Attempts.）（57°Geo. III. c. 6.）	重新确认《1795 年叛逆法》(36° Geo. III. c. 7)，将其中的条款永久化（perpetual）图谋、规划、实施或试图实施行动造成国王死亡，或致使国王身体受到伤害，或监禁扣压国王的，或对摄政（Prince Regent）采取上述行为的，只要是其密谋、设计等都是公开行为，且以印刷或书写的形式记录下来，或者在审判过程中由两位合法证人依法发誓证明其实施了上述行为的，经法庭合法审判，都将被判为叛逆罪，判处死刑并罚没财产 重新确认了《1799 年叛逆法》(39° Geo. III. c. 93)、威廉三世《1695 年叛逆法》(7°&8° Will. III. c. 3)、安妮女王《1708 年叛逆法》(7°Anne c. 21)，重新确认对摄政以及王位继承的保护
43	汉诺威王朝	乔治四世	1821 年叛逆法（An Act to Extend Certain Provisions of an Act of King William the Third, Intituled An Actfor Regulating of Trials in Cases of Treason and Misprision of Treason, to That Part of the United Kingdom and Ireland）（1°&2° Geo. IV. c. 24.）	重新确认威廉三世《1695 年叛逆法》(7°&8° Will. III. c. 3)，对叛逆罪审判程度进行了人道主义改革 只有在两名合法证人做证后，才可以判处叛逆者有罪，并"败坏血统" 叛逆罪审判必须经过合法审判，不得刑讯通供。叛逆罪嫌疑人在接受审判时有 35 次机会要求候选陪审团成员回避 曾经被逐出法外的，在接受叛逆罪审判时，同样享有上述权利 叛逆罪审判应在王国或国王的领地中审判，且必须在案件发生的三年内审理完毕。图谋叛逆或试图杀死国王，对国王的人身安全造成伤害或危害的，都将构成叛逆，并接受叛逆罪审判。审判的司法程序与谋杀罪相同 将威廉三世的上述司法改革，适用其他任何方式袭击国王，或者其他任何发生的三年内审理完毕。图谋叛逆或试图杀死国王，且公开采取刺杀的方式袭击国王，对国王的人身安全造成伤害或危害的，都将构成叛逆，并接受叛逆罪审判。审判的司法程序与谋杀罪相同

续表

序号	王朝	国王	叛逆法名称（含英文全称）及法案编号	主要内容
44	汉诺威王朝	乔治四世	1822年人身保护令禁止令（Habeas Corpus Suspension Act）(2°Geo. IV. c. 2)	由于爱尔兰发生叛乱事件，因此在1822年8月1日之前，所有在押的叛逆者只有在获得枢密院六位国务大臣确认后的签字确认后，方可获得假释
45	汉诺威王朝	乔治四世	1822年苏格兰刑事审判法（An Act to Allow Peremptory Challenge of Jurors in Criminal Trials in Scotland）(2°Geo. IV. c. 85.)	苏格兰将在刑事审判中赋予被诉人要求候选陪审员"绝对回避"的权利，但叛逆罪审判不适用于该规定
46	汉诺威王朝	乔治四世	1830年造假法（An Act for Reducing into One Act All Such Forgeries as Shall Henceforth Be Punished with Death, and for Otherwise Amending the Laws Relative to Forgery）(11°Geo. IV. c. 66.)	伪造、假冒英国国玺、国王的私玺、国王的签名、国王在苏格兰的印玺以及在爱尔兰的印玺等，都将构成叛逆罪
47	汉诺威王朝	威廉四世	1830年摄政法（An Act to Provide for the Administration of the Government in Case the Crown Should Descend to Her Royal Highness the Princess Alexandrina Victoria, Daughter of His Late Royal Highness the Duke of Kent, Being under the Age of Eighteen Years, and for the Care and Guardianship of Her Person）(1°Wil. IV. c. 2.)	国王或女王在18岁以前结婚属于非法行为。国王或女王在18岁之前与任何人订立婚约，必须经过摄政签名授权。未经摄政授权的婚约视为无效。任何人未经摄政同意，在国王或女王未满18岁之前帮助、诱导国王或女王与任何人缔结婚约，将构成叛逆罪

续表

序号	王朝	国王	叛逆法名称（含英文全称）及法案案编号	主要内容
48	汉诺威王朝	威廉四世	1832年货币法（An Act for Consolidating and Amending the Laws against Offences Relating to the Coin）(2° Wil. IV. c. 34.)	废除伪造变造、剪切、磨损、锉削英国货币，或伪造变造外国货币的行为构成叛逆罪；伪造货币的犯罪，将构成重罪，判处七年至终身流放海外，或四年以下监禁
49	汉诺威王朝	维多利亚女王	1840年摄政法（The Regency Act 1840）(3° & 4° Vict. c. 52.)	国王或女王在18岁前以婚属于婚约行为。国王或女王在18岁之前与任何人未订立婚约，必须经过摄政签名授权。未经摄政授权婚约视为无效。国王或女王与任何人经摄政同意，在国王或女王未满18岁之前操办、帮助、诱导国王或女王与任何人缔结婚约，将构成叛逆罪；若国王或女王与天主教徒结婚，则王位自动被废除
50	汉诺威王朝	维多利亚女王	1842年叛逆法（An Act for Providing for the Further Security and Protection of Her Majesty's Person）(5° & 6° Vict. c. 51.)	重新确认乔治三世的《1800年叛逆法》以任何公开行为图谋或意图致使女王死亡的，以任何公开行为图谋或意图致使女王致残或致伤的，都将构成叛逆罪。伤害女王的所有断叛逆罪，其起诉、提审和审判方式与叛逆罪完全相同在女王旁边或靠近女王时，故意或意图用步枪、手枪或其他任何火器指向、瞄准女王的，向女王发射任何火器、试图用改击性武器袭击女王的，试图或意图向女王投掷任何物品的，用改击性武器或爆炸物品（explosive substance）攻击图用易爆物品的，不论其是否对公共和平造成了危害，或对女王人身安全带来丁威胁，都将构成严重不端行为不端（high misdemeanor）（public peace）造成了危害或有可能对公共和平造成危害，只要对女王人身安全带法院将依据现有法律对上述行为进行审判，判处七年海外流放（transported beyond the seas for the term of seven years），监禁期间，依据法院的命令，对罪犯进行不多于三次的公开或不公开的鞭刑上述内容不得改变对叛逆罪或推定叛逆罪的处罚

续表

序号	王朝	国王	叛逆法名称（含英文全称）及法案编号	主要内容
51	汉诺威王朝	维多利亚女王	1842年选举法（An Act for the Government of New South Wales and Van Diemen's Land）（5°&6° Vict. c. 76.）	新南威尔士和范迪门斯地选举法（An Act for the Government of New South Wales and Van Diemen's Land）中规定：任何犯有叛逆罪和重罪的人，都不得投票选举女王管辖地区的官员，但已经获释女王赦免的人除外。立法委员会成员和治安官触犯叛逆罪，将被剥夺职位
52	汉诺威王朝	维多利亚女王	1848年叛乱法（An Act for the Better Security of the Crown and Government of the United Kingdom）（11°&12° Vict. c. 12.）	在19世纪中期英国开始大幅度减少死刑的背景下，陪审团通常不愿意对死刑犯定罪，如果将刑期减为流放到澳大利亚的刑事殖民地，定罪率可能会增加。因此议会将部分叛逆罪进行减刑处理。图谋或意图以出版、印刷、书写等方式，或公开采取行动废除女王作为大不列颠及其他领地的王位。在英国国内对女王发动战争试图迫使英国上下两院改变施政方针，勾结外国势力入侵英国或女王的领地。采用武力手段迫使女王改变施政方针。上述行为被判为重罪，被处以终身流放若以言语的形式触犯上述叛逆罪，则需在公开审判中由两名证人当庭做证。该起诉须在犯罪的六日之内提起诉讼
53	汉诺威王朝	维多利亚女王	1861年打击伪造法（An Act to Consolidate and Amend the Statutes Law of England and Ireland Relating to Indictable Offence by Forgery）（24°& 25° Vict. c. 98.）	伪造英国的国玺、国王的私玺、国王的签名、构成重罪，依据犯罪情节，判处终身劳役、三年以下劳役，监禁两年
54	汉诺威王朝	维多利亚女王	1866年爱尔兰叛逆者羁押法（An Act to Empower the Lord Lieutenant or Other Chief Governor or Governors of Ireland to Apprehend, and Detain for a Limited Time, Such Persons As He or They Shall Suspect of Conspiring against Her Majesty's Person and Government）（29°&30° Vict. c. 1）	最近在爱尔兰发生了叛逆阴谋事件。为了保护女王的安全，为了维护和平与法律秩序，为了维护国家的自由，在1866年9月1日之前，爱尔兰所有的叛逆罪都必须受到监禁，不得保释

续表

序号	王朝	国王	叛逆法名称（含英文全称）及法案编号	主要内容
55	汉诺威王朝	维多利亚女王	1866 年爱尔兰新闻法（An Act to Amend "The Peace Preservation (Ireland) Act 1856" and for Other Purposes Relating to the Preservation of Peace in Ireland）（33° Vict. c. 9.）	任何报刊若包含叛逆罪或煽动性图画、事物、表述，或者能够鼓动、传播叛逆罪的图画、事物、表述，则该报刊的印刷的物品，事物、表述，相关印刷设备设施、发动机，以及其他用于印刷的物品，或者在印刷场所搜查到的印含有叛逆罪内容的印刷设备设施，以及所有的相关报纸，都将被没收
56	汉诺威王朝	维多利亚女王	1870 年叛逆罪审判法（An Act to Abolish Forfeitures for Treason and Felony, and to Otherwise Amend the Law Relating Thereto）（33° Vict. c. 23.）	叛逆罪不再被罚没土地，"败坏血统"。废除叛逆罪犯传统的处决方式
57	温莎王朝	乔治六世	1940 年叛逆法（Treachery Act 1940）（3°&4°Geo. VI. c. 21.）	任何英国国内或英国国王管辖属地的人，或受到英国军事法管辖的人，或在英国境内的外国人，为敌对国家帮助敌人，若出于帮助敌人的目的而结他人，图谋或勾结他人危害英国行使权力，或对国家或国王人身安全造成危害重罪，处以死刑
58	温莎王朝	乔治六世	1945 年叛逆法（An Act to Assimilate the Procedure in All Cases of Treason and Misprision of Treason to the Procedure in Cases of Murder）（8°&9°Geo. VI. c. 44.）	《1800 年叛逆法》中关于叛逆罪和隐匿叛逆罪诉讼的规定（该法在部分叛逆罪和隐匿叛逆罪诉讼中采用了谋杀罪的诉讼程序）适用于本法案颁布之前或之后，都将适用的叛逆罪和隐匿叛逆罪审判程序以附件形式列举应当废止叛逆罪和隐匿叛逆罪审判程序
59	温莎王朝	伊丽莎白二世	2013 年王位继承法（The Succession to the Crown Act 2013）（61° Eli. II. c. 20）	对《1352 年叛逆法》进行修正，无论其性别如何，将谋盖君主长子之死的范围扩大到谋杀定君主长子的配偶构成叛国罪。修改"玷污"国王长子妻子继承人

附录六　《1945年叛逆法》

An Act to Assimilate the Procedure in All Cases of Treason and Misprision of Treason to the Procedure in Cases of Murder

15th June 1945

Be it enacted by the King's most Excellent Majesty, by and with the advice and consent of the Lords Spiritual and Temporal, and Commons, in this present Parliament assembled, and by the authority of the same, as follows:

1. The Treason Act, 1800 (which assimilates the procedure in certain cases of treason and misprision of treason to the procedure in cases of murder) shall apply in all cases of treason and misprision of treason whether alleged to have been committed before or after the passing of this Act.

2. (1) The enactments set out in the Schedule to this Act are hereby repealed in so far as they extend to matters of procedure in cases of treason or misprision of treason, that is to say, to the extent specified in the third column of that Schedule.

(2) For the removal of doubt it is hereby declared that nothing in the Treason Act, 1800, shall be deemed to have repealed any of the provisions of the Treason Act, 1695, or of the Treason Act, 1708, except the provisions of those Acts specified in the third column of the Schedule to this Act.

3. (1) This Act may be cited as the Treason Act, 1945.

(2) The Treason Act, 1800, as applied by this Act, shall extend to Northern Ireland.

(3) For the purposes of section six of the Government of Ireland Act, 1920, this Act shall be deemed to be an Act passed before the appointed day.

Schedule

Enactments Repealed

Session and Chapter	Short Title	Extent of Repeal
28° Hen. 8. c. 7(I.)	An Act of Slander	So much of the Act as extends to Northern Ireland s. 3 of the statutes 26° Hen. 8. c. 13
5°&6° Edw. 6. c. 11	An Act for the punishment of diverse treasons	Section four
7°&8° Will. 3. c. 3	Treason Act, 1695	The whole Act, except sections five and six
2° Anne c. 5(I.)	An Act to make it high treason in this kingdom to impeach the succession to the Crown, as limited by several Acts of Parliament	Section two
7° Anne c. 21	Treason Act, 1708	Section two, four, nine and fourteen
19° Geo. 2. c. 9	Jurors (Scotland)	The whole Act
5° Geo. 3. c. 21(I.)	An Act for the better regulating of trials in cases of high treason under the statute of 25 Edw. 3	The whole Act
6° Geo. 3. c. 53	Treason Act, 1766	The whole Act
39°& 40° Geo. 3. c. 93	Treason Act, 1800	In the title, the word " in certain cases"; the preamble; and the words "in compassing or imaging the death of the King" ; the words from " where the overt act" to " bodily harm" ; and the words from "and none of the provisions" to the end of the Act
1°& 2° Geo. 4. c. 24	Treason (Ireland) Act, 1821	Section two
6° Geo. 4. c. 22	Juries (Scotland) Act, 1825	Section two-one
6° Geo. 4. c. 22	Juries Act, 1825	Section two-one
5° & 6° Vict. c. 51	Treason Act, 1842	Section one
17° &18° Vict. c. 26	Treason (Ireland) Act, 1854	The whole Act
23° & 24° Geo. 5. c. 36	Administration of Justice (Miscellaneous Provisions) Act, 1933	In the First Schedule, the entry relating to the Statutes 35° Hen. 8. c. 2

关于在叛逆罪和隐匿叛逆罪诉讼中采用谋杀罪诉讼程序的法案

1945 年 6 月 15 日颁布

经英国议会上下两院的讨论与赞成，经英明国王的批准，法案颁布如下：

1. 《1800 年叛逆法》中关于叛逆罪和隐匿叛逆罪诉讼的规定（该法在部分叛逆罪和隐匿叛逆罪诉讼中采用了谋杀罪的诉讼程序）适用于所有类型的叛逆罪和隐匿叛逆罪审判。无论犯罪行为发生在本法案颁布之前或者之后，都将使用本法案。

2. （1）本法案的附件部分列举了应被废止的叛逆罪和隐匿叛逆罪审判程序，即附件表格的第三列。

（2）为了消除误解，除了本法案附件所列应被废除的程序外，《1800 年叛逆法》《1695 年叛逆法》《1708 年叛逆法》中其他内容均有效。

3. （1）本法案简称为《1945 年叛逆法》。

（2）《1800 年叛逆法》的适用范围扩大到北爱尔兰。

（3）依据《1920 年爱尔兰政府法》第 6 章，本法案应被视作在指定日期之前颁布的法案。

附件

被废除的法律

法令编号	法令简称	废除内容
28° Hen. 8. c. 7(I.)	诽谤法	26° Hen. 8. c. 1 法案中涉及北爱尔兰的 s. 3 部分
5°& 6° Edw. 6. c. 11	打击多类叛逆罪法案	第 4 章
7°& 8° Will. 3. c. 3	1695 年叛逆法	除第 5 章和第 6 章之外的所有内容
2° Anne c. 5(I.)	关于罢免王位继承人构成叛逆罪的法案	第 2 章
7° Anne c. 21	1708 年叛逆法	第 2 章、第 4 章、第 9 章、第 14 章
19° Geo. 2. c. 9	Jurors（Scotland）	全部废除
5° Geo. 3. c. 21(I.)	关于依据 25 Edw. 3 法案更好地审理叛逆案件的法案	全部废除
6° Geo. 3. c. 53	1766 年叛逆法	全部废除

续表

法令编号	法令简称	废除内容
39°& 40° Geo. 3. c. 93	1800 年叛逆法	题目中的"某些案件",前言部分,"图谋国王死亡",从"公开行动"到"伤害身体"的内容,从"没有任何条款"到最后
1°& 2° Geo. 4. c. 24	1821 年叛逆法(爱尔兰)	第 2 章
6° Geo. 4. c. 22	1825 年陪审团法(苏格兰)	第 2 章第 1 条
6° Geo. 4. c. 22	1825 年陪审团法	第 2 章第 1 条
5° & 6° Vict. c. 51	1842 年叛逆法	第 1 章
17° &18° Vict. c. 26	1854 年叛逆法(爱尔兰)	全部废除
23°& 24° Geo. 5. c. 36	1933 年审判管理法(多方面的规定)	涉及 35° Hen. 8. c. 2 法案的第一个附录

附录七　英国国王世系

一　威塞克斯王朝（House of Wessex，829～1016 年）

1. 埃格伯特（Egbert，约 770～839 年）（802～839 年在位）

2. 埃塞尔沃夫（Aethelwulf，795～858 年）（839～858 年在位）

3. 埃塞尔巴德（Aethelbald，831～860 年）（858～860 年在位）

4. 埃塞尔伯特（Ethelbert，836～865 年）（860～865 年在位）

5. 埃塞尔雷德一世（Ethelred I，837～871 年）（865～871 年在位）

6. 阿尔弗雷德大帝（Alfred the Great，849～899 年）（871～899 年在位）

7. 长者爱德华（Edward the Elder，870～924 年）（899～924 年在位）

8. 埃塞尔斯坦（Athelstan，约 895～940 年）（924～940 年在位）

9. 埃德蒙一世（Edmund I，921～946 年）（940～946 年在位）

10. 埃德雷德（Eadred，923～955 年）（946～955 年在位）

11. 埃德威格（Eadwig，940～959 年）（955～959 年在位）

12. 安详的埃德加（Edgar the Peaceful，943～975 年）（959～975 年在位）

13. 殉教者爱德华（Edward the Martyr，962～978 年）（975～978 年在位）

14. 埃塞尔雷德二世（Ethelred II，966～1016 年）（978～1013 年，1014～1016 年在位）

15. 埃德蒙二世（Edmund II, 990~1016 年）（1016 年在位）

二　丹麦王朝（House of Denmark, 1013~1042 年）

1. 斯汶一世（Sweyn I, 960~1014 年）（1013~1014 年在位）

2. 克努特大帝（Cnut the Great, 995~1035 年）（1016~1035 年在位）

3. 哈罗德一世（Harold I, 1016~1040 年）（1035~1040 年在位）

4. 哈迪卡努特（Harthacnut, 1018~1042 年）（1040~1042 年在位）

三　威塞克斯王朝（续）（House of Wessex restored, 1042~1066 年）

1. 忏悔者爱德华（Edward the Confessor, 1003~1066 年）（1042~1066 年在位）

2. 哈罗德二世（Harold II, 1022~1066 年）（1066 年在位）

四　诺曼王朝（House of Normandy, 1066~1154 年）

1. 威廉一世（William I, 1028~1087 年）（1066~1087 年在位）

2. 威廉二世（William II, 1060~1100 年）（1087~1100 年在位）

3. 亨利一世（Henry I, 1068~1135 年）（1100~1135 年在位）

4. 斯蒂芬（Stephen, 1096~1154 年）（1135~1154 年在位）

五　金雀花王朝（House of Plantagenet）/（安茹王朝 House of Anjou）（1154~1399 年）

1. 亨利二世（Henry II, 1133~1189 年）（1154~1189 年在位）

2. 理查一世（Richard I, 1157~1199 年）（1189~1199 年在位）

3. 失地王约翰（John Lackland, 1167~1216 年）（1199~1216 年在位）

4. 亨利三世（Henry III, 1207~1272 年）（1216~1272 年在位）

5. 爱德华一世（Edward I, 1239~1307 年）（1272~1307 在位）

6. 爱德华二世（Edward II, 1284~1327 年）（1307~1327 年在位）

7. 爱德华三世（Edward III, 1312~1377 年）（1327~1377 年在位）

8. 理查二世（Richard II, 1367~1400 年）（1377~1399 年在位）

六　兰开斯特王朝（House of Lancaster, 1399~1461 年）

1. 亨利四世（Henry IV, 1367~1413 年）（1399~1413 年在位）

2. 亨利五世（Henry V, 1386~1422 年）（1413~1422 年在位）

3. 亨利六世（Henry VI, 1421~1471 年）（1422~1461 年，1470~

1471 年在位）

七　约克王朝（House of York，1461~1485 年）

1. 爱德华四世（Edward Ⅳ，1442~1483 年）（1461~1483 年在位）

2. 爱德华五世（Edward Ⅴ，1470~1483 年）（1483 年在位）

3. 理查三世（Richard Ⅲ，1452~1485 年）（1483~1485 年在位）

八　都铎王朝（House of Tudor，1485~1603 年）

1. 亨利七世（Henry Ⅶ，1457~1509 年）（1485~1509 年在位）

2. 亨利八世（Henry Ⅷ，1491~1547 年）（1509~1547 年在位）

3. 爱德华六世（Edward Ⅵ，1537~1553 年）（1547~1553 年在位）

4. 简·格雷（Jane Grey，1537~1554 年）（1553 年在位）

5. 玛丽一世（Mary Ⅰ，1516~1558 年）（1553~1558 年在位）

6. 伊丽莎白一世（Elizabeth Ⅰ，1533~1603 年）（1558~1603 年在位）

九　斯图亚特王朝（House of Stuart，1603~1649 年）

1. 詹姆斯一世（James Ⅰ，1566~1625 年）（1603~1625 年在位）

2. 查理一世（Charles Ⅰ，1600~1649 年）（1625~1649 年在位）

十　共和政体时期（Commonwealth of England，1649~1660 年）

1. 护国公奥利弗·克伦威尔（Oliver Cromwell，1599~1658 年）（1653~1658 年在位）

2. 护国公理查·克伦威尔（Richard Cromwell，1626~1712 年）（1658~1659 年在位）

十一　斯图亚特王朝（续）（House of Stuart restored，1660~1714 年）

1. 查理二世（Charles Ⅱ，1630~1685 年）（1660~1685 年在位）

2. 詹姆斯二世（James Ⅱ，1633~1701 年）（1685~1688 年在位）

3. 玛丽二世（Mary Ⅱ，1662~1694 年）（1689~1694 年在位）

威廉三世（William Ⅲ，1650~1702 年）（1689~1702 年在位）

4. 安妮（Anne，1665~1714 年）（1702~1714 年在位）

十二　汉诺威王朝（House of Hanover，1714~1901 年）

1. 乔治一世（George Ⅰ，1660~1727 年）（1714~1727 年在位）

2. 乔治二世（George Ⅱ，1683~1760 年）（1727~1760 年在位）

3. 乔治三世（George Ⅲ，1738~1820 年）（1760~1820 年在位）

4. 乔治四世（George IV，1762~1830 年）（1820~1830 年在位）

5. 威廉四世（William IV，1765~1837 年）（1830~1837 年在位）

6. 维多利亚（Victoria，1819~1901 年）（1837~1901 年在位）

十三　萨克森-科堡-哥达王朝（House of Saxe-Coburg and Gotha，1901~1917 年）

1. 爱德华七世（Edward VII，1841~1910 年）（1901~1910 年在位）

2. 乔治五世（George V，1865~1936 年）（1910~1917 年在位）

十四　温莎王朝（House of Windsor，1917 年至今）

1. 乔治五世（George V，1865~1936 年）（1917~1936 年在位）

2. 爱德华八世（Edward VIII，1894~1972 年）（1936 年在位）

3. 乔治六世（George VI，1895~1952 年）（1936~1952 年在位）

4. 伊丽莎白二世（Elizabeth II，1926~2022 年）（1952~2022 年在位）

5. 查尔斯三世（Charles III，1948~　）（2022 年至今在位）

参考文献

一 英文原始文献

1. *A Collection of Acts and Ordinances of General Use Made in the Parliament*, London, 1658.

2. *A Complete Collection of State-trials, and Proceedings for High-treason*, London, 1730.

3. *A True Copy of the Paper Left by William Gregg, Who Suffered for High Treason 28th Day of April*, 1708.

4. *An Act Declaring what Offences Shall Be Adjudge Treason*, 1649.

5. *A Historical Account of all the Trials and Attainders of High Treason*, London, 1716.

6. C. H. William, *English Historical Document, 1485–1558*, London: Eyre & Spottiswoode, 1967.

7. Carl Stephenson and Frederick George Marcham, *Sources of English Constitutional History*, London: Harper & Brothers Publishers, 1937.

8. Dorothy Whithlock, ed., *English Historical Documents*, London: Eyre Methuen, 1975–1996.

9. Edward Coke, *The Second Part of the Reports of Sir Edward Coke*, London, 1777.

10. Edward Coke, *The Third Part of the Institutes of the Law of England*, London, 1797.

11. G. R. Elton, *The Tudor Constitution Documents and Commentary*, Cambridge: Cambridge University Press, 1982.

12. George E. Woodbine, ed. , *Bracton on the Laws and Customs of England*, Cambridge: The Belknap Press, 1968.

13. George Walter Prothero, *Select Statutes and Other Constitutional Documents Illustrative of the Reigns of Elizabeth and James I*, Oxford: Clarendon Press, 1913.

14. Giles Jacob, *A New Dictionary*, Savoy, 1699.

15. Hale, *Pleas of the Crown*, Vol. I, London, 1778.

16. History of Parliament Trust, *House of Commons Journal*, Vol. 6, London, 1830.

17. History of Parliament Trust, *Journal of the House of Lords*, Vol. 4, London, 1767–1830.

18. J. A. Giles, *The Works of Gildas and Nennius Translated from the Latin*, London, 1841.

19. J. Rushworth, *Historical Collections of Private Passage of State*, London, 1680.

20. J. R. Tanner, *Tudor Constitutional Documents, A. D. 1485–1603 With an Historical Commentary*, Cambridge: Cambridge University Press, 1951.

21. J. R. Kenyon, ed. , *The Stuart Constitution 1603 – 1688 Documents and Commentary*, Cambridge: Cambridge University Press, 1966.

22. John Beames, *A Translation of Glanville*, Littleton: Fred B. Rothman & Co. , 1980.

23. John Dickinson, *The Statesman's Book of John of Salisbury: Being the Fourth, Fifth, and Sixth Books, and Selections from the Seventh and Eighth Books, of the Policraticus*, New York: Alfred A. Knopf, 1927.

24. Keith Lindley, *The English Civil War and Revolution: A Sourcebook*, London: Routledge, 1998.

25. John Raithby, ed. , *Statutes Passed into Law under William III, Including the Civil List Act of 1697 and the Act of Settlement of 1701*, London, 1820.

26. John Rushworth, *The Trial of Thomas Earl of Strafford Lord Lieutenant of Ireland, upon an Impeachment of High Treason*, London, 1680.

27. New Key and Robert Bucholz, *Sources and Debates in English History 1485–1714*, Oxford: Blackwell Publishing Ltd. , 2009.

28. Oliver St. John, *An Argument of Law*, London, 1641.

29. Owen Ruffhead, ed. , *The Statutes at Large*, London, 1786.

30. Paul L. Hughes and James F. Larkin, eds. , *Tudor Royal Proclamations*, Vol. III, New Haven: Yale University Press, 1969.

31. R. H. Tawney, *Tudor Economic Documents*, Vol. III, London: Longmans, 1953.

32. Richard Watkins, *A Collection of the Several Statutes and Parts of Statutes now in Force Relating to High Treason and Misprision of High Treason*, Edinburgh, 1709.

33. Samuel Rawson Gardiner, *The Constitutional Documents of the Puritan Revolution, 1625–1660*, Oxford: Clarendon Press, 1906.

34. *The Statutes of the Realm*, Buffalo: William S. Hein & Co. , INC. , 1993.

35. *The Triall of the Honourable Colonel John Penruddock of Compton in Wiltshire, and His Speech*, London, 1655.

36. Viscount Falkland, *His Majesties Answer to the XIX Propositions of both Houses of Parliament*, London, 1642.

37. Wayne Morrison, *Blackstone's Commentaries on the Laws of England*, London: Cavendish Publishing Limited, 2001.

38. William Cobbett and David Jardine, *Cobbett's Complete Collection of State Trials*, London, 1809.

39. William Roper, *The Mirrover of Vertve in Wordly Greatnes or The Life of Sir Thomas More Knight*, Paris, 1631.

40. William Stubbs, *Select Charters and Other Illustrations of English Constitutional History from the Earliest Times to the Reign of Edward the First*, Oxford: Clarendon Press, 1870.

41. William Woodfall and Andrew Strahan, *The Statutes at Large from 20th Year of William the Third to the End of Reign of Queen Anne*, Vol. IV, London, 1786.

42. *The Statutes of the Realm*, New Aberdeen: University of Marischal College, 1820.

43. John Raithby, *The Statues of the United Kingdom of Great Britain and Ireland*, London, 1816.

44. N. Simons, *The Statues of the United Kingdom of Great Britain and Ireland*, London, 1880.

45. Manoah Sibly, *Trial of Mr. Thomas Hardy, for High Treason*, Dublin, 1794.

二 英文专著

1. Angus Stroud, *Stuart England*, London: Routledge, 1999.

2. Anne Curry, *The Hundred Years' War 1337-1453*, Oxford: Osprey Publishing Limited, 2002.

3. B. Wilkinson, *Constitutional History of Medieval England 1216-1399*, Vol. II, London, 1952.

4. Bernard Guenee, *States and Rulers in Later Medieval Europe*, Oxford: Blackwell Publishers, 1988.

5. C. T. Allmand, *The Hundred Years War: England and France at War, 1300-1450*, Cambridge: Cambridge University Press, 1988.

6. C. V. Wedgwood, *A Coffin for King Charles: The Trial and Execution of Charles I*, New York: Time Reading Program Special Edition, 1966.

7. Charles Carlton, *Going to the Wars: The Experience of the British Civil Wars 1638-1651*, London: Routledge, 1992.

8. Charles Oman, *The Coinage of England*, London, 1967.

9. Chris Cook, ed., *English Historical Facts, 1603-1688*, Totowa: Rowman and Littlefield, 1980.

10. Christopher Fletcher, *Richard II Manhood, Youth, and Politics, 1377-99*, Oxford: Oxford University Press, 2008.

11. Christopher Hill, *Intellectual Origins of the English Revolution*, Oxford: Clarendon Press, 1997.

12. Claire Valente, *The Theory and Practice of Revolt in Medieval England*, Aldershot: Ashgate Publishing Limited, 2003.

13. D. Alan Orr, *Treason and the State: Law, Politics and Ideology in the England*

Civil War, Cambridge: Cambridge University Press, 2002.

14. Diarmaid Macculloch, *The Reign of Henry VIII*, London: Macmillan Press Ltd. , 1995.

15. Edward Vallance, *The Glorious Revolution 1688 : Britain's Fight for Liberty*, Now York: Pegasus Books Llc. , 2008.

16. Ernst H. Kantorowicz, *The King's Two Bodies: A Study in Mediaeval Political Theology*, New Jersey: Princeton University Press, 1997.

17. F. W. Maitland, *The Constitutional History of England : A Course of Lecture*, Cambridge: Cambridge University Press, 1963.

18. Frank Barlow, *The Feudal Kingdom of England 1042 – 1216*, London: Longman, 1988.

19. Frederick Pollock and Frederic William Maitland, *The History of English Law before the Time of Edward I*, Vol. II, Cambridge: Cambridge University Press, 1923.

20. G. Lapsley, *Crown, Community, and Parliament in the Later Middle Ages : Studies in English Constitutional History*, Oxford: Blackwell, 1951.

21. G. R. Elton, *England Under the Tudors*, London: Routledge, 1991.

22. G. R. Elton, *Policy and Police*, Cambridge: Cambridge University Press, 1985.

23. Goldwin Smith, *The United Kingdom : A Political History*, Toronto: The Copp, Clark Company, Limited, 1899.

24. Harold J. Berman, *Law and Revolution*, Vol. II, Massachusetts: Harvard University Press, 2003.

25. Helicon Publishing Division, *The Hutchinson Illustrated Encyclopedia of British History*, Abingdon: Helicon, 2004.

26. Henry Hallam, *The Constitutional History of England : From the Accession of Henry VII. To the Death of George II*, Vol. 1, London, 1850.

27. Henry Pirenne, *A History of Europe from the Invasions to the XVI Century*, London: George Allen & Unwin Ltd. , 1936.

28. Henry Sumner Maine, *Ancient Law*, New York: Henry Holt and Company, 1873.

29. Hugo Grotius, *The Rights of War and Peace*, Indiana: Liberty Fund, Inc. , 2005.

30. J. Neville Figgis, *The Theory of the Divine Right of Kings*, Cambridge: Cambridge University Press, 1896.

31. J. P. Kenyon, *Stuart England*, Harmondsworth: Penguin Books Ltd. , 1985.

32. J. A. Sharpe, *Early Modern England: A Social History 1550-1760*, London: Hodder Education, 1997.

33. J. H. Baker, *An Introduction to English Legal History*, London: Butterworths, 1990.

34. J. H. Ramsay, *A History of the Revenues of the Kings of England 1066-1399*, Vol. II, Oxford: Carendon Press, 1925.

35. James A. Williamson, *The Tudor Age*, London: Longman, 1979.

36. James Fitzjames Stephen, *A History of the Criminal Law of England*, Vol. I, London: amillan and Co. , 1883.

37. James M. Powell, *The Deeds of Pope Innocent III*, Washington: Catholic University of America Press, 2004.

38. John A. F. Thomson, *The Transformation of Medieval England 1370-1529*, London: Longman, 1983.

39. John Bellamy, *The Law of Treason in England in the Later Middle Ages*, Cambridge: Cambridge University Press, 1970.

40. John Bellamy, *The Tudor Law of Treason*, London: Routledge & Kegan Paul, 1979.

41. John Cannon and Anne Hargreaves, *The Kings & Queens of Britain*, Oxford: Oxford University Press, 2004.

42. John Laughland, *A History of Political Trials*, Oxford: Peter Lang Ltd. , 2008.

43. Keith Randell, *Henry VIII and the Government of England*, London: Hodder & Stoughton, 1991.

44. Lacey Baldwin Smith, *Treason in Tudor England, Politics and Paranoia*, London: Jonathan Cape, 1986.

45. Lawrence Stone, *Social Change and Revolution in England 1540-1640*,

London: Longman, 1980.

46. Lisa Steffen, *Defining a British State : Treason and National Identity*, *1608–1820*, New York: Palgrave, 2001.

47. Luke Owen Pike, *A History of Crime in England*, Vol. II, London: Smith, Elder, & Co. , 1876.

48. M. V. Clarke, *Fourteenth Century Studies*, Oxford, 1937.

49. May MacKisack, *Fourteenth Century Studies*, Oxford, 1959.

50. Michael D. Reeve, ed. , *Geoffrey of Monmouth the History of the Kings of Britain*, Woodbridge: the Boydell Press, 2007.

51. Michael Prestwich, *Edward I*, New Haven: Yale University Press, 1997.

52. Richard Abels, *Alfred the Great: War Kingship and Culture in Anglo-Saxon England*, London: Longman, 1998.

53. Richard Allestree, *The whole Duty of Man*, London, 1704.

54. Richard Burn, *A New Law Dictionary*, London, 1792.

55. Roger Lockyer, ed. , *The Trial of Charles I*, London: Folio Society, 1971.

56. Ronald Fritze, *Historical Dictionary of Tudor England* , *1485 – 1603*, London: Greenwood Press, 1991.

57. Ronald H. Fritze and William B. Robinson, *Historical Dictionanry of Stuart England*, *1603–1689*, London: Greenwood Press, 1996.

58. Rosalind Mitchison, *A History of Scotland*, London: Routledge, 2002.

59. S. H. Cuttler, *The Law of Treason and Treason Trials in Later Medieval France*, Cambridge: Cambridge University Press, 2003.

60. Samuel Rawson Gardiner, *History of the Great Civil War* , *1642 – 1649*, London: Longman, 1893.

61. Sidney J. Low and F. S. Pulling, *The Dictionary of English History*, London: Cassell and Company, Limited, 1910.

62. Stephen L. Collins, *From Divine Cosmos to Sovereign State*, Oxford: Oxford University Press, 1989.

63. Steven C. A. Pincus, *English's Glorious Revolution*, *1688–1689*, Boston: Bedford, 2006.

64. T. Gunningham, *A New and Complete Law Dictionary*, Vol. II, London, 1783.

65. T. A. Morris, *Tudor Government*, London: Routledge, 1999.

66. W. A. Speck, *A Concise History of Britain 1707-1975*（英国简史），上海外语教育出版社，2006。

67. W. L. Warren, *Henry II*, London: Methuen, 1973.

68. Walter Sutton, ed., *History Dictionary of Stuart England, 1603-1689*, London: Greenwood Press, 1996.

69. William Stubbs, *The Constitutional History of England, in Its Origin and Development*, Oxford: Clarendon Press, 1875.

三 英文论文

1. Adele Hast, "State Treason Trials during the Puritan Revolution, 1640-1660," *The Historical Journal*, Vol. 15, No. 1 (Mar., 1972).

2. Arthur J. Slavin, "G. R. Elton: On Reformation and Revolution," *The History Teacher*, Vol. 23, No. 4 (Aug., 1990).

3. C. W. Chilton, "The Roman Law of Treason under the Early Principate," *The Journal of Roman Studies*, Vol. 45, Parts 1 and 2 (1955).

4. Clive Holmes, "G. R. Elton as a Legal Historian," *Transactions of the Royal Historical Society*, Sixth Series, Vol. 7 (1997).

5. Conrad Russell, "The Theory of Treason in the Trial of Strafford," *The English Historical Review*, Vol. 80, No. 314 (Jan., 1965).

6. D. L. Patterson, "Chief Justice Jeffreys and the Law of Treason," *Political Science Quarterly*, Vol. 20, No. 3 (Sep., 1905).

7. Daniel Sargent, "The Trial of Saint Thomas More," *The Catholic Historical Review*, Vol. 22, No. 1 (Apr., 1936).

8. David Feldman, "The King's Peace, the Royal Prerogative and Public Order: The Roots and Early Development of Binding over Powers," *The Cambridge Law Journal*, Vol. 47, No. 1 (Mar., 1988).

9. Douglass Adair, "Rumbold's Dying Speech, 1685 and Jefferson's Last Words

on Democracy 1826," *The William and Mary Quarterly*, 3rd Ser. , Vol. 9, No. 4 (Oct. , 1952).

10. Frederick Pollock, "The King's Peace in the Middle Ages," *Harvard Law Review*, Vol. 13, No. 3 (Nov. , 1899).

11. Glenn Burgess, "The Divine Right of Kings Reconsidered," *The English Historical Review*, Vol. 107, No. 425 (Oct. , 1992).

12. H. G. Richardson, "The English Coronation Oath," *Transactions of the Royal Historical Society*, Fourth Series, Vol. 23 (1941).

13. Herbert Haines, "History and Assassination," *Transactions of the Royal Historical Society*, New Series, Vol. 4 (1889).

14. Isobel. D. Thornley, "The Treason Legislation of Henry VIII," *Transactions of the Royal Historical Society*, 3rd Ser. , Vol. 11 (1917).

15. Isobel D. Thornley, "Treason by Words in the Fifteenth Century," *The English Historical Review*, Vol. 32, No. 128 (Oct. , 1917).

16. J. Duncan M. Derrett, "The Trial of Sir Thomas More," *The English Historical Review*, Vol. 79, No. 312 (Jul. , 1964).

17. J. H. Elliott, "A Europe of Composite Monarchies," *Past & Present*, No. 137, The Cultural and Political Construction of Europe (Nov. , 1992).

18. Lacey Baldwin Smith, "English Treason Trials and Confessions in the Sixteenth Century," *Journal of the History of Ideas*, Vol. 15, No. 4 (Oct. , 1954).

19. M. M. Postan, "Some Social Consequences of the Hundred Years' War," *The Economic History Review*, Vol. 12, No. 1/2 (1942).

20. R. W. K. Hinton, "The Decline of Parliamentary Government under Elizabeth I and the Early Stuarts," *Cambridge Historical Journal*, XIII, 2 (1957).

21. S. C. Biggs, "Treason and the Trial of William Joyce," *The University of Toronto Law Journal*, Vol. 7, No. 1 (1947).

22. S. G. Brady, "Caesar and Britain," *The Classical Journal*, Vol. 47, No. 8 (May, 1952).

23. Samuel Rezneck, "Constructive Treason by Words in the Fifteenth

Century," *The American Historical Review*, Vol. 33, No. 3（Apr., 1928）.

24. Samuel Rezneck, "The Early History of the Parliamentary Declaration of Treason," *The English History Review*, Vol. 42, No. 168（Oct., 1927）.

25. Samuel Rezneck, "The Statute of 1696: A Pioneer Measure in the Reform of Judicial Procedure in England," *The Journal of Modern History*, Vol. 2, No. 1（Mar., 1930）.

26. Sean Kelsey, "Politics and Procedure in the Trial of Charles I," *Law and History Review*, Vol. 22, No. 1（Spring, 2004）.

四 中文译著

1. 〔比利时〕弗朗索瓦·冈绍夫：《何为封建主义》，张绪山、卢兆瑜译，商务印书馆，2015。

2. 〔德〕彼得·克劳斯·哈特曼：《耶稣会简史》，谷裕译，宗教文化出版社，2003。

3. 〔德〕利奥波德·冯·兰克著，〔德〕斯特凡·约尔丹、耶尔恩·吕森编《历史上的各个时代——兰克史学文选之一》，杨培英译，北京大学出版社，2010。

4. 〔德〕威廉·冯·洪堡：《论国家的作用》，林荣远、冯兴元译，中国社会科学出版社，1998。

5. 〔法〕基佐：《1640年英国革命史》，伍光建译，上海三联书店，2011。

6. 〔法〕马克·布洛赫：《封建社会》，张绪山、李增洪、侯树栋译，商务印书馆，2004。

7. 〔法〕马克·布洛赫：《国王神迹：英法王权所谓超自然性研究》，张绪山译，商务印书馆，2018。

8. 〔古罗马〕塔西陀：《日耳曼尼亚志》，傅正元译，商务印书馆，1959。

9. 〔古罗马〕尤斯·凯撒：《高卢战记》，段旭蛟译，中国社会出版社，1999。

10. 〔加〕麦克尔·崔贝尔考克、〔美〕罗纳德·丹尼尔斯：《法治与发展》，冯川、郭安康、沈志平译，南京大学出版社，2014。

11. 〔美〕里亚·格林菲尔德：《民族主义：走向现代的五条道路》，王春华等译，上海三联书店，2010。

12. 〔美〕戴维·罗伯兹：《英国史：1688 年至今》，鲁光桓译，中山大学出版社，1990。

13. 〔美〕弗里德里希·沃特金斯：《西方政治传统——现代自由主义发展研究》，黄辉、杨健译，吉林人民出版社，2001。

14. 〔美〕哈罗德·J. 伯尔曼：《法律与革命——西方法律传统的形成》，贺卫方等译，中国大百科全书出版社，1993。

15. 〔美〕杰克·A. 戈德斯通：《早期现代世界的革命与反抗》，章延杰、黄立志、章璇译，上海人民出版社，2013。

16. 〔美〕克里斯托弗·A. 斯奈德：《不列颠人：传说和历史》，范勇鹏译，北京大学出版社，2009。

17. 〔美〕兰博约：《对抗式审判的起源》，王志强译，复旦大学出版社，2010。

18. 〔美〕劳伦斯·斯通：《英国革命之起因（1529～1642）》，舒丽萍译，北京师范大学出版社，2018。

19. 〔美〕罗斯科·庞德：《通过法律的社会控制》，沈宗灵译，楼邦彦校，商务印书馆，2019。

20. 〔美〕迈克尔·V. C. 亚历山大：《英国早期历史中的三次危机：诺曼征服、约翰治下及玫瑰战争时期的人物与政治》，林达丰译，北京大学出版社，2008。

21. 〔美〕威尔·杜兰：《世界文明史》第 6 卷，幼狮文化公司译，东方出版社，2003。

22. 〔美〕约翰·罗尔斯：《正义论》，何怀宏、何包钢、廖申白译，中国社会出版社，1999。

23. 〔日〕穗积陈重：《法律进化论》，黄尊三等译，中国政法大学出版社，1997。

24. 〔意〕尼科洛·马基雅维里：《君主论》，潘汉典译，商务印书馆，1985。

25. 〔英〕G. M. 屈威廉：《英国革命 1688～1689》，宋晓东译，商务印书馆，2019。

26. 〔英〕H. T. 狄金森：《十八世纪英国的大众政治》，陈晓律等译，商务印书馆，2015。

27. 〔英〕J. C. D. 克拉克：《1660～1832 年的英国社会》，姜德福译，商务印书馆，2014。

28. 〔英〕J. G. A. 波考克：《古代宪法与封建法：英国 17 世纪历史思想研究》，翟小波译，译林出版社，2014。

29. 〔英〕J. S. 布朗伯利编《新编剑桥世界近代史》第 6 卷，中国社会科学院世界历史研究所组译，中国社会科学出版社，2018。

30. 〔英〕J. S. 密尔：《代议制政府》，汪瑄译，商务印书馆，2017。

31. 〔英〕M. M. 博斯坦、E. E. 里奇、爱德华·米勒主编《剑桥欧洲经济史（第三卷）中世纪的经济组织和经济政策》，周荣国、张金秀译，经济科学出版社，2002。

32. 〔英〕S. F. C. 密尔松：《普通法的历史基础》，李显冬等译，中国大百科全书出版社，1999。

33. 〔英〕阿·莱·莫尔顿：《人民的英国史》，谢琏造等译，三联书店，1962。

34. 〔英〕阿萨·布里格斯：《英国社会史》，陈叔平等译，商务印书馆，2015。

35. 〔英〕爱德华·甄克斯：《中世纪的法律与政治》，屈文生、任海涛译，中国政法大学出版社。

36. 〔英〕保罗·维恩格拉多夫：《中世纪欧洲的罗马法》，钟云龙译，中国政法大学出版社，2010。

37. 〔英〕布伦达·拉尔夫·刘易斯：《君主制的历史》，荣予、方力维译，三联书店，2017。

38. 〔英〕查尔斯·弗思：《克伦威尔传》，王觉非、左宜译，商务印书馆，2002。

39. 〔英〕大卫·格拉米特：《玫瑰战争简史：1399～1485，英格兰两大家族的王权之争与恩怨交融》，廖艺译，化学工业出版社，2018。

40. 〔英〕戴维·M. 沃克：《牛津法律大辞典》，李双元等译，法律出版社，2003。

41. 〔英〕戴维·米勒、韦农·波格丹诺编《布莱克维尔政治学百科全书》，中国问题研究所译，中国政法大学出版社，1992。

42. 〔英〕戴雪：《公共舆论的力量：19 世纪英国的法律与公共舆论》，戴鹏飞译，上海人民出版社，2014。

43. 〔英〕戴雪:《英国宪法研究导论》,何永红译,商务印书馆,2020。

44. 〔英〕戴雪:《英宪精义》,雷宾南译,中国法制出版社,2017。

45. 〔英〕丹宁勋爵:《法律的正当程序》,李克强、杨百揆、刘庸安译,法律出版社,2011。

46. 〔英〕弗雷德里克·波洛克:《普通法的精神》,赵明译,商务印书馆,2015。

47. 〔英〕杰弗里·罗伯逊:《弑君者:把查理一世送上断头台的人》,徐璇译,新星出版社,2009。

48. 〔英〕克莱顿·罗伯茨、戴维·罗伯茨、道格拉斯·R. 比松:《英国史》,潘兴明等译,商务印书馆,2013。

49. 〔英〕肯尼思·O. 摩根主编《牛津英国通史》,王觉非等译,商务印书馆,1993。

50. 〔英〕琳达·科利:《英国人:国家的形成,1707~1837 年》,周玉鹏、刘耀辉译,商务印书馆,2017。

51. 〔英〕鲁伯特·克鲁斯、J.W. 哈里斯:《英国法中的先例》(第四版),苗文龙译,北京大学出版社,2011。

52. 〔英〕马克·戈尔迪、罗伯特·沃克勒主编《剑桥十八世纪政治思想史》,刘北成等译,商务印书馆,2017。

53. 〔英〕马克·莫里斯:《约翰王:背叛、暴政与大宪章之路》,康睿超、谢桥译,中信出版社,2017。

54. 〔英〕马克·希尔、拉塞尔·桑德伯格、诺曼·多伊:《英国的宗教与法律》,隋嘉滨译,童建华校,法律出版社,2014。

55. 〔英〕迈克尔·弗里登:《英国进步主义思想:社会改革的兴起》,曾一璇译,商务印书馆,2018。

56. 〔英〕麦高伟、路加·马什:《英国的刑事法官:正当性、法院与国家诱导的认罪答辩》,付欣译,马庆林、冯卫国校,商务印书馆,2018。

57. 〔英〕梅特兰:《英格兰宪政史》,李海红译,中国政法大学出版社,2010。

58. 〔英〕梅因:《古代法》,沈景一译,商务印书馆,1995。

59. 〔英〕奈杰尔·福尔曼、道格拉斯·鲍德温：《英国政治通论》，苏淑民译，中国社会科学出版社，2015。

60. 〔英〕诺曼·多恩：《中世纪晚期英国法中的最高权威》，杨尚东译，中国政法大学出版社，2018。

61. 〔英〕佩里·安德森：《绝对主义国家的系谱》，刘北成、龚晓庄译，上海人民出版社，2001。

62. 〔英〕乔治·皮博迪·古奇：《十九世纪历史学与历史学家》下册，耿淡如译，商务印书馆，1989。

63. 〔英〕屈勒味林：《英国史》，钱端升译，中国社会科学出版社，2008。

64. 〔英〕撒母耳·卢瑟福：《法律与君王：论君主与人民之正当权力》，李勇译，复旦大学出版社，2013。

65. 〔英〕萨达卡特·卡德里：《审判的历史——从苏格拉底到辛普森》，杨雄译，当代中国出版社，2009。

66. 〔英〕托马斯·麦考莱：《麦考莱英国史》，刘仲敬译，吉林出版集团股份有限公司，2016。

67. 〔英〕威廉·布莱克斯通：《英国法释义》第一卷，游云庭、缪苗译，上海人民出版社，2006。

68. 〔英〕沃尔特·白芝浩：《英国宪法》，夏彦才译，商务印书馆，2016。

69. 〔英〕沃尔特·白哲特著，〔英〕保罗·史密斯编《英国宪制》，李国庆译，北京大学出版社，2005。

70. 〔英〕约翰·F.乔恩：《货币史：从公元 800 年起》，李光乾译，商务印书馆，2002。

71. 〔英〕约翰·坎农主编《牛津英国历史辞典》，孙立田等译，人民出版社，2018。

72. 〔英〕约翰·斯普莱克：《英国刑事诉讼程序》，徐美君、杨立涛译，中国人民大学出版社，2006。

73. 〔英〕约翰·福蒂斯丘爵士著，〔英〕谢利·洛克伍德编《论英格兰的法律与政制》，袁瑜琤译，北京大学出版社，2008。

74. 〔英〕詹姆斯·C.霍尔特：《大宪章》（第二版），毕竞悦、李红海、苗文龙译，北京大学出版社，2010。

75. 〔英〕詹姆斯·坎贝尔：《英国宪政的盎格鲁—撒克逊起源》，孟广林、鞠长猛译，《历史研究》2010 年第 3 期。

76. 《大宪章》，陈国华译，商务印书馆，2016。

77. 《盎格鲁-撒克逊编年史》，寿纪瑜译，商务印书馆，2004。

78. 《英国 2003 年〈刑事审判法〉及其释义》，孙长永等译，法律出版社，2005。

五　中文著作

1. 毕竞悦、泮伟江主编，毕竞悦、姚中秋等编译《英国革命时期法政文献选编》，清华大学出版社，2016。

2. 蔡乐钊主编《帝国、蛮族与封建法》，北京大学出版社，2016。

3. 程汉大、李培峰：《英国司法制度史》，清华大学出版社，2007。

4. 程汉大：《西方宪政史论》，中国政法大学出版社，2015。

5. 程汉大主编《英国法制史》，齐鲁书社，2001。

6. 丛日云：《在上帝与恺撒之间——基督教二元政治观与近代自由主义》，三联书店，2003。

7. 郭方：《英国近代国家的形成——16 世纪英国国家机构与职能的变革》，商务印书馆，2007。

8. 何勤华主编《多元的法律文化》，法律出版社，2007。

9. 何勤华、夏菲主编《西方刑法史》，北京大学出版社，2006。

10. 何勤华主编《英国法律发达史》，法律出版社，1999。

11. 姜德福等：《转型时期英国社会重构与社会关系调整研究》，商务印书馆，2017。

12. 蒋孟引主编《英国史》，中国社会科学出版社，1988。

13. 金志霖：《英国国王列传》，东方出版社，1998。

14. 冷霞主编《变革与重塑：英国法的现代转型》，上海三联书店，2018。

15. 李昌盛：《论对抗式刑事审判》，中国人民公安大学出版社，2009。

16. 李栋：《通过司法限制权力：英格兰司法的成长与宪政的生成》，北京大学出版社，2011。

17. 李栋：《英国法治的道路与经验》，中国社会科学出版社，2014。

18. 李红海：《普通法的历史解读——从梅特兰开始》，清华大学出版社，2003。

19. 李筠：《英国政治思想新论》，商务印书馆，2019。

20. 李秀清：《日耳曼法研究》，商务印书馆，2005。

21. 林来梵：《从宪法规范到规范宪法——规范宪法学的一种前言》，商务印书馆，2018。

22. 蔺志强：《在专制与宪政之间——亨利三世时代的英国王权运作》，中山大学出版社，2016。

23. 刘吉涛：《英国普通法权利保护研究》，知识产权出版社，2018。

24. 刘淑青：《英国革命前的政治文化：17世纪初英国议会斗争的别样解读》，人民出版社，2015。

25. 刘显娅：《英国治安法官制度研究：历史、价值与制度安排》，上海人民出版社，2017。

26. 刘新成：《英国都铎王朝议会研究》，首都师范大学出版社，1995。

27. 卢兆瑜：《三国时代：查理大帝的遗产》，长春出版社，2010。

28. 马克垚：《英国封建社会研究》，北京大学出版社，2005。

29. 马克垚：《西欧封建经济形态研究》，人民出版社，2001。

30. 孟广林、赵秀荣执行主编《新世界史（第三辑）新视野下的英国文明史研究》，社会科学文献出版社，2019。

31. 孟广林：《英国"宪政王权"论稿：从〈大宪章〉到"玫瑰战争"》，人民出版社，2017。

32. 孟广林：《英国封建王权论稿——从诺曼征服到大宪章》，人民出版社，2002。

33. 欧阳涛等：《英美刑法刑事诉讼法概论》，中国社会科学出版社，1984。

34. 裴亚琴：《17~19世纪英国辉格主义与宪政传统》，中国社会科学出版社，2014。

35. 彭勃编译《英国警察与刑事证据法规精要》，厦门大学出版社，2014。

36. 齐延平：《自由大宪章研究》，中国政法大学出版社，2007。

37. 钱乘旦、陈晓律：《英国文化模式溯源》，上海社会科学院出版社，2003。

38. 钱乘旦、高岱主编《英国史新探：全球视野与文化转向》，北京大学出版社，2011。

39. 钱乘旦、许洁明：《英国通史》，上海社会科学院出版社，2002。

40. 邵政达：《英国宗教史》，中国社会科学出版社，2017。

41. 沈汉：《英国土地制度史》，学林出版社，2005。

42. 施诚：《中世纪英国财政史研究》，商务印书馆，2010 年。

43. 王觉非主编《近代英国史》，南京大学出版社，1997。

44. 王晓辉：《死刑的终结——英国废除死刑问题的历史考察》，中央民族大学出版社，2016。

45. 王亚平：《西欧法律演变的社会根源》，人民出版社，2011。

46. 王忠和：《英国王室》，百花文艺出版社，2007。

47. 夏菲：《论英国警察权的变迁》，法律出版社，2011。

48. 夏继果：《伊丽莎白一世时期英国外交政策研究》，商务印书馆，1999。

49. 熊志海等编译《英国成文证据法》，中国法制出版社，2007。

50. 徐爱国：《西方刑法思想史》，中国民主法制出版社，2016。

51. 阎照祥：《英国政治思想史》，人民出版社，2010。

52. 阎照祥：《英国政治制度史》，人民出版社，1999。

53. 於兴中：《法治与文明秩序》（第二版），商务印书馆，2020。

54. 于洪：《信仰的崩溃与重建：宗教改革》，长春出版社，2010。

55. 于明：《司法治国：英国法庭的政治史（1154～1701）》，法律出版社，2015。

56. 余永和：《英国安茹王朝议会研究》，社会科学文献出版社，2011。

57. 张乃和：《近代早期英国特许权研究》，人民出版社，2014。

58. 张乃和主编《英国文艺复兴时期的法律与社会》，黑龙江人民出版社，2007。

59. 张婷：《英美民事对抗制的演变（1945—2012）：以美国的案件管理制度为切入点》，上海人民出版社，2014。

60. 赵秉志主编《英美刑法学》，中国人民大学出版社，2004。

61. 周威：《英格兰的早期治理——11～13 世纪英格兰治理模式的竞争性选择》，北京大学出版社，2008。

62. 朱孝远：《近代欧洲的兴起》，学林出版社，1997。

63. 曾尔恕主编《社会变革之中的传统选择——以外国法律演进为视角》，中国政法大学出版社，2007。

64. 曾粤兴：《刑罚伦理》，北京大学出版社，2015。

65. 崔洪健：《英王爱德华一世的货币改革及影响》，《西南大学学报》（社会科学版）2011 年第 4 期。

66. 邓云清、官艳丽：《"王之和平"与英国司法治理模式的型塑》，《历史研究》2010 年第 5 期。

67. 《美国宪法所谓叛逆罪》，《独立周报》第 1 卷第 9 期，1912 年。

68. 郭方：《16 世纪英国社会的等级状况》，《首都师范大学学报》（社会科学版）2002 年第 3 期。

69. 侯建新：《抵抗权：欧洲封建主义的历史遗产》，《世界历史》2013 年第 2 期。

70. 侯树栋：《封建主义与德意志王权》，《北京师范大学学报》（社会科学版）2005 年第 6 期。

71. 李波：《国外政治犯罪初探》，《国外法学》1986 年第 1 期。

72. 李家莉、郝建良：《英王理查二世被废与议会权能之关系辨析——兼评"1399 年宪政革命"说》，《内蒙古农业大学学报》（社会科学版）2010 年第 6 期。

73. 蔺志强：《一二五八年至一二六七年英国贵族改革运动》，《历史研究》2004 年第 6 期。

74. 蔺志强：《13 世纪英国的国王观念》，《世界历史》2002 年第 2 期。

75. 刘林海：《论中世纪西欧的三等级观念》，《北京师范大学学报》（社会科学版）2005 年第 6 期。

76. 刘守芬、刘文达：《对英美法系中叛国罪的研究》，《中外法学》1994 年第 5 期。

77. 刘新成：《"乡绅入侵"：英国都铎王朝议会选举中的异常现象》，《中国社会科学》2008 年第 2 期。

78. 马克垚：《中英宪法史上的一个共同问题》，《历史研究》1986 年第 4 期。

79. 孟广林、〔英〕M. 阿莫诺：《中世纪英国宪政史研究的新理路》，《中国人民大学学报》2007 年第 2 期。

80. 孟广林：《西方史学界对中世纪英国"宪政王权"的考量》，《历史研究》2008 年第 5 期。

81. 孟广林：《英美史学家有关中世纪英国宪政史研究的新动向》，《世界历史》2010 年第 6 期。

82. 孟广林、斐沛：《〈大宪章〉的历史底蕴及其对英国封建君主政治的影响》，《史学史研究》2016 年第 2 期。

83. 孟广林：《"王在法下"的浪漫想象：中世纪英国"法治传统"再认识》，《中国社会科学》2014 年第 4 期。

84. 孟广林：《中古英国政治史研究的路径选择与中西比较——与牛津大学 J. R. 马蒂科特院士的学术对话录》，《清华大学学报》（哲学社会科学版）2007 年第 3 期。

85. 孟广林：《中世纪英国宪政史研究的回顾——访问 M. 普里斯维奇教授》，《史学理论研究》2006 年第 4 期。

86. 王乃耀：《近年来中国世界中世纪史研究的新变化与新趋向》，《史学月刊》2005 年第 10 期。

87. 夏继果：《英国外交政策从中世纪向近代的转变》，《世界历史》1999 年第 4 期。

88. 于洪：《论布拉克顿的王权观念》，《世界历史》2009 年第 1 期。

89. 余永和：《中古英国废黜爱德华二世之辨析——兼评"1327 年宪政革命"说》，《北方论丛》2008 年第 3 期。

90. 杨大春：《从部门法学到领域法学——〈大明律〉转型的历史启示》，《辽宁大学学报》（哲学社会科学版）2019 年第 1 期。

91. 张乃和：《从国王名称和徽章等看都铎英国的王权》，《世界历史》2010 年第 2 期。

92. 张乃和：《英国近代法人观念的起源》，《世界历史》2005 年第 5 期。

93. 赵秀荣：《托马斯·克伦威尔推行宗教改革的强制措施》，《首都师范大学学报》（社会科学版）2004 年第 2 期。

94. 朱孝远：《国家稳定的一个步骤：论伊丽莎白一世的宗教宽容政策》，《学海》2008 年第 1 期。

图书在版编目（CIP）数据

近代早期英国叛逆法的历史考察／鞠长猛著.--北
京：社会科学文献出版社，2023.11
国家社科基金后期资助项目
ISBN 978-7-5228-2751-3

Ⅰ.①近… Ⅱ.①鞠… Ⅲ.①法制史-研究-英国-
近代 Ⅳ.①D956.1

中国国家版本馆 CIP 数据核字（2023）第 219164 号

·国家社科基金后期资助项目·

近代早期英国叛逆法的历史考察

著　　者／鞠长猛

出 版 人／冀祥德
责任编辑／郭白歌
文稿编辑／郭锡超
责任印制／王京美

出　　版／社会科学文献出版社·国别区域分社（010）59367078
　　　　　地址：北京市北三环中路甲 29 号院华龙大厦　邮编：100029
　　　　　网址：www.ssap.com.cn
发　　行／社会科学文献出版社（010）59367028
印　　装／三河市龙林印务有限公司

规　　格／开　本：787mm×1092mm　1/16
　　　　　印　张：18.5　字　数：292 千字
版　　次／2023 年 11 月第 1 版　2023 年 11 月第 1 次印刷
书　　号／ISBN 978-7-5228-2751-3
定　　价／128.00 元

读者服务电话：4008918866